高等院校
文化管理专业教材

文化行政
管理学

Cultural Administration Science

凌金铸 著

上海交通大学出版社
SHANGHAI JIAO TONG UNIVERSITY PRESS

内容提要

本书紧密结合我国文化体制改革的实践,汲取国内外文化行政管理研究的最新成果,系统阐述了文化行政管理职能、环境、权力、体制与组织、运行、领导、人事、财政、效率、立法、伦理和发展等文化行政管理学的基本理论,阐明了文化行政管理转型的问题。

本书可作为高校文化艺术管理和文化产业管理的专业教材,也可作为相关从业者的参考书籍。

图书在版编目(CIP)数据

文化行政管理学/ 凌金铸著. —上海:上海交通
大学出版社,2022.2
ISBN 978 - 7 - 313 - 22623 - 5

Ⅰ.①文… Ⅱ.①凌… Ⅲ.①文化管理-行政管理-
研究-中国 Ⅳ.①G123

中国版本图书馆 CIP 数据核字(2019)第 297765 号

文化行政管理学
WENHUA XINGZHENG GUANLIXUE

著　者:凌金铸
出版发行:上海交通大学出版社　　　　　　地　址:上海市番禺路 951 号
邮政编码:200030　　　　　　　　　　　　电　话:021 - 64071208
印　制:上海天地海设计印刷有限公司　　　经　销:全国新华书店
开　本:710 mm×1000 mm　1/16　　　　印　张:20.75
字　数:319 千字
版　次:2022 年 2 月第 1 版　　　　　　　印　次:2022 年 2 月第 1 次印刷
书　号:ISBN 978 - 7 - 313 - 22623 - 5
定　价:68.00 元

前　言
Preface

　　文化行政管理学是关于文化行政体制及其运行机制的合法性、合理性、有效性和发展性的理论和方法的体系。它主要反映拥有文化行政职能的组织管理国家文化事务的活动，并通过对这些活动的主体与客体、理念与方法、内容与形式、体制与政策、历史与未来的研究，探究文化行政管理的规律性，目的在于建立科学的文化管理体系，提高文化管理的效能，帮助和促进这些活动的科学化、法治化、规范化、合理化、效率化和时代化的进行。

　　当前，由于人们将文化行政管理一直理解为一种单纯经验的积累而忽视了其科学性、规律性和规范性的特点，因此研究文化行政管理学是非常必要的。首先，研究文化行政管理学有利于正确、有效地发挥政府文化职能作用。现代政府是有限政府，政府应该做什么，可以做什么是一个需要不断探索、不断调整、不断总结的范畴，涉及政党与政府、政府与社会、政府与市场、政府与公民等多方关系的定位和整合。其次，文化体制改革和当今发生的其他各项社会改革一样，政府的角色与功能有着举足轻重的作用。同时，改革与文化、社会的发展也给文化体制、政府活动目标、价值取向和方法带来挑战。

我国文化管理学的研究尚属起步阶段，希望本研究能够抛砖引玉，以期引起更多研究者的关注和投入，共同推进有中国特色的文化行政管理学的建立。

目 录
Contents

上 篇

下 篇

上　篇

第一章

文化行政管理概述

行政管理学是一门以研究国家行政管理活动为对象的学科；文化行政管理学是一门以研究国家文化行政管理活动为对象的学科。我国是一个以政府为主导的发展文化事业和文化产业的国家，对文化事务的管理主要是通过政府行政管理的方式来进行的，具有鲜明的特色，对其进行研究，对我国的文化进一步繁荣和发展能够起到积极的促进作用。

第一节 行 政 管 理

文化行政管理学研究的逻辑起点是对行政概念的界定。行政是一种特殊的管理形式。中国古代就有关于行政的记载。《左传》中有"行其政事"；《史记·周公》中有"召公、周公二相行政"。古希腊的亚里士多德在《政治法》中也使用过"行政"这一术语。在英文中，"行政"一词是administration，源于拉丁文 administrare，原意是"执行事务"。

行政的流派很多，定义多样，据美国出版的《文字与科学》一书，"行政"一词有多达12种含义。现今人们对行政概念的理解和认同日益趋同，大致集中在以下5个方面：行政是人为事务，而非自在事务，与人有紧密的关系；行政是一种有组织的活动，是组织或集体活动中的一种事物；行政与文书活动有关，行政活动要通过文书活动来体现；行政活动与权力联系紧密，是权力实际运行的一种典型方式；行政强调两个相互具有对立特性的观念，即管理与服务。

前些年我国习惯于把党政管理、事业单位的管理以及企业管理，即凡与管理有关的活动都称为行政。其实，从所管理和执行事务的范围上可将行政分为"公共行政"与"私人行政"两种。"公共行政"表示国家的公共事务行政，"私人行政"表示私人组织和企业的行政。西方学界在表述企业和私人领域以外的组织管理活动时，会在 administration 之前加上 public 或者 public sector 这样的限定词。由于中文的特点与英文不同，一般来说，中文中的"行政"一词，就是指公共活动或者政府活动。当然，在中文的具体表述中，行政、政府管理与公共行政这几个概念的含义还是有很多不同的。首先，如果将行政理解为国家的一项组织管理活动，行政的历史与国家的历史一样长；如果将行政理解为一项以国家权力的分立为背景，以执行公共意志为己任，以满足公共需求为要义的话，行政即公共性质的行政的历史则很短，是现代国家产生以后才出现的。其次，在我国将行政管理或政府管理替换为公共行政反映了人们对政府活动性质的认识出现了变化，即从过去强调政府单方面的强权、权威与管理过渡到服务与管理并重，服务比管理的色彩更加鲜明。再次，在当代社会行政管理与政府管理的主体是单一的，即政府；而公共行政的主体是多元化的，除了政府之外，还有非政府组织、非营利组织所进行的公共活动。①

人们把行政管理学称为公共行政学或公共管理学。但不管哪种称呼，其共同点都集中在以下几个方面：① 强调行政管理活动的主体是公共部门或机构，而不是私人组织或机构；② 强调公共行政管理活动与公共权力有关，行政管理活动由公共权力引发；③ 强调公共行政管理的目的是为公众活动提供平台和服务，这个平台由行政的管理活动进行支撑，保证公众活动的相对公平和社会整体的有效性运作；④ 强调行政管理所承担的是对社会、公众的责任和义务；⑤ 强调行政管理过程中的公平性；⑥ 强调行政管理活动的公众参与性；⑦ 强调行政管理活动的公开性和透明性。② 因此，公共行政管理可以定义为，政府行政组织为了公共的利益和目的，以公共

---

① 杨寅，王辉. 公共行政学［M］. 北京：北京大学出版社，2009.
② 马建川，翟校义. 公共行政原理［M］. 郑州：河南人民出版社，2005.

权力和法律为基础，对社会公共事务和政府自身内部事务所进行的管理和服务活动；① 而公共行政学则是探讨公共行政管理活动的规律，研究如何搞好公共行政管理的科学。公共行政学的研究目的在于建立科学的公共行政管理体系，提高公共行政管理的效能。

文化行政管理学所研究的文化行政管理通常指公共文化行政。

第二节　文化行政管理

一、文化

讨论文化的概念对理解文化行政也很重要。因为对文化的不同定义，会产生不同的文化行政的含义。对文化定义的难度不亚于对行政的定义。美国人类学家克鲁伯（Kroeber）和克罗孔（Kluckhohn）等人合著的《文化，关于概念和定义的检讨》（*Culture，a Critical Review of Concepts and Definitions*）一书，罗列了从 1871～1951 年 80 年间关于文化的定义，至少有 164 种。多少年来，人们一直热衷于对文化概念的争论和探讨。文化一词被不同的人们在不同的场合下运用着，常常引起认知和论述上的混乱。

在汉语中，"文"字最早见于《周易》："物相杂，故曰文。"这里的"文"，通"纹"。《礼记》有"五色成文而不乱"的记载。《论语》中有这样的话："质胜文则野，文胜质则史，文质彬彬，然后君子。"② 郑玄注解说："文犹美也，善也。""化"字本意是变化和生成。《庄子》中有："化而为鸟，其名为鹏。"③ "文""化"最初连用，就有文明教化之意。西语中的文化，源于拉丁文的 cultura，原意为耕种、掘垦、居住、动植物培育。英语、法语中的 culture 都源于拉丁文，原意都是栽培、种植的意思，后来引申为神明拜祭；中世纪后，转化为对人的性情陶冶、品德的教养等。

对"文化"一词词根的理解有助于我们对纷繁复杂的文化定义进行简

---

① 孙荣，徐红. 行政学原理［M］. 上海：复旦大学出版社，2003.

② 杨伯峻. 论语译注［M］. 北京：中华书局，1980：61.

③ 方勇，陆永品. 庄子诠评［M］. 成都：巴蜀书社，2007：4.

单明了的归纳。对文化的定义，不外有三种理解。一是认为文化是一个宽泛的概念，即文化是人类创造的一切物质财富和精神财富的总和。克罗孔说，文化是历史上创造生存样式的系统，包括显性的和隐性的两种样式。梁漱溟说，文化，就是吾人生活所依靠的一切；二是认为文化是一个特指的概念，即文化，是文学、绘画、雕塑、音乐、戏剧等为主的艺术文化，是人类更高雅、更令人心旷神怡的那部分生活方式。欧盟委员会解释说，文化是指绘画、戏剧艺术、书法、电影制作、建筑及城市规划、媒体、连环画、科学技术及其表现形态、语言文学、艺术和传统等；三是认为，文化概念既不可宽泛也不可特指，而是指人类精神文化方面的创造及其成果，包括语言、文学、艺术以及一切意识形态在内的精神财富，而不包括物质生产及其器物性、实体性成果。英国人类学家泰勒（Tylor）说，文化或文明，乃是包括知识、信仰、艺术、道德、法律、习俗，以及人类在社会里获得的一切能力和习惯在内的复杂整体。《苏联百科全书》1953 年版对文化的解释是，文化是"社会在教育、科学、艺术及其他精神生活领域所取得的成就的总和"。

我国对文化的解释倾向于第一种和第三种，从广义和狭义两个方面进行定义。《辞海》中关于文化的定义：从广义上来说，文化指人类社会历史实践过程中所创造的物质财富和精神财富的总和；从狭义上来说，指社会的意识形态，以及与之相适应的制度和组织机构，或者说，是在一定物质资料生产方式基础上发生和发展的精神生活方式的总和。

二、文化行政管理

对文化概念的归类尽管有助于对文化行政管理概念的界定，但是，准确地把握文化行政管理概念，还必须对行政概念的外延加以明确。对行政外延的理解是我国行政管理学理论中的一个难点问题。对此，有两种截然不同的观点。

一种观点认为，行政管理是一个宽泛的概念。唐代望认为，社会主义国家的行政管理是管理整个社会的，不仅包括国家行政机关的管理，而且包括立法、司法以及事业单位的行政管理。李方认为，行政是指国家立法、行政、司法部门乃至其附属单位的管理工作。企事业单位的某些管理工作也称为行政管理，社会主义国家的党、团、工会、妇联等大型组织的管理工作也应该是行政部门和学术界所关心的对象。夏书章认为，行政是行使国家权力的管理，凡不属于国家机关的管理活动，便不属于行政，应将行使国家权力从事国家管理的活动称为行政。

另一种观点与之相反。周世述认为，所谓行政，就是国家行政部门为实现代表统治阶级意志的国家目的和任务，而对所属的国家职能和国家事务的组织管理活动的总体。黄达强认为，行政是国家政务的管理活动。也有学者认为，行政是与政府活动有直接关联的一种活动，是围绕执行社会公共权威而展开的活动和关系，特别是与实现政治目的、制定计划和推动具体过程相关的各项活动。①

由于对文化和行政管理概念外延的界定不同，必然就会出现对文化行政管理的不同理解：第一种理解是一种对文化行政管理的狭义理解，即文化行政管理是文化行政部门对艺术文化的一种管理活动。按照这种理解，文化行政仅涉及现在国家文化和新闻出版广电等职能部门职权范围内的音乐、戏曲、舞蹈、电影、出版等艺术文化的管理事务。

第二种理解认为，文化行政管理是国务院以及国务院有关组成部门和直属机构具体管理文化事务的活动。据此，只有行政管理部门管理文化事务的活动，才能叫作文化行政管理；至于那些虽然拥有文化管理职能，但却不是行政序列的党的机关或者文化群众团体对文化事务的管理活动，不能称之为文化行政管理。按照这个标准，只有国务院及其文化与旅游部、广播电视总局的文化管理活动才是文化行政。具体涉及的文化行政范围如下：

（1）国务院。根据《宪法》第八十九条第七款的规定："领导和管理教育、科学、文化、卫生、体育和计划生育工作。"

（2）（中华人民共和国）文化与旅游部。其是国务院组成部委之一，主要职责是：① 贯彻落实党的文化工作方针政策，研究拟订文化和旅游政策措施，起草文化和旅游法律法规草案。② 统筹规划文化事业、文化产业和旅游业发展，拟订发展规划并组织实施，推进文化和旅游融合发展，推进

---

① 黄飚. 文化行政学［M］. 上海：上海交通大学出版社，2001.

文化和旅游体制机制改革。③ 管理全国性重大文化活动，指导国家重点文化设施建设，组织国家旅游整体形象推广，促进文化产业和旅游产业对外合作和国际市场推广，制定旅游市场开发战略并组织实施，指导、推进全域旅游。④ 指导、管理文艺事业，指导艺术创作生产，扶持体现社会主义核心价值观，及具有导向性、代表性、示范性的文艺作品，推动各门类艺术、各艺术品种发展。⑤ 负责公共文化事业发展，推进国家公共文化服务体系建设和旅游公共服务建设，深入实施文化惠民工程，统筹推进基本公共文化服务标准化、均等化。⑥ 指导、推进文化和旅游科技创新发展，推进文化和旅游行业信息化、标准化建设。⑦ 负责非物质文化遗产保护，推动非物质文化遗产的保护、传承、普及、弘扬和振兴。⑧ 统筹规划文化产业和旅游产业，组织实施文化和旅游资源普查、挖掘、保护和利用工作，促进文化产业和旅游产业发展。⑨ 指导文化和旅游市场发展，对文化和旅游市场经营进行行业监管，推进文化和旅游行业信用体系建设，依法规范文化和旅游市场。⑩ 指导全国文化市场综合执法，组织查处全国性、跨区域文化、文物、出版、广播电视、电影、旅游等市场的违法行为，督查督办大案要案，维护市场秩序。⑪ 指导、管理文化和旅游对外及对港澳台地区交流、合作和宣传、推广工作，指导驻外及驻港澳台地区文化和旅游机构工作，代表国家签订中外文化和旅游合作协定，组织大型文化和旅游对外及对港澳台地区交流活动，推动中华文化走出去。⑫ 管理国家文物局。⑬ 完成党中央、国务院交办的其他任务。[①]

（3）（国家）广播电视总局。其主要职责是：① 贯彻党的宣传方针政策，拟订广播电视、网络视听节目服务管理的政策措施，加强广播电视阵地管理，把握正确的舆论导向和创作导向。② 负责起草广播电视、网络视听节目服务管理的法律法规草案，制定部门规章、行业标准并组织实施和监督检查，指导、推进广播电视领域的体制机制改革。③ 负责制定广播电视领域事业发展政策和规划，组织实施公共服务重大公益工程和公益活动，指导、监督广播电视重点基础设施建设，扶助老少边贫地区广播电视建设和发展。④ 指导、协调、推动广播电视领域产业发展，制定发展规

---

① 见中华人民共和国文化和旅游部官网。

划、产业政策并组织实施。⑤ 负责对各类广播电视机构进行业务指导和行业监管，会同有关部门对网络视听节目服务机构进行管理。实施依法设定的行政许可，组织查处重大违法违规行为。⑥ 指导电视剧行业发展和电视剧创作生产。监督管理、审查广播电视节目、网络视听节目的内容和质量。指导、监管广播电视广告播放。⑦ 指导、协调广播电视全国性重大宣传活动，指导实施广播电视节目评价工作。⑧ 负责推进广播电视与新媒体新技术新业态融合发展，推进广电网与电信网、互联网三网融合。⑨ 组织制定广播电视科技发展规划、政策和行业技术标准并组织实施和监督检查。负责对广播电视节目传输覆盖、监测和安全播出进行监管，指导、推进国家应急广播体系建设。指导、协调广播电视系统安全和保卫工作。⑩ 开展广播电视国际交流与合作，协调推动广播电视领域走出去工作，负责广播电视节目的进口、收录和管理。⑪ 指导广播电视、网络视听行业人才队伍建设。⑫ 完成党中央、国务院交办的其他任务。①

凡上述机构职权范围之内的各项活动都称为文化行政管理。

第三种理解认为，文化行政的外延不应这么狭窄，而应该更加宽泛。凡是国家权力机构管理一切文化的活动，都可以叫作文化行政。在党的文献中，一直就有政治、经济、文化相并列的提法。毛泽东在《新民主主义论》中，将社会划分为政治、经济和文化三大领域，并论证了三者之间的关系："一定的文化（当作观念形态的文化）是一定社会的政治和经济的反映，又给予伟大影响和作用于一定社会的政治和经济；而经济是基础，政治则是经济的集中的表现。这是我们对于文化和政治、经济的关系及政治和经济的关系的基础观点。"② 革命的目的就是要打倒帝国主义、封建主义以及官僚资本主义的旧政治、旧经济和旧文化，实现新民主主义的新政治、新经济和新文化，在社会主义革命和建设时期，就是要建设社会主义的政治、经济和文化。

这个理论一直被继承和延续。例如，党的十五大报告中将文化与政

---

① 见国家广播电视总局官网。
② 毛泽东. 毛泽东选集（第二卷）［M］. 北京：人民出版社，1991：663 - 664.

治、经济和社会问题相并列："我国经济、政治、文化和社会生活各方面存在着种种矛盾，阶级矛盾由于国际国内因素还将在一定范围内长期存在，但社会的主要矛盾是人民日益增长的物质文化需要同落后的社会生产之间的矛盾，这个主要矛盾贯穿我国社会主义初级阶段的整个过程和社会生活的各个方面"，因此"进一步明确什么是社会主义初级阶段有中国特色社会主义的经济、政治和文化，怎样建设这样的经济、政治和文化，是必要的"，"建设有中国特色社会主义的经济、政治、文化的基本目标和基本政策，有机统一，不可分割，构成党在社会主义初级阶段的基本纲领"，而"建设有中国特色社会主义的文化，就是以马克思主义为指导，以培育有理想、有道德、有文化、有纪律的公民为目标，发展面向现代化、面向世界、面向未来的，民族的科学的大众的社会主义文化。这就要坚持用邓小平理论武装全党，教育人民；努力提高全民族的思想道德素质和教育科学文化水平；坚持为人民服务、为社会主义服务的方向和百花齐放、百家争鸣的方针，重在建设，繁荣学术和文艺。建设立足中国现实、继承历史文化优秀传统、吸取外国文化有益成果的社会主义精神文明"。

党的十六大报告继续把文化放到突出的位置，"这次大会确立的全面建设小康社会的目标，是中国特色社会主义经济、政治、文化全面发展的目标"；论证了"当今世界，文化与经济和政治相互交融，在综合国力竞争中的地位和作用越来越突出"，提出"全面建设小康社会，必须大力发展社会主义文化，建设社会主义精神文明""要深刻认识文化建设的战略意义，推动社会主义文化的发展繁荣"。

党的十七大报告提出"坚持中国特色社会主义经济建设、政治建设、文化建设、社会建设的基本目标和基本政策构成的基本纲领，在十六大确立的全面建设小康社会目标的基础上对我国发展提出新的更高要求"；论述了"当今时代，文化越来越成为民族凝聚力和创造力的重要源泉、越来越成为综合国力竞争的重要因素，丰富精神文化生活越来越成为我国人民的热切愿望"；立足于"加强文化建设，明显提高全民族文明素质"，提出"更加自觉、更加主动地推动文化大发展大繁荣，在中国特色社会主义的伟大实践中进行文化创造"。

党的十八大报告确立了"全面推进社会主义经济建设、政治建设、文化建设、社会建设、生态文明建设"的目标；指出要"紧紧围绕建设社会主义核心价值体系、社会主义文化强国深化文化体制改革，加快完善文化管理体制和文化生产经营体制，建立健全现代公共文化服务体系、现代文化市场体系，推动社会主义文化大发展大繁荣"；提出"建设社会主义文化强国，增强国家文化软实力，必须坚持社会主义先进文化前进方向，坚持中国特色社会主义文化发展道路，坚持以人民为中心的工作导向，进一步深化文化体制改革。要完善文化管理体制，建立健全现代文化市场体系，构建现代公共文化服务体系，提高文化开放水平"。

十九大报告明确了中国特色社会主义事业总体布局是"五位一体"、战略布局是"四个全面"，强调坚持道路自信、理论自信、制度自信、文化自信，提出了"要坚持中国特色社会主义文化发展道路，激发全民族文化创新创造活力，建设社会主义文化强国"的目标，要求"牢牢掌握意识形态工作领导权""培育和践行社会主义核心价值观""加强思想道德建设""繁荣发展社会主义文艺"和"推动文化事业和文化产业发展"。

将文化视为"三位一体"也好，或者视为"四位一体""五位一体"也好，实际上是从意识形态的视角把思想理论、道德建设、文学艺术、广播影视、新闻出版、网络媒体、对外宣传等各个方面都包括其中，将文化与政治、经济、社会和生态相并列，因此这个文化行政的外延非常宽泛。

如果按照这个理解，那么，党组织的一些职能部门管理文化的活动也应该是文化行政管理。党内主管文化的最高组织机关是中共中央宣传部（简称中宣部）。中宣部现今涉及文化行政管理的具体职能有：① 负责从宏观上指导精神产品的生产。② 受中央的委托，协同和会同有关部门对我们宣传文化系统的重要岗位的领导干部进行管理。联系宣传文化系统的知识分子，协助有关部门做好知识分子工作。③ 负责提出宣传文化事业发展的指导方针；指导宣传文化系统制定政策和法规，同时按照中央的统一工作部署，做好宣传文化系统各有关部门之间的协调工作。④ 为中央领导和中宣部领导的决策和指导全局工作提供舆情信息的服务，并且负责组织协调和指导宣传文化系统的舆情信息工作。⑤ 负责文化体制改革，包括新

性）内部问题。也就是说，只有在清楚界定文化体制（职权与功能），即这些职能机构该做什么、可以做什么的基础上，才能进一步研究配置何种规模、层次和数量的组织和机构去行使、实现这些职权与功能的问题。

其次，文化行政管理学需要关注在一定条件下，文化职能组织如何依靠公共资源，运用各种手段对文化事务进行管理和提供服务。这既涉及以行政运作过程为特征的文化行政决策、文化行政执行与监督问题，也涉及基础性公共资源——公共财政问题，还涉及行政绩效问题。

再次，公共文化行政管理学需要关注文化行政职能组织在追求行政有效性的同时所应有的法治精神，遵循行政行为合法性的原则；对文化行政管理环境以及文化体制的改革研究；等等。

可见，文化行政管理学是研究在一定环境和制度条件下，国家文化行政职能组织如何对文化事务进行有效管理，提供有效服务的一门学科，其探讨的核心问题是文化行政管理的规律和有效性问题。为此，本书的基本框架是：上篇，包括文化行政管理概论、文化行政管理职能和文化行政管理环境；中篇，文化行政体制与组织、包括文化行政管理权力、文化行政管理运行、文化行政管理领导、文化行政的人事管理、文化行政的财务管理、文化行政立法和文化行政管理效率；下篇，包括文化行政伦理和文化行政管理发展。

二、研究方法

文化行政管理学不仅具有一般的理论和原理，而且实践性、应用性很强。学习和研究文化行政学需要运用多种方法，如政策分析方法、法律分析方法、效率测量方法等，其中理论推导、实证分析和比较分析是最基本的方法。

首先是理论推导法，要求在学习和研究时善于理解、掌握相关观念、理论和原理，并善于对相关概念与理论进行推导。这种方法所涉及的是"应当是什么"或者"应该如何"这样的问题。这需要对先验的概念、理论科学性的基础条件及其周延性和理论概括的全面性有很好的把握，同时对文化问题的研究需要在此基础上借助多种理论，从不同的角度进行分析。

其次是实证分析法，也称经验方法、行为主义方法，要求在学习和研究时专注于寻找事实，只提供事实。这种方法所涉及的是"是什么"，而非"应当是什么"。这需要首先了解问题性质，以便对症下药。这种方法要求在研究中持价值中立态度，因为价值的渗透会妨碍对事物的客观理解。发现事实是任何科学研究也是文化行政学研究的基本前提。

最后是比较分析法。这是研究文化行政管理学和其他社会科学常用的一种方法。要求在学习和研究时通过历时性比较和共时性比较，把握相对较优的文化行政思想、方法手段和运作，为借鉴提供可能。尽管比较中对可比性的问题容易引起争论，但是这种争论并不影响比较方法所具有的价值，因为它并非要求对可参照的东西模仿和照抄，而是提供一种参照系。

三、研究意义

文化行政管理学实际上是有关国家文化职能组织管理与服务有效性的一门学科。由于人们将文化管理一直理解为一种单纯经验的积累而忽视了其科学性、规律性和规范性的特点，因此研究和学习文化行政管理学是非常必要的。其意义表现在：

首先，研究和学习文化行政管理学有利于正确、有效地发挥政府文化职能作用。现代政府是有限政府，政府应该做什么、可以做什么是一个需要不断探索、不断调整、不断总结的范畴，涉及政党与政府、政府与社会、政府与市场、政府与公民等多方关系的定位和整合。只有通过研究和学习，才能认识问题的本质，较好地处理实践中面临的诸多矛盾和问题。

其次，文化体制改革和当今的其他各项社会改革一样，政府的角色与功能有着举足轻重的作用，同时，改革与文化、社会的发展也给文化体制、政府活动目标、价值取向和方法带来挑战。研究和学习文化行政管理学有助于建立一套有中国特色的文化管理制度，为转型期所涉及的一些文化体制改革提供理论和学术支撑。

第二章

文化行政管理职能

　　文化行政管理职能是政府管理文化的职能，是政府文化行政管理活动内容的全面概括，它反映政府在管理文化活动中所起的作用，即政府应该做什么。科学地界定文化行政管理职能，关系到政府如何行使文化行政管理权力、如何在国家文化生活中发挥作用。文化行政管理职能反映了政府文化活动的基本方向、根本任务和主要作用，因此它是文化行政管理学研究的核心问题。不同的国家或地区，以及同一个国家或地区在不同历史发展时期，其文化行政管理职能的表现和作用是不完全相同的。当政治、经济、文化、社会环境和条件发生了变化，文化行政管理职能会随之作出相应的调整。

第一节　概　　述

一、文化行政管理职能的含义

　　文化行政管理职能，也有人称之为政府文化职能，这一概念并没有统一的看法。在我国，文化行政管理职能与政府文化职能是不能够完全画等号的。政府可以行使文化行政管理职能，其他公共机构也能行使文化行政管理职能。因此，在理解文化行政管理职能的时候，不能认为文化行政管理职能仅仅是由政府行政机构行使，而要反过来推导，即看哪些公共机构实际承担着文化行政管理的职能。所以，平时在讲转变政府文化管理职能的时候，不能把它仅仅理解为政府机关文化管理职能的转变，而应该指所有行使文化行政管理职能的机构都要转变职能。

职能，具体是指人、事物和机构应有的责任和功能；文化行政管理职能是文化管理职责和功能的有机统一。文化行政管理职能首先表现为国家文化管理机关依法履行的职责，即应该管什么、管到什么程度以及如何管；同时，文化行政管理职能又表现为行政管理在国家和社会生活中的功用、效能，其应该发挥什么样的作用。这两者的关系应该是统一的，即：文化行政管理的社会功能是其法定职责的前提和内容，政府的法定职能是其社会功能的实现和保障。不能把两者孤立或者对立起来，即或者强调文化行政管理的法定职能而无视行政管理对社会应尽的义务，形成行政管理至上主义；或者只强调行政管理的社会功能而随意超越行政管理职责的法定范围，陷入无政府主义。

文化行政管理职能包含以下四层含义：

第一层，文化行政管理职能与公共行政管理的根本目的紧密相连。现在所提倡的服务型政府，其基本理念是"全心全意为人民服务"，文化行政管理职能就应该更多地体现公共服务职能。在实际过程中，文化行政管理的目的表现为文化行政管理目标与文化行政管理动机的统一。

第二层，文化行政管理职能与国家职能有机地联系着。在传统社会中，国家职能中的立法、司法中的相关文化职能常常和文化行政管理职能相混淆，文化行政管理职能在全能型行政管理职能之下，变成不受约束的文化行政专横管理。而现代社会中，文化行政管理职能应该与国家其他方面的职能相分离，接受国家立法机关的监督，并以国家司法机关等具有国家强制力的机构作为职能行使的后盾。

第三层，文化行政管理职能的实施者是文化行政组织体系。这个组织体系包括具有文化行政管理职能的党和政府的组织机构及其所属各类人员。这个组织体系的效率高低，就看其履行行政管理职能的状况。所以，党和政府文化行政职能体系是其组织体系的基础和考核依据。

第四层，文化行政管理职能的界定是正确处理党政关系、政企关系和政社关系的前提，是我国文化体制改革的重要内容。

二、文化行政职能的特点

（一）执行性

从行政与立法的关系看，行政管理职能是一种执行性职能。文化行政管理职能的行使也是以国家强制力为后盾的，与其他非国家管理活动相比，它具有明显的代表国家意志的权威性。由于文化行政管理职能具有执行性特点，从而使文化行政管理职能与文化变化直接联系，文化行政管理职能对文化的变化比较敏感。

（二）服务性

现代政府是由人民大众产生的，行政管理的本质是为人民服务。根据现代经济学的理论，人民和政府的关系是委托人和代理人的关系。政府的服务是人民或纳税人出钱购买的，所以政府为人民提供高质量的产品和优质的服务是政府的义务，政府应该实现人民利益最大化。如果政府把追逐自身利益作为宗旨，那就完全扭曲了行政管理职能，势必堕落腐败而成为享有特权、与人民大众对立的利益集团。因此，服务既是文化行政管理职能的基本特点，也是对文化行政管理职能的必然要求。

（三）动态性

文化行政管理职能不是静止不变的，它随着国家社会生活及行政环境的变化而变化。在不同国家、同一国家不同历史阶段，文化行政管理职能的内容、侧重点和实现方式都在不断地变化和发展。社会和文化的变化是文化行政管理职能发生变化的根本原因。适应变化和发展的需要，及时调整和转变文化行政管理职能，是文化管理的重要前提和基础。

三、文化行政职能的意义

科学确定文化行政管理职能，对于发挥文化行政管理作用，建立合适的文化行政组织系统，有效地组织各项文化管理活动，有着十分重要的意义。

（一）文化行政管理职能是文化行政组织设置的依据、前提和基础

没有一定职能就没有一定的文化行政组织和机构，有什么样的文化行

政管理职能，就需要设置什么样的文化行政组织。一方面，文化行政管理职能必须通过相应的文化行政组织来实现，文化行政组织就是文化行政管理职能的载体和相应的物质承担者，离开这一载体，文化行政管理职能就无法实现；另一方面，文化行政组织的设置不是随心所欲的，文化行政管理职能是其建立的基本依据。文化行政管理职能的内容和分类，在一定程度上决定着行政组织的设置、规模、层次、数量和运行方式。文化行政管理职能是一个完整的职能体系，文化行政组织也是一个完整的组织体系。

（二）文化行政管理职能是文化行政运行机制科学化、程序化的依据

现代公共行政活动，要求文化行政管理的运行过程科学化、程序化。实现文化行政管理运行机制科学化、程序化，必须体现公共行政活动过程的内在规律，而文化行政管理职能正是文化行政管理过程自身内在规律的概括和反映。文化行政管理运行实际上是文化行政管理职能的实现过程，要求文化行政管理的计划、组织、协调、控制等各项职能得以行使，这就构成了文化行政管理运行的全过程；每项文化行政管理职能都是文化行政管理过程的重要环节，各项文化行政管理职能之间相互制约的关系，反映了各个管理环节先后有序的有机联系，按照文化行政管理职能进行合理的组织过程，就能实现文化行政管理的程序化和有序化。

（三）文化行政管理职能的实施情况是文化行政管理效能的表征和检验标尺

文化行政管理是否得到充分发挥和完全实现，既受国家性质和党政制度的制约，又受到行政管理权限划分、组织机构设置、人员素质、活动原则和经费收支等方面的影响，尤其受到行政决策是否科学的制约。所以，行政管理职能的实施情况是检验文化行政管理功效的重要依据，也是文化行政管理结果的表现。

第二节　文化行政管理职能类型

一、基本职能

文化行政管理的基本职能包括政治职能、经济职能和文化职能。文化

行政管理的基本职能是国家有关职能机构通过行使约束、控制等手段，使文化活动不至于影响到社会秩序。

（一）政治职能

政治职能是维护国家统一的政治秩序的基本职能，其核心是维护国家政权。文化行政管理之所以具有政治职能是其意识形态化所决定的。由于文化是一个非常宽泛的概念，加之文化本身除了娱乐外，还被赋予了教化育人的功能，因此文化与政治联系在一起。特别是发展中国家，在其争取独立和革命过程中，文化通常被定义为从属于政治，服从和服务于政治的需要，因此文化更多地被赋予政治的含义，而文化行政管理的政治职能也就凸显出来。文化行政管理的政治职能就是把文化活动纳入政治活动的逻辑之中，确保政治秩序的稳定，不让文化活动影响政治稳定，使文化行政管理成为国家政治职能的一个重要组成部分。

（二）经济职能

经济职能是文化行政管理在国家经济管理活动中应当履行的职责并积极主动发挥作用。在实行计划经济体制的国家，文化行政管理的经济职能非常明显。因为在这个体制中，文化行政管理实际上就是文化生产的组织者和管理者。文化行政机构一般都设有文化事业单位和文化企业单位，文化行政管理职能部门必须对这些单位的具体文化生产活动进行组织和管理。在社会主义市场经济条件下，文化行政管理的经济职能处在转型过程中，即由过去的文化生产组织者角色向文化经济活动宏观管理者角色转变。根据我国社会主义市场经济发展的不同阶段和具体国情，文化行政管理的经济职能主要是统筹规划、掌握政策、信息引导、组织协调、提供服务和市场监督，包括：保持社会文化总需求与总供给的动态平衡，确保文化经济稳定、协调发展；制定文化产业中长期发展计划，实现国家和地方文化产业的发展目标；制定各种文化行政法律规范，并就执行情况进行监督检查；制定文化产业政策和重大文化产业投资政策，优化文化产业的结构；实施有效的税收政策，调节文化企业之间的收入；建立全国统一的文化市场，搞好各种协调工作；提供信息引导，推进文化市场的完善和发展；等等。

（三）文化职能

文化行政管理的文化职能就是国家文化行政管理机关对文化活动的管

理，即广播、电影电视、文学艺术、出版、群众文化、文物等各项文化事业的管理，具体包括：贯彻实施国家关于文化工作的方针、政策；制定文化事业和文化产业的发展战略和规划，并负责具体实施；颁布文化事业和文化产业的发展政策、法令和规定；指导、监督、协调有关方面的文化事业发展；领导和推进文化体制改革；负责全民的思想道德建设；等等。

二、运行职能

文化行政管理的基本职能必须通过各个管理环节才能落实，因此，从行政管理过程来看，文化行政管理职能又包括一系列文化行政管理运行职能。根据文化行政管理运行职能的内容，其基本内容可以概括为四种类型。

（一）决策职能

在管理活动中，无论是计划、组织、协调还是控制，其过程实际上可分为决策的制定和决策的执行两大类，决策职能是文化行政管理过程中的首要职能，主要包括目标和计划。文化行政管理机构在进行管理活动的时候，必须根据客观实际情况，确定文化行政管理目标和任务，并设计实现目标和任务的方案、路径和手段等。一般来说，越往高层，战略性决策越多，越往基层，执行性决策越多。文化行政管理的战略性决策大多是非程序性的，比较复杂，而执行性决策多为程序性的，难度相对较小。文化行政决策活动贯穿文化行政活动的始终。首先，确定文化行政组织的使命目标，制定各种战略计划和战术计划等，一般需要在两个以上的可供选择的方案中决定选取哪一种，这是计划工作中的决策问题。其次，文化组织机构的设置、部门划分方式的选择、集权分权方式的处理，以及各职能部门人员的选配等，这是文化组织工作中的决策问题。在控制过程中，控制标准的确定，文化活动执行情况的检查和检查时点的选择，是否存在偏差、偏差性质的确认以及所采取的纠正措施的选择等方面也需要决策。

（二）组织职能

为了有效地实现文化行政管理目标和任务，通过建立文化行政组织机构，确定职位、职责和职权，协调相互关系，从而将文化行政组织内部的各个要素连接成一个有机的整体，使人、财、物得到最合理的使用，这就是文化行政管理的组织职能。任何文化行政管理目标和任务都要通过一定的文化行政组织机构和具体的指挥活动才能完成，所以是一项重要的决策运行职能。组织职能的要求是，通过科学设计文化行政组织结构和权责关系，合理安排和指挥组织系统内各种机构及各类人员的工作。文化行政管理的组织职能是：对文化行政机构设置、调整和有效运用，搞好编制管理；对文化行政组织内部的职权划分，对人员加以选拔、配备、培训、考核；对具体文化行政工作的指挥和监督；等等。

（三）协调职能

协调职能是文化行政管理过程中的核心环节。这是因为文化行政管理活动归根到底就是设计和保持一种良好的行政管理环境，使身处其间的人能够在组织内部协调地展开文化行政管理工作，从而能够有效地完成文化行政管理目标。每一项文化行政管理职能的展开，都是为了更好地促进协调。有了协调，文化行政组织就可以收到个人单独活动所不能达到的良好效果。文化行政管理的协调职能具体表现为：协调文化行政组织之间以及与其他行政组织之间、文化行政组织与个人之间的关系；协调各项文化行政管理之间的关系；协调文化行政组织与其他组织以及人民群众之间的关系。通过协调、理解、沟通各方面的关系，减少、消除不必要的冲突和能量消耗，从而建立和谐的分工合作、相互促进的联系，实现文化行政管理目标。

要实现文化行政管理的协调职能，第一，要建立健全文化行政沟通渠道，发挥和完善文化行政沟通机制，取得系统内组织之间、人员之间的相互了解和信任，形成良好的人际关系，产生强大的整体效力；第二，在文化行政沟通的基础上，通过各种政策、制度和具体措施，明确职责分工，划分权力范围，避免事权冲突和工作矛盾，减少和克服相互间的不和谐；第三，开展各种文化行政机构公关活动，树立良好的政府形象，取得社会公众的信任和支持。

（四）控制职能

文化行政管理的控制职能是依据文化行政管理计划标准来衡量计划完成情况并纠正计划执行中的偏差，以确保文化行政管理目标和计划目标实现的管理活动。做好控制管理，需要两个前提：一要有计划和标准，二要有健全的文化行政组织结构和得力的控制手段。文化行政控制包括两个方面，一方面通过收集、加工、分析有关文化行政过程的各种信息，对文化行政管理活动的数量、时间和质量等因素给予控制；另一方面是了解和掌握活动中的人事、组织、财务和方法等，并对各种文化行政管理行为进行控制。文化行政控制贯穿文化行政管理活动的每一个环节。

文化行政管理的基本职能和运行职能是相互渗透、相互交叉和相互作用的，它们在彼此联系与制约中发挥作用。前者界定了管理的客体，后者则强调怎么管理这些客体；前者回答管理什么的问题，后者回答怎么管理的问题，两者共同回答文化行政管理究竟做什么的问题。

第三节 文化行政管理职能模式

文化行政管理的职能模式是指文化行政管理与文化市场以及非营利组织之间的关系模式，是文化行政管理如何在与文化市场、非营利组织共同作用的基础上对文化发展施加影响的方式、方法的总和。文化行政的职能模式有着不同的类型，在社会历史发展过程中，不同类型的文化行政管理职能模式会发生变化。文化行政管理的职能模式的变化总是遵循一定的路径。一般来说，其发展要经历单一型模式、引导型模式和复合型模式。

一、单一型文化行政管理职能模式

这是一种高度集权的文化管理模式，在这一模式下，一国的文化发展由各级政府及其主管行政部门以指令性计划和行政手段进行调节和控制。这一模式的主要特点是，文化由政府包办，政府对文化发展实行全面直接的控制，排斥文化市场以及政府和市场之外的任何社会力量的参与。

政府指令型管理模式是计划经济体制的产物。这一模式的优点在于，从中央到地方形成了一个庞大而严密的、条块结合的、封闭性的文化行政管理网络，有利于抵御外来不良文化的侵蚀，维护本国的文化安全和国家认同，有助于推动公共文化组织的迅速发展和壮大，集中人力物力在较短时间内培育出文化艺术精品。这种模式的弊病是，片面强调文化是上层建筑、意识形态的工具，忽视了文化自身的发展规律，从而限制了文化事业的发展，使文化沦为政治的附庸；轻视文化产品的经济价值，忽视文化产业的发展，文化产品的供需关系紧张，难以有效地满足人们的精神文化需要；文化行政管理机构拥有文化管理的一切权力和绝对权威，以指令性手段管理文化单位，文化单位没有自主权，其积极性、创造性严重受挫。

历史上，苏联是单一型的文化行政管理职能模式代表性国家。苏联最高苏维埃是领导全国文化事业最高层次的机构，负责审查和批准国民经济计划和预算中有关文化事业建设的重要指标。它在文化建设方面的指令由部长会议执行，文化部，国家电影事业委员会，国家出版、印刷、书籍发行委员会等机构的管理职能是执行最高苏维埃的法令和党在文化建设方面的政策，领导相应的文化部门和单位。各加盟共和国文化管理机关负责辖区内的文化事业管理。同样，共和国以下行政区域的文化管理职责也由相应的文化管理机关承担。例如，州（边区）文化局，除了直接管理州（边区）所属的文艺团体、文化设施和文化场所所属剧院和演出单位的剧目外，还对领导戏剧艺术的主管部门和组织以及集体农庄的文化机构活动进行监督。[1]

二、复合型文化行政管理职能模式

复合型文化行政管理职能模式是政府并不包办一切文化事务，而是在与文化市场和文化非营利组织之间有着明确的职能边界划分。依照三者之间的职能划分，又可以细分为若干模式。

（一）政府主导的复合模式

政府主导复合模式的特点是，发展文化是以社会力量为主，但政府并非放任不管，而是发挥主导作用，利用自身拥有的权力及合法有效的手

---

[1]　A. Zvorykin. *Cultural policy in the Union of Soviet Socialist Republics* [M]. Paris: Imprimerie Blanchard，1970.

段，进行积极主动的引导和协调，使文化在国家许可的范围内，沿着特定的方向繁荣发展。在这一模式下，政府对文化发展的引导和协调是较为有力的，许多新兴工业化国家为追求文化事业的快速发展而采用这一模式。韩国、新加坡是实行这一模式的主要代表国家。

政府高度重视文化发展，从宏观上管文化，而不是从微观上办文化。既让文化在开放中繁荣，又防止文化在开放中腐化，是政府主导复合型模式的特征和目标。它具有以下优点：一是，政府的强力调控有助于消除文化交流中颓废、腐朽等不良外来文化的负面影响，有助于帮助国民消除现代化过程中焦急、困惑、不信任等消极文化心理的束缚，有助于继承和发展本国的优秀文化传统，进而提高社会的整合程度。二是，文化管理机构少而精，尤其是广播电视系统的局、台合一建制有利于提高管理效率，这也为部分文化事业单位转为企业，参与市场竞争以求发展创造了条件。

韩国是这一模式的代表性国家。韩国政府在 1998 年亚洲金融危机之后，意识到了文化特别是文化产业的重要价值，提出了文化立国的方针，把文化产业作为国家经济的战略支柱产业，并以政府为主导力量进行积极培育，为这一模式奠定了基础。从韩国的文化行政管理机构设置和职能划分，可以清楚地看到，韩国政府对文化发展不但有很强的主动性，而且在制定文化政策、管理文体事业方面更是详尽、细化、具体和有针对性。

韩国的中央文化行政机构是文化观光部，主要负责监管文化、艺术、宗教、观光、体育、青少年事业等方面的工作，主要职能部门有文化政策局、艺术局、文化产业局、观光局、体育局和青少年局，另外还有九个直属机构，其主要职责是推动韩国文化、观光产业的发展，使其成为具有竞争力的核心创收产业；搞活韩国文化、体育活动，提高中产阶层的生活质量；加强国际文化交流，促进国际文化合作；等等。

其中，文化政策局的主要职责是：制定文化发展基本政策、韩国语政策，以及与版权、图书馆及博物馆业务有关的政策，具体包括：制定和实施文化政策总体计划，制定文化艺术政策，进行相关的调查研究工作；筹募文化艺术振兴基金；大力提倡企业文化艺术活动并给予支持，鼓励企业文化活动，继承和弘扬民族文化；制定关于版权政策的综合计划等。艺术局主要职责是支持文化艺术创作活动；保障和推进国民的文化艺术享受权并制定相关的艺术政策；开展、普及各种文化艺术节目，承办文化艺术国际交流事业，进而树立"文化韩国"的形象。文化产业局主要职责是：在多方面增强文化产业的国家竞争力，使文化产业成为韩国骨干产业，如扩充电影、影像、游戏、音乐、出版、动画片、广播、广告等各个方面的基础设施；培养专业人才；开发高附加价值文化产品，争取进军海外市场的机会等。

（二）政府调控的复合模式

这一模式是一种包括集权、分权和放权等多种管理形式的模式，其特点是在同一个国家内，对不同的文化事务或同一文化事务的不同层次，采用不同的管理模式，在不同的发展时期对同一文化事务采取不同的管理方式，甚至在同一文化事务的管理模式中，包含了截然对立的多元化因素。

集权、分权、放权的多元交叉和并存是这一模式的根本特征。其优点体现在：一是中央集权与地方分权相结合，有利于调动地方办文化的积极性，有利于增加对地方文化单位和文化活动的资助，并在必要的时候保护本国文化不受外来文化的冲击，维护国家文化安全。二是国家干预与市场调节相结合，有利于对那些需要加强调控的部门进行有效监控，也有利于使那些可交由市场调节的行业得到充分自由的发展。三是集权、分权、放权并用，体现了这一模式的灵活性，可根据实际情况适时适度采用不同的管理方式，使文化事务管理能遵循文化活动本身的规律和要求。

法国是采用这一模式的典型代表。法国政府非常重视文化的发展和管理，这一点在欧洲国家中较为突出。主要表现在将文化发展列入国家发展五年计划，从全局上对文化发展进行规划和指导；在强化政府调控的同时，还推行"分散文化权力"的政策，把一些文化权力移交给地方，如把对某些遗产的管理权下放，交由最直接的地方组织来负责。法国政府对文化部门的管理也有别于对一般行政部门的管理，管理形式并非行政命令，而是通过签订文化协定的契约形式来确保管理目标的实现。在这一独创模式下，法国的许多公共文化部门拥有很多自主权，有自己的人事制度和自己的收入。

近年来，法国还推行"文化的民主性"政策，强调公众对文化的享有，并采取措施提高公众对文化管理的参与度。目前，法国有 15.7 万个文化民间协会，这些协会在法国文化事务管理尤其是法国文化遗产保护过程中发挥了重要作用。法国政府签署了国家与协会契约宪章，充分肯定民间组织在遗产保护中的地位，并给予它们在制定有关遗产政策中一定的参与权。多年来，协会在法国遗产保护方面做了大量工作，主要有鉴定遗产内容，参与制定法律和行政管理，提高民众的遗产保护意识，发挥遗产的价值作用，传播知识和技能，建立资源信息库等。[①]

对于营利性的文化产业和文化单位，法国政府不大包大揽，而是交由市场调节。虽然法国政府对新闻事业采取了国家垄断，凡国营、私营的广播电视部门都必须置于国家控制之下，但对同属于新闻事业的报刊业，则采取自由放任政策，从报道内容到机构设置均不受政府干预。

（三）政府引导的复合模式

这一模式的特点是文化的发展主要依靠市场和社会力量的调节，政府既不干预也不调控，主要通过制定法律法规、发布经济政策以及民间文化机构和中介组织来间接管理文化事务。在这一模式下，市场和非营利文化组织在文化发展过程中发挥主导作用。美国、英国、加拿大和澳大利亚都采取这一模式。

以社会为主导，政府间接引导是这一模式的主要特征。其优势在于：一是政府较少干预文化发展，文化单位在文化市场上自由竞争，有利于形成符合文化活动规律、多样化多层次的文化格局，从而较好地满足人们的文化生活需要。二是政府对非营利性文化单位以经济优惠政策而非行政拨款的方式进行扶持，这一方面避免了文化发展的政治化倾向，另一方面又鼓励了社会各界关心和支持文化的发展，有利于将更多的社会资源用于发展文化。三是依靠众多民间文化机构来调节文化与公众间的关系，沟通文化单位之间的联系，有助于调动地方和个人的积极性，提高对内对外的文化交流水平，丰富社会各阶层的文化生活。四是依靠法律手段而非行政手段规范文化市场和推动文化发展的做法，有利于文化健康、有序地向前发展。美国的文化立法大多由地方创设，根据需要，可以上升为联邦政府的法律，所以法律规范比较符合客观实际，容易落到实处。

---

①　Kim Eling. *The politics of cultural policy in France* ［M］. LTD：Macmillan press，1999.

美国是典型的政府引导复合模式的国家。基于其社会文化发展水平，政府对文化发展的管理和协调机制以间接管理为特征，具体管理方式以各州政府为核心协调单位，充分发挥官方和民间基金会的作用，政府对具体文化活动尽量不参与。当然，尽管美国至今未设置专门的文化管理行政机构，但这并不意味着美国政府对文化发展管理无所作为，只是政府对文化发展管理的各项事务不直接插手，而是将文化发展管理巧妙地转化为一种"开放性"的市场策略，将文化艺术活动置于市场经济和民间社会中成长，政府则主要提供宽松的外部环境和严格的法律保障。

美国政府管理文化的手段是间接的，即通过中介机构进行管理，主要通过联邦艺术暨人文委员会、国家艺术基金会、国家人文基金会和国家博物馆委员会，作为联邦政府的文化代理机构，负责对非营利的文化团体和个人进行资助等。1965 年，国会通过了《国家艺术及人文事业基金法》。依据这部法律，美国国会每年将一部分国家预算拨给国家艺术基金会和人文基金会这两个独立的管理机构，再由这两个基金会下属的拨款委员会按照法律规定，将这些经费提供给申请拨款的非营利性艺术团体或艺术家个人。申请拨款的艺术团体和艺术家，必须就其团体的性质、作品的艺术质量、财政状况和管理水平提交详尽的书面报告，由有关艺术门类的专家小组实地评估并提出建议，最后由拨款委员会以表决的方式裁定。此外，这部法律还保证了美国政府每年必须投入到文化艺术中的资金比例，并确保这项资金用于公益性为主的文化艺术事业而不是耗费于庞大的文化行政机构的运行之中。根据该基金法，政府对非营利性质的文化艺术团体和公共电台、公共电视台免征所得税，并减免为其提供赞助的个人和公司的税额。

对文化发展的间接支持还表现在《联邦税收法》中，其明文规定对非营利性文化团体、机构和公共电视台、广播电台免征所得税，并减免资助者的税额。对以非营利的促进文化、教育、科学、宗教、慈善事业为目的的团体免征赋税，个人和企业对上述非营利团体的捐赠可享受减免税收的优惠政策。如《联邦税收法》规定可以享受免税待遇的机构和组织有：交响乐团和类似的团体、促进爵士乐发展的音乐节或音乐会组织者、合唱艺术团体、青少年艺术团体、艺术展览团体、戏剧表演团体、舞蹈艺术团体和学校、历史文物保护团体等。

而对营利性文化产业,政府完全采取放任的政策。美国的营利性文化单位一般由个人投资或采取多方合资的模式,美国政府鼓励非文化部门和外来资金的投入,甚至大力吸引外国资本的参与,鼓励文化产业的跨国经营。营利性的文化产业单位采用老板负责制的管理体制,决策与管理均由老板负责,在若干名雇员协助下开展工作。政府对营利性的文化产业实行"商业决定型"的放任政策,文化企业不能享受减免税的优惠政策,政府一般也不给予资助而完全交由市场调节,它们必须自谋生路,在文化市场中参与竞争。当然,美国政府也注重文化产品是否合乎法律的规范,一旦发现文化产品与国家法律背离的情况,便迅速加以调查或取缔。①

第四节 引导型文化行政管理职能模式

一、引导型文化行政管理职能模式的含义

引导型行政管理职能模式,是新型工业化国家和地区在经济社会转型过程中出现的一种新型行政管理职能模式,这种模式既能保证社会的独立性与自主性,又能充分发挥政府作为社会总体利益代表者而对社会经济文化生活进行协调与调控的功能。在这种新型行政管理模式下,政府与社会处在一种相互制约又相互合作、相互独立又彼此依赖的有机统一的关系中。

新兴工业化国家和地区不能继续走老路,采取政府包揽一切、排斥市场和社会力量的做法,但在市场化过程中又不能完全照搬西方发达国家的模式。西方发达国家拥有雄厚的物质基础和文化优势,在国际政治关系中处于支配地位,在经济关系中拥有强大的竞争力,在文化交往中则表现为一种优势的话语权。在这种情况下,如果发展中国家沿着发达国家的历史

---

① The American Assembly. *The arts and public policy in the United States* [M]. New York: Columbia University press, 1983.

路径，就会永远在政治、经济和文化上处于被动的地位，受制于人。因此，对于追赶发达国家的发展中国家来说，建立引导型行政管理职能模式可能是一种最佳选择，是有历史的合理性的。建立引导性行政管理职能模式是一种全新的创造，是一个在探索中完善政府角色定位的过程。但是，这种模式的优点也可能正是它的弱点，因为它过于重视政府在经济文化和社会中的主动性，当这种主动性得到正确发挥时，会表现出对经济、文化和社会发展产生的巨大推动作用；如果发挥得不好，则会出现经济、文化和社会问题。

二、引导型文化行政管理职能模式的特点

引导型行政职能既不同于按照亚当·斯密的自由市场经济理论设计的保护型行政职能，也不同于以凯恩斯主义为基础设计的干预型行政职能，而是两者的综合统一。引导型行政模式中的行政应当是服务行政，也就是说引导型行政职能模式中的服务型政府应当致力于建设和完善行政职能。在实践中，引导型行政模式需要通过采取以下几个方面的措施来实现行政的科学化、民主化和廉洁性：一是充分按照管理对象的自身规律办事；二是加强立法、严格执法、带头守法、依法行政，使行政管理有法可依，克服随意性和政出多门；三是建立规范化的行政程序；四是制度公开、透明，接受社会监督；五是加强服务，树立勤政为民的形象。

引导型行政职能模式下，政府与社会处在一种相互制约、相互合作、相互独立、相互依赖的有机统一关系中。因此，对中国政府来说，在今后很长时间内，要不断探索和总结引导型行政职能模式的经验，着力完善这一模式。①

三、引导型文化行政管理职能模式的内容

引导型行政职能模式一般是在计划经济体制向市场经济体制转型过程

---

① 张康之，李传军. 公共行政学［M］. 北京：北京大学出版社，2008.

中形成的。传统的计划经济体制实际上是政治、经济和文化一体化，在这种体制下，政治原则支配经济原则和文化原则，经济运行和文化运行服从于政治目标。与此相适应，政府主要担负着政治职能，一切行政活动都从属于政治目的。因此，政府把经济活动、文化活动以及很多社会活动看作政治活动的组成部分，在政治目标的指导下，政府把对经济、文化和社会的管理都作为政府职能的主要内容，从而形成了全能型的行政管理模式。

实际上，政府并非无所不能，而是有所能也有所不能。全能型的行政管理职能模式的缺陷主要表现在：一是政事、政企不分，行政机关的角色错位，严重束缚生产力的发展，不利于建立市场经济体制；二是机构重叠、臃肿，职责不清，不利于提高行政效率；三是行政管理方式不规范，依法办事的观念淡薄，不利于社会的民主和法治建设；四是缺乏有效的监督机制，不利于防止腐败，保持廉洁；五是政府职能旁移，强政治、软文化、弱社会，不利于社会的全面发展。

传统文化行政管理职能的缺陷和传统计划经济体制的行政管理职能一样，是一个强化政治职能而弱化文化职能的模式。其要害问题就是完全迷信和依赖政府的作用，而又完全否定市场和其他社会力量的价值。计划文化体制中的政府是一个万能的政府，它既是公有制的代表者，又是计划体制的组织者。一方面由于所有制结构的单一化和文化事业活动的非市场化，从而禁止了私人以及其他社会团体兴办文化事业；另一方面政府成为一切文化活动的唯一主体，直接配置文化社会资源，直接组织和管理文化生产和分配活动，直接控制整个社会文化活动的运行。所有的文化生产活动都是通过政府——文化事业单位这种运行模式得以实现的，把文化市场和非营利文化组织排斥在这一模式之外。①

在建立社会主义市场经济体制的时候，必然带来经济体制改革、政治体制改革和文化体制改革，这些改革都有一个共同的指向，就是必须首先进行行政职能的转换，打破原有的全能型管理模式，建立起适应市场需要的新型行政模式。这种新型的行政模式必须满足以下要求：① 它要求政府

---

① 凌金铸.文化体制改革的拐点及意义［J］.上海交通大学学报（哲学社会科学版），2010（6）：65－70.

是一个层次少、人员精简、职责分明、富有效率的行政机构；② 它要求落实全心全意为人民服务的宗旨；③ 它要求政府依法办事，即规范管理程序，推动社会法治建设；④ 它要求行政行为处于一系列的监督制度和社会监督机制之中，保证开明廉洁；⑤ 从文化角度来说，要充分研究文化自身的特殊性，切实按照文化发展的规律性行政。只有这样，才能有效地发挥文化行政职能的作用。

与社会主义市场经济体制相适应的行政职能模式是一种引导型的模式，它是以政府的职能分类为基础的。在改革开放过程中，随着经济体制改革的深入，具有中国特色的社会主义引导型行政职能模式已经初具雏形。党的十五大以来，在提出深化经济体制改革的同时进一步推进政治体制改革和文化体制改革，特别是提出政企分开、政事分开、机构改革等已经把行政职能的根本性转换放到了一个突出的位置上来。如果各类行政性活动还是按照原来的模式进行下去，就不可能实现行政职能的根本性的转换，不可能适应经济体制改革和文化体制改革的进一步要求，不可能使国有企业和文化事业单位从政府严密的行政管制下解放出来。因此，根本问题在于改革行政职能的模式，即彻底从全能型管理的陈旧观念中走出来，并以引导型行政模式的新观念取而代之。

文化体制改革实质上就是要厘清政府和市场的职能边界，并以此重构文化宏观管理体制和微观运行机制。2000 年，党的十五届五中全会通过的《中共中央关于制定国民经济和社会发展第十个五年计划的建议》，首次提出了三个重要理论概念：一是明确提出了文化体制改革的目标就是要建立科学合理、灵活高效的管理体制和文化产品生产经营机制；二是明确将文化事业作为一个独立的概念，即文化事业是与公益性相关联的；三是明确提出了与文化事业相对应的文化产业概念。此后党的十六大和十六届三中全会关于文化体制改革论述与之一脉相承，并使文化体制改革理论得以逐步完善。党的十六大进一步论述了文化事业和文化产业的区分，提出了支持文化事业和文化产业发展的不同政策措施。党的十六届三中全会通过的《关于完善社会主义市场经济体制若干问题的决定》则明确提出了"公益性文化事业"和"经营性文化产业"，并提出了分类指导的改革政策：公益性文化事业单位要深化劳动人事、收入分配和社会保障制度改革，加大国家投入，增强活力，改善服务；经营性文化产业单位要创新体制，转换机制，面向市场，壮大实力。至此，文化事业和文化产业的性质有了清晰的界定，文化体制改革理论得以完善，改革的总体试点方案出台。①

2006 年，中共中央、国务院的《关于深化文化体制改革的若干意见》是对二十多年来文化体制改革进行系统性总结的重要文件，对文化体制改革的重要性、指导思想、原则、目标任务、重点和组织领导等方面进行了全面的部署。从体制层面看，改革涉及五个层面，即宏观管理体制、微观运行机制、文化市场体系、文化产业格局和文化开放格局。一要解决宏观管理体制中的政事不分、政企不分的问题，实现政事分离和政企分离等。二要解决微观运行机制中的主体性质不明确的问题，即重点解决文化事业单位长期以来的双重职能问题，将那些既行使文化公共职能又行使文化市场职能的文化事业单位，明确定位为公益性文化事业单位或经营性文化企业单位，从而构建两个职能明确的主体。三要解决文化市场因原行政管理体制造成的条块分割、地区封锁、城乡分离的问题，形成统一、开放、竞争、有序的现代市场体系。四要解决文化产业格局中所有制构成不合理的问题，推进文化领域所有制结构调整，坚持以公有制为主体，鼓励和支持非公有资本以多种形式进入政策许可的文化产业领域，逐步形成以公有制为主体、多种所有制共同发展的文化产业格局。五要形成完善的文化创新体系，形成以民族文化为主体、吸收外来有益文化，推动中华文化走向世界的文化开放格局。

成熟的引导型行政职能模式是建立在服务型政府的前提之下的。在服务型政府中，由于服务精神的泛化而引发信任，会必然地导向合作行为，从而强化共同体的同质性。因此，在服务型政府的构建中所包含着的走向社会自治的趋势也就是社会凝聚力重现的契机。按照这个路径，不仅公共行政包含着走向制度伦理设计和安排的可能性，而且整个社会也将获得伦理关怀，成为真正和谐有序而又充满活力的社会。文化行政职能的转换，是整个引导型行政模式中的一个部分，因此其转换的意义也非常深远。

---

① 凌金铸. 文化体制改革的拐点及意义 [J]. 上海交通大学学报（哲学社会科学版），2010（6）：65－70.

四、引导型文化行政管理职能模式的实质

引导型文化行政管理职能模式的实质是以转变文化行政管理职能为核心，通过文化行政管理职能的转变和文化行政管理方式的改变，建立服务型政府，构建以公共文化产品和公共文化服务提供为基本职能的新型公共文化管理模式。文化行政管理职能的转变要沿着以下路径来进行：① 从政治职能看，要向着培育和发展社会主义民主和法治的方向转变；② 从经济职能看，要从对微观经济生活干预转向对文化市场的宏观调控；③ 从文化职能来看，要从对各项文化事务的包揽转向对公众提供公共文化产品和文化服务。文化行政管理方式的改变要沿着以下路径进行：即由计划经济体制下的直接管理和行政命令向方式方法的间接化、实现方式的民主化、手段的法律化信息化方向转变。

提供公共文化产品和公共文化服务是市场经济条件下文化行政管理职能选择的必经之路。

首先，政府提供公共文化产品和服务具有必然性。最早提出这一思想的是英国思想家霍布斯。他指出，国家的本质"用一个定义来说，这就是一大群人相互订立信约，每人都对它的行为授权，以便使它能按其认为有利于大家的和平与共同防卫的方式运用全体的力量和手段的一个人格"。[①]这样，他实际上已提出了若干年以后成为公共产品理论的三个重要论点：国家和政府本身就是一件最重要的为个人提供公共服务的"公共产品"；政府收支是公共收支；这是以个人而不是以阶级为基点的"国家"。这种以平等的个人为基点的理论，是"商品是天生的平等派"这一市场经济特征的反映，也是西方公共经济学以个人需要为分析基点的思想根源。最早涉及公共产品核心问题分析的是大卫·休谟。他认为，人们具有只求眼前利益而不顾长远危害的弱点，这只有依靠执行正义的政府的作用才能克服。他分析说，"两个邻人可以同意排去他们所共有的一片草地中的积水，因为他们容易互相了解对方的心思，而且每个人必然看到，他不执行自己

---

① 托马斯·霍布斯. 利维坦［M］. 黎斯复，译. 北京：商务印书馆，1985.

任务的直接后果就是把整个计划抛弃了。但是要使 1 000 个人同意那样一种行为，乃是很困难的，而且的确是不可能的……因为各人都在寻找借口，要想使自己省却麻烦和开支，而把全部负担加在他人身上。政治社会就容易补救这些弊病。执政长官……可以拟定促进那种利益的任何计划"。① 休谟的这些分析包含了公共产品论的几个基本内容：一是在自利的个人间存在某些共同消费的"产品"，如共有牧地的排水；二是这类产品提供中的坐享其成心理及其可能性，如数以千计的人们共同提供排水费用的困难；三是这种心理只能由政府参与才能有效克服。

其次，公共文化产品必须由政府来提供。亚当·斯密是最先将公共支出与市场失效联系起来的人。他提出了公共事业的收益难以抵补其成本而不能由私人提供的问题，某些职责不能由市场活动而只能由公共活动来完成的问题。② 约翰·穆勒发展了他的理论，指出在许多情形中，公共服务的提供是重要的，但却没人感兴趣，因为这些服务的提供，并不必然自动地获得适当的报酬。这样的服务必须由政府提供。③ 约翰·穆勒已经意识到"囚犯困境"和"免费搭车"问题，并且将亚当·斯密关于某些产品需由公共提供的见解推进了一步。

最后，公共文化产品是市场经济必然的、合理的伴生物。公共产品理论的又一次重大发展，是由萨缪尔森作出的。他在《公共支出的纯粹理论》一文中将公共产品定义为这样一种产品：每一个人对这种产品的消费并不减少任何他人也对这种产品的消费。这一描述成为经济学关于纯粹的公共产品的经典定义。

上述理论都共同提到公共物品之类的东西必须也只能由政府来提供，这为文化行政的准确定位提供了坚实的理论支撑。随着我国社会主义市场经济体制的逐步建立，公共产品理论也逐渐被引入我国学术研究和政府政策的层面，由此也产生公共文化产品的问题。党的十六届三中全会明确提出：要完善政府社会管理和公共服务职能，为全面建设小康社会提供强有

---

① 大卫·休谟. 人性论 [M]. 关文运，译. 北京：商务印书馆，1980.

② 亚当·斯密. 国民财富的性质和原因的研究 [M]. 郭协，王亚楠，译. 北京：商务印书馆，2008.

③ 约翰·穆勒. 论自由 [M]. 彭正梅，译. 上海：上海人民出版社，2012.

力的体制保障。建设公共文化服务体系正是文化体制改革、文化行政改革及其职能转变的目标取向，同时也是对文化行政部门治理方式的积极实践与探索。建设公共文化服务体系，不仅在于实现文化服务的转变，更重要的在于要实现治理方式的转变；不仅在于为社会发展提供良好的文化环境，更重要的在于为经济、政治、文化的协调发展提供基本而有保障的公共文化产品和有效的公共文化服务。[①]

虽然公共产品理论产生和发展于西方社会，有着不同于我国公共文化理论的特点，但是同西方的许多经济理论一样，公共产品理论也有其合理内核。分析并指出它的合理成分，对于我国的公共文化服务体系的构建，将具有一定的借鉴意义。例如，提供公共文化产品是政府的重要职能，政府应成为公共文化产品的主要提供者；积极推进文化产业的发展，丰富和壮大文化产品的源头；发挥政府作为公共文化服务体系的管理者作用，使个人、社会团体和民间资本共同参与公共文化服务体系的建构。

第五节　非政府组织的作用

一、非政府组织的含义

这里所说的非政府组织是指 20 世纪 70 年代以来迅速发展起来的一种民间组织形态。对这个概念的定义争论很大，比较有代表性的有：

第一种定义，即所有政府和企业以外的社会组织都是非政府组织，包括研究机构、专业协会、工会、商会、体育组织、慈善机构、宗教机构、民间基金、青年组织、妇女组织，各种民间组织、卫生组织和文化组织甚至政党也包括其中。此定义为广义定义。

第二种定义，即非政府组织是合法的、非政府的、非营利的、非党派性质的实行自主管理的民间志愿性的组织。它们采取网络型的组织体制，

---

① 凌金铸.文化行政转型的两个支点：基于动力和路径的视角 [J]. 中国文化产业评论，2010（11）：239 - 249.

致力于解决各种社会性问题，此定义为狭义定义。

第三种定义，即非政府组织是指在社会生产中，与政府机构和企业相区别，旨在维护公民自由和基本权利，推进公益事业发展而非以营利为目的的正式组织。

第四种定义，即非政府组织是指由有着相同志向的志愿者组成，具有稳定的组织形式和固定成员，超出于政府机构和企业之外而独立运作且发挥特定的社会功能，不以营利为目的而关注于特定的或普遍的公众公益事业的民间团体。

第五种定义，即非政府组织是不以营利为目的，主要开展各种志愿性的公益或互助活动的非政府的社会组织，它有三个属性，即非营利性、志愿性、非政府性。

第六种定义，即认为凡符合组织性、民间性、非营利性、志愿性、自治性、非宗教性和非政治性这七个特征的组织都可以视为非政府组织。

第七种定义，即用剩余法来定义，把政府视为第一部门，企业视为第二部门，剩余的为第三部门，也就是非政府组织。

据此，可以这样定义，即非政府组织是指政府组织和市场组织以外的不以营利为目的和主要开展公益性或互益性社会服务活动的自治型社会组织。①

二、非政府组织的特点

（一）非政府性

非政府性是非政府组织区别于政府部门的根本属性。相对于企业而言，非政府组织和政府都属于社会的公共部门。但是非政府组织与政府不同，它不是政府机构或其附属部门，而是非政府的社会组织。它是一种独立自主的自治组织，既不属于政府，也不属于企业。它是一种民间组织，因此无法按照国家政权的形式自上而下地加以构建，也难以自上而下地行使权力，它依靠的是广大公众，通过横向的网络联系与坚实的民众基础动

①　张康之，李传军.公共行政学［M］.北京：北京大学出版社，2008.

员社会资源并展开活动，并且非政府组织通常采取各种非竞争或竞争性手段，来获取各种必要的社会资源并提供竞争性的公共物品。

（二）非营利性

非营利性是非政府组织区别于企业的根本属性。在市场经济条件下，企业千差万别，但都以营利为目的，不存在非营利的企业。但是非政府组织不同。非政府组织不以营利为目的，而是以实现整个社会或者一定范围内的公共利益为宗旨。非政府组织不能进行剩余（利润）的分配（分红），它可以开展一定形式的经营性业务，在这些业务中往往会产生一定的超出经营总成本的剩余收入，但其经营收入只能用于组织所开展的各种社会活动及其自身发展。此外，非政府组织的资产既不属于组织本身，也不属于捐赠者，它是一定意义上的公益资产，属于社会所有，因而不可以将组织资产以任何形式转变为私人财产。所以，如果非政府组织解散或破产，它的剩余资产不能像企业那样在成员之间进行分配，而只能转交给其他公共部门。

（三）志愿公益性

非政府组织的内在驱动力不是利润动机，也不是权力原则，而是以志愿精神为背景的利他主义和互助主义。正像政府是组织化的权力、企业是组织化的资本一样，非政府组织是组织化的志愿精神。政府通过税收的形式集中社会资源，企业通过资本的形式获取社会资源，而非政府组织则是基于具有志愿精神的志愿者和社会的捐赠。非政府组织提供两类竞争性公共物品，一类是提供给整个社会不特定多数成员的所谓"公益性公共物品"，其受益者是社会大众；一类是提供给社会某一部分成员的所谓"互益性公共物品"，即所谓的"准公共物品"。正是由于这个特点，决定了非政府组织的活动是公开的、透明的，其运作过程和开展的各项活动都有面向社会公开、透明并接受社会监督的必要性。

三、非政府组织的价值

在世界范围内的民主化浪潮和行政改革浪潮掀起的过程中，出现了民主行政的新理念。民主行政是指行政机关（区别于立法机构和司法机构）

在制定和实施公共政策以及行政管理中的民主意识、民主制度和民主作风。民主行政作为一种改革政府、保证人民利益、体现社会公平的模式，其实现的重要途径就是公众参与治理。由于公共行政的职业化和专业化，公共行政的保密性以及公共行政机构在社会中的强大地位，公众与公共行政机构之间的距离越来越大，公众与公共行政之间处于一种紧张、陌生甚至误解的状态下，而治理的特征就是要将公共事务的管理权限和责任从传统政府的垄断中解放出来，形成一种社会各单元（政府、企业、非政府组织和个人）共治的局面。

治理理论强调公众参与治理的意义，认为公众是合法权力的来源，只有当公众参与到治理过程中来，才能建立起民主行政的实现形式。公众参与不但是公民在代议制中参与投票选举的活动，而且还应该包括所有关心公共利益、公共事务管理的人的参与。而公众参与的一个比较好的实现形式就是非政府组织参与治理。非政府组织为了影响治理过程而进行的参与行为，可以分为两种：一种是直接参与，是指非政府组织成为治理过程的参与主体，自愿参与政策方案的提出、政策的制定、执行和评估等治理过程的各个阶段，并且为了满足社会需要直接提供公共物品。另一种是间接参与，是指非政府组织不是治理过程的参与主体，而是通过其他手段影响治理过程的参与方式，实际上，非政府组织大多是通过间接方式参与治理的。

第三章

文化行政管理环境

文化行政管理活动总是在一定的环境中进行的，文化行政组织和行政管理人员只有在一定环境中，才能求得生存和发展。文化行政管理环境既有政治、经济、文化和社会等宏观环境，又有人们的思想观念、活动方式和心理状态等微观环境。这些环境因素与文化行政管理活动之间呈现互动状态，一方面文化行政管理环境影响、制约文化行政管理；另一方面文化行政管理反过来又影响文化行政管理环境。

第一节 概 述

一、文化行政管理环境的含义

文化行政管理环境是指直接作用或影响文化行政管理主体及其活动过程、活动方式，并为文化系统反作用所影响的外部要素的总和。这些外部要素既有物质的，如经济发展水平、物资设备等，也有精神的，如价值观念、道德风尚等；既有社会的，如政治制度、民族关系等，也有自然的，如地理环境、气候条件、自然资源等；既有国内环境的，如一个国家内部的政治制度、经济制度、文化制度及人口、民族、历史传统等，也有国际环境的，如国际关系等。

以上各个方面共同构成文化行政管理活动的外部环境，影响和制约着文化行政管理职能的确立与变革，并因自身的变化而使文化行政管理系统处于不断发展变化的动态过程中。这些影响要素对文化行政管理系统的影响程度或作用是不同的，有直接作用，有间接作用；有决定性作用，有一般性作用；有暂时性的，有经常性的；有突发性的，有渐进性的。无论在方向、力度还是时效上，文化行政管理环境各个要素对文化行政管理系统的作用都不是，也不可能是等同的和均衡的。

二、文化行政管理环境的特征

（一）广泛性

文化行政管理环境是文化行政管理系统赖以存在和发展的外部要素的总和。因此，凡是作用于文化行政管理系统的外部条件和要素，都属于文化行政管理环境的范畴。从山川地形到气候特征，从人口分布到民族状况，从文化历史传统到现实社会环境，等等，都能对文化行政管理系统产生影响，从而构成一个文化行政管理环境的整体。

（二）复杂性

文化行政管理环境是一个复杂的开放系统，对文化行政管理的影响与作用不仅是广泛的，而且在此基础上体现出复杂性。各种要素本身以及这些要素之间构成纵横交织的关系，构成了文化行政管理环境的复杂性。

（三）差异性

构成文化行政管理环境的综合要素，对文化行政系统来说没有一个是完全相同的。比如地理环境的差异产生了不同的文化，因而也产生了不同的文化行政管理环境，比如，东方的黄河流域土质细软、气候湿润，孕育了农耕文化；而西方的希腊半岛却因濒临地中海而孕育了海商文化。而不同的文化又产生不同的文化行政管理环境。再比如，不同的政治制度也会产生不同的文化行政管理环境。

第二节　文化行政管理环境的内容

与文化行政管理环境关系联系较为紧密的外部环境主要有以下几

方面：

一、政治环境

政治环境是文化行政管理环境中非常重要的部分。所有的文化行政管理系统都在不同程度上受到政治环境的影响。文化行政行为必须依据政治环境所确定的规划来实施。政治环境的基本要素包括政治体制、政党政治、意识形态、立法制度和政治形势等。在我国，首先，政治制度明确了党、政府和人大在社会生活中的地位和作用。中国共产党是社会主义现代化事业的领导核心；人民代表大会是国家的权力机关，对国家重大问题提出决策，制定国家法律；政府是国家事务的管理执行机关。其次，政党制度决定了文化行政管理活动的政治方向、政治目标和行政地位。我国实行中国共产党领导下的多党合作和政治协商制度，中国共产党是执政党，行政管理活动必须坚持党的领导，而不是坚持政治中立。再次，意识形态使文化行政组织的政治和经济利益目标更加鲜明。最后，政治形势决定了文化行政管理在当前的任务。我国目前的形势决定了文化行政管理的主要任务是推进改革，发展和繁荣文化。

二、经济环境

经济环境对文化行政管理也有着非常重要的作用，它包括作用于文化行政管理系统的物质技术和经济制度。具体来说，经济环境对文化行政管理系统的影响表现在以下几个方面：① 经济体制决定了文化行政管理的基本职能和行为方式。在计划经济体制下，文化行政组织能够在更大的范围内干预文化生活，而且基本上采用的是行政命令的手段；而在市场经济下，文化行政管理职能在有限的范围内干预文化生活，而且主要依靠法律手段；② 经济实力为文化行政管理系统提供了权力能量。经济实力越强，文化行政管理系统对文化生活的影响也就越大；③ 物质技术水平的高低以及拥有量的多寡直接影响文化行政管理活动的效率和水平。

三、文化环境

文化环境是决定文化行政组织行为方式的重要因素。相对于政治环境和经济环境而言，文化环境对文化行政组织的影响比较间接，但影响时间更长。文化环境的基本要素包括知识、价值、行为规范和道德传统等方面。首先，知识水平决定了文化行政管理系统工作人员处理问题的方式和技巧，而文化行政管理职能履行的好坏直接取决于文化行政系统人员的素质高低。其次，价值影响着文化行政组织对待文化事务的态度。例如，公平与效率的争论对文化行政管理发展影响深远。再次，行为规范决定了文化行政管理系统如何与其他社会组织和公民个人打交道。最后，道德传统使文化行政组织能够不依靠行政强制力而自愿扮演既定社会角色，发挥角色功能。

四、历史环境

历史环境包括民族和历史传统。民族问题是一个不可忽视的影响因素。文化行政管理系对民族语言、风俗习惯、宗教信仰等敏感问题应该谨慎处理。民族的共同心理素质对一个民族具有特殊的感召力，是政治运动的重要条件，也是影响文化行政决策的重要因素。充分考虑各个民族的心理特点和文化习俗，是实现文化行政管理科学化所不可忽视的。如果不能正确对待民族问题，就会给文化行政管理带来许多难题。历史传统也是一个无形的影响因素。由于各国历史发展有不同的特点，形成不同的传统，给各国的行政体制、观念、方式带来不同的影响。例如，英国封建体制时间长，君主政治影响很深，因此建立资产阶级政权后，仍然保留封建君主的传统，形成君主立宪的体制。美国历史上没有君主专制的传统，开国初期便确立了民主共和政体，因此文化行政管理也表现出民主的精神。中国有着漫长的封建专制的历史，因此旧有思想对文化行政管理系统的影响不可小视。

五、自然环境

自然环境是指环绕和影响文化行政活动主体的一切自然因素的总和,包括地理环境、自然环境和气候环境等。自然环境是人类生存的基础和创造文明的自然前提,是人类社会生活的有机组成部分。一方水土养一方人,人类社会同其所处的自然环境相互作用、相互影响,构成了一个不可分割的有机统一体。自然环境的差异,会造成各个国家、地区和民族的物质生活方式和文化类型的差异。因此,文化行政决策要根据不同的自然环境,制定不同的文化保护和发展的政策,以实现文化与经济社会的可持续发展。

六、国际环境

国际环境是一个国家同世界各国、各地区之间的政治、经济、文化、自然地理等方面的关系。当今世界,任何一个国家的管理活动不可能不受国际环境的影响,这是世界科学技术快速进步,社会生产力巨大发展,人类精神文明不断提高的必然趋势和结果。例如,在国际文化环境方面,由于把与知识产权相关的贸易问题带进了世界贸易组织(WTO),并形成了TRIPS协议,因此国际范围内的知识产权保护迅速推进。一国要融入世界经济与文化,参与国际竞争与分工,其文化行政管理体制就必然要受到影响。加入WTO的国家,在享受成员国权利的同时,也要接受WTO的规则,承担成员国的义务,建设和完善符合其规则的文化行政管理体制。我国加入WTO,对文化行政管理的影响也是很大的。比如,加入WTO前我国一直对文化事业进行管理,加入后不但要管理文化事业,而且还要对文化产业进行管理。因此,加入WTO后就需要进行文化体制改革和文化行政职能的转变,这对文化行政管理的方方面面都产生了重大影响。

由此可见,行政管理环境与文化行政管理职能有着密切的关系。一方面,行政管理环境决定、制约着文化行政管理职能,是文化行政管理职能确立或转变的基本条件。也就是说,行政管理环境决定、影响和制约文化行政管理职能的目标、内容和履行方式，有什么样的行政管理环境就会造就什么样的文化行政管理职能。因此，对文化行政管理职能不能简单地做出好与坏、先进与落后的评价，只要适应环境，文化行政管理职能就有其合理性；另一方面，文化行政管理职能在适应文化行政管理环境的同时，也能够能动地利用和改造环境。文化行政管理不仅必须利用文化行政环境所提供的政治、经济、技术、自然和文化等条件，对其所面临的公共问题确立相应的职责范围和管理方式，还必须通过对文化行政管理环境的再认识、再思考、再总结，采取积极的措施去调整和改变不符合文化行政管理要求的文化行政管理环境，使文化行政管理环境沿着积极、健康的方向发展。

第三节　中国文化行政管理环境的形成

一定的体制是一定思想观念的外在形式。中国现行的文化行政管理体制是由中国共产党领导和管理文化的一整套组织机构、方针政策和运行机制所构成的。其产生有着特殊的历史环境、现实政治和经济环境。从历史上看，计划文化体制是三个不同历史时期所形成的文化管理体制的延续和发展，即中国共产党初创时期的宣传教育体制、土地革命战争时期党的宣传文化领导体制和延安时期党的宣传文化领导体制。从现实基础看，其形成有着深刻的政治和经济背景。其政治背景是党的一元化领导的政治体制的确立，而其经济背景是社会主义全民所有制和集体所有制经济制度的确立。[1] 因此，它是与政治体制和计划经济体制相匹配的一整套文化管理制度和运行机制的总和。

一、历史环境

我国文化行政管理体制产生的历史背景是 20 世纪 20 年代以来的波澜

---

[1]　蒯大申，饶先来. 新中国文化管理体制研究 [M]. 上海：上海人民出版社，2010.

壮阔的社会主义革命运动。中国共产党第一次全国代表大会上通过的决议明确指出："一切书籍、日报、标语和传单的出版工作，均受到中央执行委员会或临时中央执行委员会的监督。""任何出版物，无论是中央的或是地方的，均不得刊登违背党的原则、政策和决议的文章。"① 中央专门设宣传局，具体负责宣传文化工作，各级地方党委也相继设立了与中央宣传部门相对应的工作机构，形成了中央、地方、基层支部所构成的纵向领导体制。土地革命战争时期，中国共产党在艰难的条件下利用各种渠道和手段坚持对宣传文化工作的领导，一方面随着形势的不断变化，不断调整和健全党的各级宣传教育领导体制，充分发挥党的宣传机构的作用；另一方面还对"左翼"文化团体进行领导，深入细致地指导这些团体的文化工作。延安时期是中国共产党在民主革命阶段宣传文化体制基本形成的时期，其形成的宣传文化体制，在相当大的程度上决定了新中国文化体制的基本框架和基本面貌。延安整风运动后，中共中央政治局做出了党的一元化领导的重大决策，并在政治局与书记处下设立宣传委员会，统一管理中央宣传部、解放日报社（包括新华社、广播电台）、中央党校、文委、出版局等机构，形成了对党校、党报、出版和文艺高度集中统一的宣传文化领导体制。

二、政治环境

在无产阶级革命取得成功以后，诸多社会主义国家在选择其政治体制、经济体制和文化体制的时候，显示出惊人的相同。无产阶级革命的导师们对这些新制度设计的基本理念是建立在对资本主义制度弊端反思和批判的基础上的。即资本主义在国家制度选择上，"不管它的形式如何，本质上都是资本主义的机器，资本家的国家，理想的总资本家"。② 因此，无产阶级革命的目的就是要建立一个有别于资本主义的国家制度。

早在 1940 年毛泽东就在《新民主主义论》中对新中国的制度设计做了构想：建立以无产阶级领导的、以工农联盟为基础的、多个革命阶级联合

---

① 中共中央文件选集（1921—1925）（第 1 册）［M］. 北京：中共中央党校出版社，1989.
② 马克思恩格斯选集（第 3 卷）［M］. 北京：人民出版社，1995.

专政的民主共和国；没收官僚资本归人民共和国所有，没收地主土地分配给农民，促使发展合作经济；发展以共产主义思想为指导的反帝反封建的文化，即民族的、科学的、大众的文化。党的七届二中全会进一步描绘了新生政权的性质，即无产阶级领导的、以工农联盟为基础的人民民主专政的政权。在《共同纲领》里，规定了中华人民共和国的国家性质是新民主主义国家，实行工人阶级领导的、以工农联盟为基础的、团结各民主阶级和国内各民族的人民民主专政，反对帝国主义、封建主义和官僚资本主义，为中国的独立、民主、和平、统一和富强而奋斗。1954 年《中华人民共和国宪法》阐明了国家的性质，承认实际存在的多种经济成分（第 5 条），要通过改造、逐步消灭剥削制度，建立社会主义社会（第 4 条）。

　　1949～1954 年，中国共产党迅速建立起中央集权的政治体制和经济体制，其主要特征表现为：一是执政党集中和控制了国家政权；二是中央政府控制了全国所有地区的人、财、物；三是实行单一制政体，其立法权从属于中央。1954 年《宪法》充分体现了这一结构，同时又进一步强化了中央集中领导。[1] 与此同时，从新中国成立到 20 世纪 50 年代末，中国共产党领导体制也经历了由"一元化"到集中领导的发展过程。这一政治体制对文化体制产生非常重要的影响。首先，文化行政管理活动中强烈凸显政治意识形态的色彩，导致主流文化产品和社会文化生活的高度政治化倾向；其次，文化行政管理系统高度组织化，任何文化方针政策均能由此得到高效的推广实施；再次，国家对文化事业的干预度高；最后，由文化行政管理体制推动的各项文化实践所产生的巨大社会影响，也从思想上、理论上和精神上逐步改造了民众的世界观、人生观和价值观，从而更有力地推动了政治、经济的社会实践。[2]

三、经济环境

　　对经济制度的选择主要表现为对资本主义社会基本矛盾的反思。资本

① 胡鞍钢. 中国政治经济史论（1949—1976）[M]. 北京：清华大学出版社，2007.
② 蒯大申，饶先来. 新中国文化管理体制研究 [M]. 上海：上海人民出版社，2010.

主义制度的基本矛盾在于，资本主义私人占有制与生产社会化之间的矛盾，具体表现为，个别企业的有组织和整个社会无政府状态的矛盾。这个基本矛盾是资本主义自身无法克服的。因此，社会主义在经济制度设计上主要是汲取资本主义制度设计的教训，避免资本主义这一基本矛盾的发生：一方面要确保社会主义公有制建立；另一方面要使整个国家经济像个别企业（大公司）有计划生产一样，有计划地运行。马克思认为，随着生产力越来越社会化，公司组织将越来越巨大，直到覆盖整个国民经济，从而把大公司的内部计划变为全社会的计划。^① 列宁也认为，社会主义在制度设计上，就是把全体社会成员都变成国家雇员，使整个苏维埃经济像一个超级国家公司那样组织起来。^② 选择计划体制，在马克思主义经典作家看来，是保证社会主义公有制实现的必然手段。从社会主义国家的实践上看，计划体制之所以兴起于经济落后的社会主义国家，一方面是这些国家的政府是通过无产阶级革命建立起来的，拥有强大的权威和力量；另一方面，这些国家之所以发生革命，一般都是由于受帝国主义和国际资本压迫，经济落后和不独立，因此要求实行赶超战略，而计划经济所具有的强大社会动员能力、政府集中资源配置以及高积累机制，都使得无产阶级政党通过革命取得政权后去选择它。^③

中国计划经济体制的建立是革命逻辑的必然结果。20 世纪 50 年代上半期，是中国计划经济体制形成时期。在此期间，中国结束了长期的战乱，实现了民族独立，建立了强大廉洁的政府，开始了大规模的社会建设。但是，这个时期，由于朝鲜战争的爆发，中国的国家安全受到威胁，而国内落后的工业和众多的人口，使得建立独立工业体系和提高积累率成为促进经济发展的两个重要因素。在这种背景下，强大的政府自然要选择政府主导型的发展模式，而这种要求与中国共产党的社会主义目标相结合，就使中国走上了单一公有制和计划经济道路。^④ 所有制选择确定后，选择计划体制就是顺理成章的事了。因为公有制的实现，必须由能够代表

---

① 马克思恩格斯全集（第 23 卷）[M]. 北京：人民出版社，1972.
② 列宁. 国家与革命 [M]. 北京：人民出版社，2001.
③ 武力. 中国计划经济的重新审视与评价 [J]. 当代中国史研究，2003（4）：37 - 45.
④ 武力. 中国计划经济的重新审视与评价 [J]. 当代中国史研究，2003（4）：37 - 45.

人民利益的政府去落实。因此，计划体制实际上就是政府主导经济文化和社会发展的一种特别模式。

文化体制是整个计划体制的一个组成部分。经济的发展为文化建设提供了物质基础，有力地促进了我国文化事业的快速发展。同时，新中国迅速建立起来的计划经济体制对高度集中统一的文化体制的形成也产生了直接的影响。早在中华人民共和国成立前夕，中共中央就发布了《关于新解放城市中中外报刊通讯社处理办法的决定》，指出"报纸刊物与通讯社是一定的阶级、党派与社会团体进行阶级斗争的工具，不是生产事业"，因此对"私营报纸、刊物与通讯社，均不采取鼓励政策"。全国文化领域的国有化进程迅速推进。一些私营传媒在1953年过渡时期"总路线"提出前，相继实行了公私合营改造。例如，私营电影公司于1952年实行公私合营的社会主义改造，1953年实现了国有化；1954年中央宣传部批转出版总署《关于整顿和改造私营出版的报告》，1955年全面完成出版社的社会主义改造。至此，在体制上禁止了私人及其他社会组织兴办文化事业的可能性。政府成了一切文化事业建设的唯一主体，并以行政指令方式规定文化部门的产品品种、产量以及供销渠道。

第四节　中国文化行政管理环境的变化

文化行政管理环境的改变始于改革开放。由于政治环境、经济环境、文化环境以及技术环境等都有了很大的变化，因此，改革开放不仅仅带动了经济制度的变迁，还带动了文化制度的变迁。

一、政治环境

随着经济的发展和加入世界贸易组织，我国文化体制改革和文化行政环境面临新的形势和挑战。2000年10月，党的十五届五中全会通过的《中共中央关于制定国民经济和社会发展第十个五年计划的建议》，在理论上取得了重要突破，即三个重要理论概念第一次出现：首先，明确提出了文化体制改革的目标就是要建立科学合理、灵活高效的管理体制和文化产品生产经营机制；其次，明确将文化事业作为一个独立的概念，即文化事业是与公益性相关联的；最后，明确提出了与文化事业相对应的文化产业概念。而此后的党的十六大与十六届三中全会关于文化体制改革的论述与之一脉相承，并使文化体制改革在政策上得以逐步完善。党的十六大进一步对文化事业和文化产业加以区分，提出了支持文化事业和文化产业发展的不同政策措施。党的十六届三中全会通过的《关于完善社会主义市场经济体制若干问题的决定》则明确提出了"公益性文化事业"和"经营性文化产业"的概念，并提出了分类指导的改革政策。至此，关于文化体制改革的理念和政策已经成熟，2003年，改革的总体试点方案出台，改革进入了实施阶段。文化行政管理环境得到了实质性的转变。

二、经济环境

改革开放以来，经济迅速发展，产业结构和消费结构都得到了很大的改变。第三产业在 GDP 中的比重迅速上升，占 1/3 以上，且呈逐渐提高的趋势。文化是第三产业的重要组成部分，增长速度快于 GDP 的增幅。城镇恩格尔系数已经降到 40% 以下，乡村恩格尔系数已降到 50% 以下，即恩格尔系数呈持续降低的趋势，而文化消费则是增长的趋势。无论是从生产还是从消费看，文化产业都有广阔的发展前景。这是建设小康社会和全面实现现代化的重要方面。从体制改革的环境而言，一方面，社会主义市场经济体制的建立，多种经济成分发展迅速，市场竞争在日益广泛的环境中展开，经济基础发生了深刻的变化；[①] 另一方面，由于长期追求 GDP 的增长，致使文化、社会、教育等方面的发展与经济飞速发展不相协调，出现了"一条腿长一条腿短"的局面。为了适应建立社会主义市场经济体制和加入 WTO 的要求，文化工作面临许多新情况、新问题，迫切需要加快改革步伐，进一步革除体制性的障碍，建立科学合理、灵活高效的文化管理

---

① 王梦奎. 文化体制改革断想 [J]. 今日中国论坛，2005 (12): 20 - 21.

体制和文化产品生产经营机制。[①]

三、文化环境

当今中国的文化环境是由三种基本因素构成的，即中国特色的社会主义主流文化、中国传统文化、改革开放以来所形成的大众文化这三种基本因素共时空地体现于我们的社会生活中。

中国特色的社会主义文化作为当代中国的主流文化，同社会主义基本经济制度、政治制度结合在一起，围绕建设富强民主文明的社会主义现代化国家这一宏伟目标，以经济建设为中心、坚持改革开放、坚持为人民服务、为社会主义服务，具有时代性、开放性特点，贯彻宽容原则，弘扬主旋律，提倡多样化，使文化园地百花齐放、百家争鸣。现代文化的核心是人的现代化，着力于全民族思想文化素质的提高，这是建设中国特色社会主义文化的主旋律。

中国传统文化是指中国历史演变延续过程中所形成的社会文化体系。由于中国历史悠久，文化源远流长，因而这个体系也就很庞大、很复杂。一方面，传统文化中的许多宝贵财富，对社会生活起着巨大的积极作用，如：热爱祖国、热爱民族的爱国主义精神；不畏强暴、酷爱自由、不屈外来压力的崇高民族精神；艰苦朴素、自强不息的传统美德；等等。这些都是我们值得自豪的宝贵财富。在建设社会主义现代化的今天，这些思想、精神和品格构成了当代潜在的良好文化氛围，散发着超越时代的经久不衰的魅力；另一方面，传统文化中也确实存在一些消极因素，与当代文化变革发生着种种冲突，如盲从守旧、拘泥传统、压抑个性等。这需要我们自觉地进行克服与批判。

大众文化兴起于改革开放，特别是 20 世纪 90 年代以来成为当代中国的一种引人注目的文化现象。在我国经济发达地区尤其是在大中城市里，大众文化相当程度上已成为人们文化生活的主要消费内容。从大众文化所表现出的一系列实践特点来看，它伴生于工业社会的大众群体，是现代工

---

① 邹广文. 文化体制改革的国内环境分析［J］. 人民论坛，2005（5）：37－38.

业社会的产物，它是一种典型的商业文化，具有明显的市场品性。它面向世俗生活，本质上是一种市民文化。改革开放以来，我国的大众文化在借鉴、吸收和实践中已获得了多层次、全方位的发展。大众消费已成为当代中国社会最重要的生活需求。市场经济法则正越来越强烈地介入文化生产领域。大众文化实践也加速了当代中国文化的发展进程，推进了文化向大众层面的渗透和辐射。从大众文化的发展态势来看，随着我国市场经济的发展，城市化程度的进一步提高以及闲暇时间的大量增加，社会对于大众文化的需求将会有更大的增长。①

四、技术环境

新的科技革命，特别是信息技术，使得文化产品的制作和传播手段现代化。经济发达国家借此加强了它们在文化上的优势地位。这对社会的影响，特别是对于处于转型期的我国的社会影响是非常大的。一方面给我国的思想和文化工作带来很大压力，对文化体制改革提出了新的要求；另一方面，中国文化产业处于前所未有的科技创新机遇期，随着网络、数字、信息技术的发展，必然带来文化产业的快速发展。文化产业的发展历史证明，技术的不断更新与突破的确影响着文化产业的历史进程。根据尤芬、胡惠林的研究，文化产业发展的第三个长波周期应该是 2006~2060 年，而在 2018 年前是文化产业发展的关键时期。② 随着动漫游戏、数字音乐、数字电影、网络视频、移动多媒体广播电视、公共视听载体、数字出版、网络出版、手机出版等新兴文化产业迅速崛起，文化产业的版图迅速拓展，移动媒体、网络媒体增速迅猛。新技术的迅猛发展，给文化行政管理展示了一个全新的空间。

---

① 邹广文. 文化体制改革的国内环境分析 [J]. 人民论坛，2005 (5)：37 - 38.
② 尤芬，胡惠林. 论技术长波理论与文化产业成长周期 [J]. 上海交通大学学报（哲学社会科学版），2007 (4)：66 - 73.

中　篇

第四章
文化行政管理体制与组织

文化行政管理体制与组织是文化行政管理学研究的重要对象。文化行政组织以其特有的公共管理方式，最直接地表现国家职能的性质。一方面，它是执行和实现国家意志的工具，要依据宪法和法律的全部、正确地实施；另一方面，它又是社会和公众利益的代表者，要实现国家对文化生活的有效领导和管理。而文化体制是文化行政管理组织的一种结构性安排。因此，文化行政管理组织和文化行政体制始终是文化行政管理学的最基本的问题。

第一节　文化行政管理体制

一、文化行政管理体制的含义

行政体制是相对于立法体制和司法体制而言的。所谓文化行政管理体制是管理国家文化行政事务的行政系统中的组织设置、职权划分与运行等各种关系的总称，也就是文化行政管理体制和文化行政管理机制（即文化行政管理方式与方法）的总称，即作为宏观的文化行政管理体制和作为微观的文化行政运行机制的总和。文化行政管理体制属于上层建筑的范畴，是国家政治体制不可分割的重要组成部分，它由国家基本政治制度所决定，受到经济制度、历史文化传统等因素的制约。

任何文化行政管理活动总是在一定的政治环境中和文化行政管理体制下进行的。因此，深入研究文化行政体制是文化体制改革内在的必然要求。各级各类文化行政管理机关职权的划分和职能的设置是文化行政管理体制的核心。任何文化行政管理体制的设计、建立与改革、完善都是着眼于行政职权的划分和职能的设置。这些文化行政管理职权如何科学地确定和划分，是各国文化行政管理体制改革和发展中永恒而常新的课题。

二、文化行政管理体制的特点

在我国，人们习惯于把改革开放前的文化体制称为传统文化体制。这个叫法并不科学。传统与现代对应，当下的文化体制应该叫作现代文化体制。实际上，现代文化体制的叫法既不科学，也很别扭，不能准确反映转型时期文化体制的特点。所以，笔者认为，应当用计划文化体制来替代传统文化体制的叫法，其理由一是可以与计划经济体制相对照，准确反映那个时期的文化体制特点；二是可以与当下市场经济条件下的文化体制重构相呼应。

计划经济体制下的文化行政管理体制是在特定的历史条件下产生的。首先，它是在新民主主义革命时期解放区文化体制的基础上建立的；其次，这种文化行政在建立过程中主要参考苏联模式；再次，这种文化行政是与当时的计划经济体制相适应的。也就是说这种文化行政是在革命环境中生长、在计划经济体制下造就的。这种文化行政的主要特征是："不论是苏联还是中国，文化管理体制的初始起点都是集中文化资源、掌握宣传舆论控制权以应付国内战争的需要。战争年代的成功经验也的确证明，集中管理模式可以带来很高的效率。因此，在文化管理体制形成初期就确立了这样一个基本原则：为了保证党组织充分有效地利用相关文化资源，党对意识形态领域必须实行高度集权的领导管理方式。"①

尽管这种文化行政体制在历史上发挥过积极的作用，但它的弊端却

---

① 傅才武，宋丹娜. 我国文化体制的缘起、演进和改革对策 [J]. 江汉大学学报（社会科学版），2004（2）：83-89.

随着我国经济体制改革的不断深入而逐渐暴露出来，主要表现在高度集中的行政管理体制、单一垄断的所有制结构和僵硬不灵的经营机制等方面。

计划文化行政体制是计划经济体制的有机组成部分，它依赖于计划经济体制而存在。首先，在计划经济体制条件下，公有制是文化行政赖以存在的经济基础。无论是全民所有制还是集体所有制，文化行政都是以此为基础建立的，文化行政是建立在这样经济基础之上的国家上层建筑之一。其次，它依赖于计划经济体制所提供的制度设计。同其他部门行政一样，文化行政的制度设计是计划经济体制在文化领域的制度化表达。计划经济体制就像国家管理体制的一条纲，而部门行政就是这条纲上的目，纲举目张；或者说计划经济体制就像一张渔网上的主经，部门行政是这根主经上的若干个纬，共同构成一张计划经济体制的管理之网。计划经济体制具体规定了文化行政基本框架，如产权制度、经营制度、保障制度、人事制度和财务制度等。再次，它依赖于计划经济体制所提供的财政供给。在计划经济体制下，和其他部门行政一样，文化行政只是整个计划经济体系中的一个环节，承担国家文化资源配置的基础功能。由国家统掌的文化资源通过文化行政的调节自上而下地分配给基层文化单位，以保证整个文化行政体系的正常运转。文化行政是国家职能之一，因而它对国家财政有着强烈的依赖。

计划文化体制本质上是与计划经济体制相对应的计划管理体制，其特点是，政府就像一个超级文化大公司，控制一切资源，并依靠政治权威和强制力手段，通过文化行政机构和文化事业、企业单位的组织体系，对文化生产和消费进行统一管理（即通常说的四个统一：统一计划、统一组织、统一生产和统一流通）。按照这个管理体系，文化体制中的基本关系是：政府、事业和企业单位、人民群众。政府负责文化生产的计划和组织；文化事业和企业单位（计划体制下纯粹的文化企业单位数量不多）负责文化产品生产和流通；人民群众是文化消费者。①

---

① 凌金铸，王俞波.文化体制变革与文化产业发展 [J].上海交通大学学报（哲学社会科学版），2011（5）：68 - 75.

第二节　文化行政管理组织

行政活动是一种社会组织活动，行政管理组织是国家行政职能的承担者，是运用行政权力依法实施行政管理的主体。德鲁克（Drucker）认为，社会已经成为一个组织的社会。在这个社会里，即便不是全部也是大多数社会任务，是在一个组织里和由一个组织来完成的。文化行政管理组织是国家文化职能的承担者，任何文化行政管理活动都要靠文化行政管理组织系统来推行。文化行政管理组织的结构形态和运行机制是否合理与高效，是影响文化行政管理效率高低的主要因素。

一、概述

（一）文化行政管理组织的含义

就行政管理组织而言，它是一个由若干要素组成的有机整体。行政管理组织的构成要素有：权责利、人财物、组织目标和行为方式、法治思想和价值观念、法律规范和自由裁量、结构形态和运作过程、功能和信息等。这些基本要素及其合理状态概括起来主要有以下几个方面：法规制度健全、组织目标明确、人事调派恰当、权责分配合理、财物数量适中、运行机制有效、行为方式优化、价值观念整合。行政管理组织的设立一般指国家行政机关或机构的设置及其合法性，包括依据、效力和规程等基本问题。国家行政管理组织是一种法定的组织形态，因此其设立必须有法律的依据，经过法定的程序，得到法律的认可，才能获得和行使合法的权力。行政管理组织设立的依据有：宪法、法律、行政裁量权。依法设立的行政组织才能有效力（合法性）。能够行使行政管理组织设立并发生效力的法定权力主体主要有：立法机关、政府。此外，行政管理组织的设立必须按照规定的程序进行。一般情况下，行政管理组织设立的法定程序是：① 由政府或立法机关提起创议案，说明设置特定行政组织机关的法律依据和现实原因；② 由立法机关或政府领导机关审议其合法性和合理性；③ 由批准机关以法定方式向社会公布其设立，并赋予其相应的公共权力。①

　　文化行政管理组织的含义表现为两个方面：一是文化行政管理组织的结构与体制，即它的静态层面，包括组织的机构设置、职责划分和人员配置等。二是文化组织的运行机制，即它的动态层面，包括组织中非正式组织的运作、组织的冲突行为以及组织发展等。因此，文化行政管理组织是静态结构与动态过程的统一体。文化行政管理组织通常由四个要素组成：① 物质要素，指文化行政管理组织的成员所需的经费、设备和房屋等；② 精神（形式）要素，指文化行政管理组织成员行使权力的过程、领导方式、合作关系、职责划分以及团体意识等；③ 环境要素，指文化行政管理组织形成的原因，包括时间、地点、人物等条件；④ 目的要素，指文化行政管理组织所要达到的任务和目标。在四个要素中，组织成员及其职位构成了文化行政管理组织的两个最基本的元素，它们是文化行政管理组织的基本单位。

　　（二）文化行政管理组织的目标

　　目标是文化行政管理组织的基本要素之一。没有目标，文化行政管理组织就失去了存在的价值和依据。文化行政管理组织的目标是文化行政管理组织活动的方向，是文化行政管理组织所希望达到的最后结果。文化行政管理组织目标关系到文化行政管理组织管理活动的效果。现代组织学表明，组织管理效果等于目标方向乘以工作效率。目标方向是个具有正负号性质的变量，它直接决定着组织管理效果的好坏。因此，如果文化行政管理组织的目标方向出现错误，效果就成了负数，效率越高，效果越差。

　　文化行政组织管理目标合理与否取决于以下四个方面：① 社会承认。这是衡量文化行政组织目标合理与否的主要标准，这个标准要求组织目标必须符合一定的社会需要或带来的一定利益，同时还必须符合文化生活的一般准则；② 组织能力。目标直接反映文化行政组织对社会环境和自身能力的判断，尤其反映文化行政组织领导者的个性、学识和胆识；③ 团队状态。目标的合理性直接受制于文化行政组织所包含的若干工作团队的工作状态，团队目标的形成取决于组织的正式规定性和以利益为基础的对组织

---

　　① 张国庆. 公共行政学 [M]. 北京：北京大学出版社，2007.

目标的认同；④ 成员意识。这主要表现为文化行政组织成员对组织目标的了解程度、理解程度、关心程度和参与程度。

文化行政管理组织目标的作用：一是为文化行政管理组织的运行指明方向，是文化行政管理组织有效运行的前提；二是为文化行政管理组织成员的考核提供重要依据；三是对文化行政管理组织的成员发挥激励和鞭策作用；四是为文化行政管理组织成员自我引导确立标准；五是激发文化组织成员的合作意识，增进文化行政管理组织的协调；六是为文化行政管理组织选择和运用人、财、物力等资源提供依据。

文化行政管理组织目标的确定需要遵循以下原则：一是目标要明确。目标是文化行政管理组织成员的努力方向，所以必须明确，否则组织成员将无所适从。二是目标要统一。文化行政管理组织内部各部门及其成员的具体目标要彼此保持一致，要以组织的总目标为努力的方向和依据，杜绝组织中的本位主义现象。三是目标要以社会责任为基础。文化行政管理组织的目标不能仅限于自己的专门任务，必须考虑到对社会的责任。四是文化行政管理组织目标的范围要适中。目标太高，可能造成责重难负；目标太低，则会造成资源浪费。五是目标设计要有层次性。文化行政管理组织目标要自上而下，由内而外，层层包含，要区分目标大小、轻重与缓急，总目标不能一蹴而就，必须层层推进。六是目标设计要吸收全体成员参与，使目标被全体成员理解，这样才有助于目标的实现。

（三）文化行政管理组织的设计原则

文化行政组织设计的原则是为了建立健全高效文化行政组织所提出的标准和法则。关于组织设计的原则，有两种理论可供参考。一种是古典组织理论学者，从静态结构角度研究组织，提出了组织结构设计的四个原则：① 递阶原则，即组织应有层级制结构，同时各层级的事权与责任应该明确，使得上下有序，命令得到贯彻；② 功能原则，即同阶层之间的分工，按照工作性质的不同划分为若干个不同单位；③ 幕僚原则，即组织中的业务单位和协作部门应明确划分；④ 协调原则，即各部门和各单位应有良好的沟通，以利协调。另一种是权变理论学者提出的组织设计的权变设计原则，认为组织设计要以系统的、动态的观点来理解和设计，也就是说，要适应不断变化的情况，如战略、技术和人员等具体情况变化，有针对性地采取不同的组织设计，组合成不同的组织结构。

中华人民共和国成立以来，我国的文化行政组织设计几经变化，在实践中初步形成了一些原则：一是需要原则，即文化行政组织的设置根据政治和文化发展的需要。二是精简原则。我国《宪法》规定：一切国家机关实行精简的原则。三是统一原则，即文化行政组织的设置注重完整性，便于领导指挥统一。我国《宪法》规定：中华人民共和国国家机构实行民主集中制的原则。四是服务原则，即所有文化行政机构都应该为人民服务。五是法治原则，即文化行政组织的设置必须规范化和法治化。我国《宪法》规定：国务院的组成由法律规定；地方各级人民政府组织由法律规定；国务院审定行政机构的编制。

根据组织设计理论和我国的实践，文化行政管理机构设计应把握以下原则：① 精简精干原则。文化行政管理组织设置要适合社会发展的需要，领导层次要适度，尽可能地压缩编制；行政组成人员人数和组织管理层次要保持在最小限度。② 效率原则。文化行政管理组织设置要把效率原则放在首位，一切原则都是为了提高文化行政组织的运行效率。③ 责权一致原则。文化行政管理组织内各个部门、成员的职责与权限必须协调一致，既要明确每个管理层次的职责范围，又要赋予其完成职责所必须具有的管理权限。④ 幅度适中原则。上级控制幅度不能超过有效的控制幅度。一般而言，每个领导人能够控制的下级人数是有一定限度的。⑤ 权变原则。文化行政管理组织应根据组织任务、目标和组织外环境的变化，自觉适应与调整；文化行政组织设置要因人、因事、因环境而异。⑥ 法治原则。文化行政管理组织的设置必须有一定的法定程序，以宪法和有关法律为依据进行设置，防止随意设置文化行政管理机构。

（四）文化行政管理组织的类型

文化行政管理组织依据其工作性质和作用，大体可以分为以下四种类型：

1. 中枢机关

即首脑机关。它是中央政府和地方政府统辖全局的指挥中枢和决策监督核心。中枢机关的主要职能是制定文化组织的总目标和长远规划，颁布大政方针，并对辖区内的重大文化问题以及与文化相关的重大问题进行统一指挥和领导。我国中央人民政府和地方各级人民政府的中枢机关功能，主要是通过行政首长在民主集中制的基础上行使其职权来实现的。中央人民政府实行国务院总理负责制，地方各级人民政府实行省长、自治区主席、市长、县长、乡长负责制。中枢机关统辖全局，运筹决策，是决定政府运作效能的关键。

2. 职能机关

文化行政职能机关是在中枢机关的直接领导下，各级政府具体负责文化事务行政管理的执行机关。它是根据政务管理的需要，按照法定程序建立的。我国文化职能机关有国务院的部、委及其直属机构，各级政府负责文化行政管理的厅（局）、处、科等。这些文化职能机关的任务是，对上服从于中枢机关，贯彻中枢机关的政策和决定，接受行政首长的指挥和监督；对下级行使行政管理职能，负责领导和指导业务上相同的下属行政部门的工作。

3. 辅助机关

文化行政辅助机关是为了中枢机关和职能机关能够顺利有效地进行管理活动，在机关内承担辅助性业务工作的机关，即协调行政首长处理日常事务的综合性办事机关。文化行政辅助性机关可分为综合性、专业性、政务性、事务性四种辅助机关。文化行政综合性辅助机关参与政务，协助领导决策，沟通各个方面联系，管理机关日常事务。我国各级文化行政机关的办公厅（室）是典型的综合性辅助性机关。文化行攻专业性辅助机关是专门就机关内某一项具体事务行使职责，如文化行政机关内的人事、财务等部门。各级文化行政机关的政策研究室属于政务性辅助机关，而机关的事务管理局或者行政处（科）则是事务性辅助机关。文化行政辅助性机关直接听从行政首长的指挥和要求，它对各专业性的职能部门没有指挥和监督权力，但在授权的情况下，可以代表行政首长。文化行政辅助机关的职责包括参与决策与协调、处理纠纷、管理日常事务，因此，它的状态直接影响中枢机关和职能机关的效率。

4. 幕僚机关

幕僚机关又叫咨询机关或参谋机关，通常是指由权威的专家学者和有经验的资深行政官员组成，专门为文化行政机关出谋划策和对政策方案提供论证的行政机关。幕僚机关既不代表行政首长，也不直接执行机关业务，具有很强的独立性，但它本身也有一定的责任和权限。它不是权力机关，其基本职责是研究咨询、协调政策、参与决策和收集相关资料等。

（五）文化行政管理组织的结构

1. 文化行政管理组织结构的性质

结构是各类行政管理组织的基本框架，它确定行政管理组织的总格局，描述和规定行政管理组织的法定权力、职责以及各种行政管理主体之间的相互关系。结构是功能的结构，功能是结构的功能。结构具有功能才有意义，功能依据结构才能产生。因此，结构与功能相互依存、相互作用、相互关联、互为条件。结构产生组织的静态特性，功能产生组织的动态特性。职位是结构的基本元素，是组织体制的联结点和支撑点。职位与职权、职责相联系。从一定意义上说，职权与职责只是职位的特有属性。职位的设置及其联结方式直接表现机关权力及其连带责任的分配形式。从这个意义上说，职位、职权、职责是一个一体化过程，三者以职位为基础形成正比例关系。在国家行政组织中，强调职位、职权、职责的非人格化和统一，并以此保证组织结构的稳定性和持久化。因此，职位、职权、职责的组合方式，实际上反映了组织结构的方式。

模式即典型的组织结构形态。成为模式的组织结构有：① 直线集权制，即一种较早、较简单的金字塔等级结构，其特点是将组织的各种职位按垂直系统直线排列，是一种以行政首长完全行使行政权力作为组织动力和以指挥服从关系为特征的结构形态；② 直线参谋制，是一种在直线集权制基础上建立与行政首长相对应的参谋系统的组织结构（纳入一批具有某种知识、经验和技能的管理人员并赋予他们一定的职能），参谋系统直接为行政首长服务，其影响和作用是通过其思想被首长采用而实现的（思想库）；③ 直线职能制，是在统一的指挥系统外，另设一套按专业化分工原则建立的职能机构（实施部门管理）；④ 直线综合制，是直线参谋制与直线职能制的混合体，其特点是在直线集权制的基础上同时设立直接向行政首长负责的参谋机构和职能机构；⑤ 直线分权制，比较流行的是项目型结构和矩阵型结构等；⑥ 多维结构，是一种大型化、复杂化组织设计的综合式结构。①

文化行政管理组织的结构是指文化行政管理组织的构成要素及其组合方式。构成要素相同，组合方式不同，也会形成不同性质的文化行政管理组织。因此，研究文化行政管理组织的结构，必须同时考虑这两个因素。文化行政管理组织的构成要素包括职能目标、职位、职权、职责以及人员划分等。其中职位是最基本的要素，是文化行政组织结构的支撑点和连接点。没有职位，也就谈不上职权和职责，文化行政组织就变成了无本之木，文化行政职能的实现也就会化为无源之水。一系列文化行政管理职位经过排列组合，形成一个文化行政工作单位；众多的文化行政单位构成一个文化行政工作部门；而众多的文化行政工作部门构成文化行政管理系统。文化行政职位组合方式可以分为纵向组合和横向组合。文化行政职位的纵向组合形成了文化行政管理组织的纵向结构，横向组合就形成了文化行政管理组织的横向结构。

（1）文化行政管理组织的纵向结构。纵向结构又称组织的层级化。文化行政管理组织纵向结构是指文化行政组织的纵向分工，是文化行政组织内部各层级之间的纵向等级模式，即在文化行政组织各机构内按上下层级关系，设立若干层次，上下层级之间构成领导与被领导的垂直关系，其结构呈金字塔。纵向结构有宏观和微观之分。宏观的纵向结构是指各级文化行政管理组织之间的层级关系，我国的文化行政管理组织可以分为中央文化行政管理组织和地方文化行政管理组织两大层次。微观的纵向结构是文化行政管理组织内部的工作层次关系，如我国原文化部按照职能分工，设有司、处、科三个层级，省厅内设处、科两个层级。

文化行政管理组织的纵向结构的基本问题是确立各层级之间的隶属关系。为此，必须考虑行政层次与行政幅度的关系。行政层次是指文化行政管理组织中的层级数目。按层级组建的行政管理组织，被划分为若干层次，形成一个等级分明的金字塔结构，处在塔尖的行政管理高层通过一个等级垂直链控制着整个文化行政组织管理体系。层级化的主要问题是行政层次的数目必须适当。就提高文化行政组织的运作效率而言，要尽量减少

①   张国庆. 公共行政学［M］. 北京：北京大学出版社，2007.

行政层次的数目。层次过多，既造成人力、物力和财力的浪费，又影响整个行政管理的运行，从而降低行政效率，产生官僚主义弊端。应本着精简和效率的原则，以取得最佳的行政效能为尺度，合理设置文化行政管理层次。

（2）文化行政管理组织的横向结构，又称文化行政组织的部门化，是指文化行政管理组织的横向分工，是文化行政管理组织内同级行政机构之间和机构内部各同级部门之间平衡分工、相互合作与协调的关系模式。之所以形成横向分工，是由于文化行政管理工作的日益复杂、文化行政管理组织的日趋庞大，为提高文化行政管理组织运作效率，不得不分设单位，分工管理。

文化行政管理组织的横向结构，按不同角度和标准进行划分，主要有：

一是按地域划分。区域划分是根据政治、经济、文化、人口、环境、历史等不同因素划分行政区域，组成不同层次的文化行政管理组织，如我国各省（自治区、直辖市）均设有文化和旅游厅（局）。

二是按管理职能划分。职能划分是将政府在一定时期内负有的职责和功能进行组合分解，组成若干个职能部门承担各种专业职能。例如，在国务院系统，文化行政管理组织按专业区分为文化与旅游部、国家广播电视总局、国家文物局；又如在文化与旅游部，按管理职能不同分为文化市场司、社会文化司、文化产业司、政策法规司、人事司等。

三是按管理程序划分。程序划分是根据行政管理流程的需要，将管理的各个环节划分开来，交由各个部门掌握，如决策、执行、信息、监督、辅助等部门。程序划分使得各环节职责明确，分工清晰，科学性较强。例如，文化市场司属于执行部门，机关服务局则属于辅助部门。

2. 文化行政管理组织的管理幅度与层次

管理幅度与管理层次是组织结构的基本范畴。幅度构成组织的横向结构，层次构成组织的纵向结构，水平与垂直相结合构成组织的整体结构。管理幅度与管理层次是影响组织结构的两个决定性因素。在组织条件不变的情况下，管理幅度与管理层次通常呈反比例关系，即管理幅度宽，则管理层次少。

（1）管理幅度，又称控制幅度，是指一名主管人所能够直接领导、指挥和监督的下级人员或下级部门的数量及范围。决定管理幅度范围的主要因素一般有三个：① 管理者与被管理者的性格、知识、专业、技能、才干、精力、经历、经验、习惯、性别、年龄、动机、作风等；② 组织的正式规定，如规章、制度、规划、计划、程序、纪律、责任、待遇、惯例，以及技术设备、氛围、人际关系、权力的集中程度等；③ 社会的总体发展水平、社会对组织的需求、社会道德风尚及意识形态，以及与组织有关的家庭或家族意志等。

管理幅度与专业化的横向分工相联系，国家行政组织分工采用的基本标准主要有：① 按功能划分，即将性质相同或相似的工作归类组成一个组织单位，由该单位全权负责处理这一类行政事务。② 按程序划分，即按工作程序或设备技术标准组建单位。③ 按地域划分，即按自然、社会和历史条件划分行政区域，在此基础上组建行政单位，辖区一切行政事务均由其掌理。④ 按人或物划分，即以管辖对象（人或物）为划分标准组建行政单位。

（2）管理层次，亦称管理层级，是指组织的纵向等级结构和层级数目。管理层次是以人类劳动的垂直分工和权力的等级属性为基础的。不同的行政组织，其管理层次的多寡不同，但多数可以分为上、中、下三级或高、中、低、基层四级。前者如通用的部、局、处三级建制；后者如国务院、省政府、县政府、乡政府四级领导体制。[①] 文化行政管理组织的管理层次与行政管理组织的管理层次相一致。

（六）文化行政管理组织的组织气候

一个充满活力的文化行政管理组织，不仅需要有明确的目标、合理的文化行政管理结构与体制，而且也需要有健康良好的组织气候。文化行政管理组织气候是指因组织成员的观点、情感、人格、态度、情绪等心理因素而产生的普遍且持久的组织气氛。文化行政管理组织成员的行为受组织环境以及由主观环境塑造的主观心理因素的影响和支配。一方面，文化行政管理组织气候是组织成员在与组织环境的交互作用中形成的。每个成员

---

① 张国庆. 公共行政学［M］. 北京：北京大学出版社，2007.

参与组织，不仅要追求各种需要的满足，而且也会对其所处环境产生认识。组织环境对其成员的心理及行为影响很大，如果组织有较健全的行政结构、良好的人际关系、适宜的工作条件，那么成员对组织认识的差异就较小，就较容易产生共同心理，成员的行为就较能协调一致，组织目标实现的可能性就较大。也就是说，成员对组织看法与感受一致程度如何，决定了组织目标是否可以达成。因此，从另一方面来说，文化行政管理组织气候也可以认为是组织成员的个性、认知、目标和组织目标融合一致的一种变化过程。如果成员的心理和个性与组织目标的要求相一致，则组织气候必然会团结奋发，充满朝气；而如果两者不能一致或有较大的差距，则组织气候必然流于消极怠慢，暮气沉沉。

衡量文化行政管理组织气候有多种标准，大致包括：结构、责任、奖酬、风险、人性、支持、标准、冲突以及认同。国外学者认为，一个气候最佳的组织应该具备以下特点：① 上级对下级有完全的信心；② 下级与上级谈话完全自由；③ 下级有价值的建议总被上级采用；④ 激励成员的方式以参与和奖励为主；⑤ 各个层级的成员都能感受到组织目标的达成；⑥ 沟通方式上行、下行和平行并用；⑦ 上级对下级的沟通欣然接受；⑧ 上行沟通完全正确；⑨ 上级对下级面临的问题非常了解；⑩ 互动行为频繁而且达到高度信任；⑪ 团队合作程度良好；⑫ 各层级的成员都有机会参与决策；⑬ 下级对其参与的工作完全可以参与决策；⑭ 决策过程有实质作用；⑮ 决策者对问题有普遍而清楚的了解；⑯ 目标一般由团队行动来设计；⑰ 控制考核的功能由多层次分享；⑱ 正式组织与非正式组织的目标完全一致；⑲ 各种考核资料用以自我引导和解决问题；等等。

而组织气候最差的则表现为完全相反的情况：上级对下级无信心；上级和下级不能自由谈话；激励员工的方法完全是恐吓和威胁；沟通过程自上而下；上级对下级面临的问题全然不知；团体没有合作；决策由上级制定；下级对组织目标抗拒强烈；控制考核办法完全集中在上层。[①]

（七）文化行政管理组织的冲突

在任何一个行政管理组织中，都会存在不同程度的冲突。文化行政管

---

① 竺乾威. 公共行政学 [M]. 上海：复旦大学出版社，2008.

理组织也不例外。所谓冲突是指文化行政管理组织内部成员之间、成员与组织之间、组织中不同团体之间，由于在利益上的矛盾或认识上的不一致而造成的彼此抵触、争执或攻击的组织行为。一般包括以下要素：① 敌对者。不论是个人或者团体冲突都有相互敌对者，单方面行为则不构成冲突；② 斗争。冲突是一种敌对行动。斗争是与冲突相对而言的，彼此合作就没有冲突的产生；③ 目标和利益。冲突者之间必有不同利益或目标。彼此利益和目标一致，则冲突无法产生；④ 交互行为。冲突的产生是由于组织成员之间的交互行为导致的。

冲突在组织中难以避免，因此如何解决或减少冲突就成为文化行政组织管理者的一项重要任务。关于冲突的解决，西方学者认为有三种方式可以运用：一是面对问题解决问题；二是化解双方分歧；三是强迫执行。三种方法中，第一种方式效果最佳，这种方法通过双方共同协商，开诚布公，摆出各自观点，阐明各自意见，把冲突因素明朗化，共同寻找解决途径，使冲突双方化干戈为玉帛，消除纷争，结束冲突。第二种方法只能减少双方的摩擦，就像润滑油可以减少机器间的摩擦一样，只是暂时隐藏了冲突，仍有再爆发冲突的可能性。第三种方式虽然可以取得一些成效，但终非长久之计，运用这种方式只能改变双方的表面行为，无法影响其内在态度的改变。

对于组织冲突应保持坦然的态度，一个组织应该把冲突保持在适当的水平上。如果冲突过多，就应该设法减少；而冲突过少时，要设法去增加。一个组织要不断修改那些窒息组织的空气，压制民主、束缚创造性的规章制度，不断制造出建设性的冲突，减少破坏性冲突，从而保持组织生机勃勃的活力。

第三节　我国文化行政管理组织的结构

一般认为，我国文化行政管理组织是行政组织的一部分，是行使文化管理职能的那一类行政组织，即在国务院的机构中，主要包括文化与旅游部、国家广电总局、国家文物局，在地方，包括承担文化行政管理工作的行政组织则相应有各省文化厅（文物局）、广电局。以上这些文化行政管理组织无疑是我国文化行政组织的重要组成部分，但还不是全部。由于我国文化行政管理组织的形成和发展有其独特的历史背景和现实基础，因此承担文化行政管理职能的不仅仅是以上这些文化行政部门。只有把那些共同承担着文化行政管理职能的组织进行归类分析，才能发现我国文化行政管理的特点和规律。

一、我国文化行政管理组织的来源

（一）我国文化管理组织是中国共产党在领导中国革命过程中产生并逐步发展的

中国共产党在早期革命斗争中，从一开始就注意建立健全党的宣传机构，并确立了党对文化的领导地位。1921 年，在党的一大上通过的第一个决议中就规定，宣传方面的杂志、日报、书籍和小册子须由中央执行委员会或临时中央执行委员会经办。1923 年 10 月 15 日，中共中央正式颁发了《教育宣传委员会组织法》，规定教育宣传委员会由中国共产党及中国社会主义青年团委派委员组织。其政治上的指导直属于中国共产党中央，并对之负责，教育宣传委员会暂时分为编辑部、函授部、通讯部、印行部和图书馆等。1929 年 6 月 25 日，土地革命时期，中共六届二中全会通过的《宣传工作决议》规定，中宣部本身必须有健全的组织，其中设置与文化管理有关的是审查科和文化工作委员会，同时要求地方党委及区委应当尽可能地建立宣传部，支部干事中应有专门负责的宣传干事。

延安时期，文化领导体制得到了进一步加强，在中央政治局和书记处下，设立了宣传委员会，统一管理中央宣传部、解放日报社（包括新华社、广播电台）、中央党校、文委和出版局的工作。例如对于出版组织，1942 年中央书记处专门发出《关于统一延安出版工作的通知》，指出："延安出版工作，目前缺少一个统一计划统一管理的机关，因此在工作上发生了许多不合中央宣传政策及偏废、重复、无系统、无效率的现象。"为此，要求除了在出版机构内部执行逐级审批的程序外，还必须在外部设立审查监督机构，以确保出版物的党性。"兹决定中央出版局统一领导、计划、组织全延安一般编辑出版发行之责，中央宣传部统一审查全延安一般出版发行书报之责"。① 延安以及各根据地的出版工作实现了高度的组织化，逐步被纳入了党的集中统一管理体系。

（二）中华人民共和国成立后，中共中央迅速建立了党对文化领导的组织体系，这个组织体系实际上是一个党、政、群一体化的文化组织体系

首先，建立了文化群团组织体系。早在 1949 年 7 月就召开了党直接领导下的第一次中华全国文学艺术工作者代表大会。周恩来代表中共中央所做的报告中明确指出，这次文代会"不仅我们要成立一个中华全国文学艺术界的联合会，而且我们要像总工会样子，下面要有各种产业工会，要分别成立文学、戏剧、电影、音乐、美术、舞蹈等协会。因为只有这样，我们才便于进行工作，便于训练人才，便于推广，便于改造"。② 按照这个要求成立了中华全国文学艺术界联合会，该会以全国文学艺术界代表大会为最高权力机关，并在全国委员会闭会期间以大会选出的全国委员会为最高权力机关，同时又分别成立了中华全国美术工作者协会、中华全国舞蹈工作者协会、中华全国音乐工作者协会、中华全国戏剧工作者协会、中华全国文学工作者协会、中华全国电影艺术工作者协会等八个协会。在全国文联的领导下，全国文协、影协、剧协、音协、美协、舞协及戏曲改进会筹委会、曲艺改进会筹委会八个团体分别确定了内部组织，并切实发挥组织的职能作用。

其次，建立了政府系统的文化组织。按照《中华人民共和国中央人民政府组织法》规定，政务院下设管理全国文化教育工作的文化教育委员会，负责指导、计划和管理文化部、教育部、卫生部、科学院、新闻总署和出版总署的工作。③ 文化教育委员会可以对这些部门和它的下级机关颁发决议和命令，并审查其执行。在 1949 年 11 月上述机构正式成立后，全国各地也陆续成立各级政府，并在各大行政区、省和直辖市建立了文化教育委员会具体管理各地文化等工作事宜。

① 中共中央文件选集（1941—1942）（第 13 册）［M］. 北京：中共中央党校出版社，1991.
② 周恩来选集（上卷）［M］. 北京：人民出版社，1980.
③ 中华人民共和国中央人民政府组织法［EB/OL］. www. npc. gov. cn（中国人大网），2021 - 4 - 10.

中国共产党是执政党，其领导体制是一元化的领导体制。这一体制的形成，从理论模式来说，是列宁关于无产阶级执政党领导体制建设的理论设想和苏联模式的产物，究其直接原因，则与该体制运行过程中的特定历史境况密切相关。这种一元化首先表现在中共中央对中央人民政府的领导，并随即复制扩展到地方各级党政关系中。1951 年 11 月中共中央在《关于在人民政府内建立党组和组建党委会的决定》中规定："党政之间不是隶属关系，党的领导是通过党的路线、方针、政策及在政权机关中由担任公职的党员发挥作用来实现的。"从理论上讲，党对政权的领导主要是政治领导，这就是通过建立党委会制度和党组制度来实现的一种领导方式。1949 年 11 月中共中央政治局发出《关于在中央人民政府内组织中国共产党党委会的决定》，规定在中央人民政府党委下，设立文教、政法和财经等六个分党委，并在中央人民政府所属各级机构组建党的总支部和支部。① 中国共产党领导下的文化组织主要有以下三个特点：

（1）党对文化管理的绝对领导地位。中国共产党始终把文化发展、建设以及管理工作置于自己的领导和监督之下，并根据人民群众的文化要求和不同时期的政治、经济和军事斗争的客观需要，适时确定方针和政策，适时予以组织和指导。这体现了中国新民主主义革命时期和社会主义时期文化管理的一个重要特征，即始终坚持马克思主义及其政党——中国共产党领导下的文化管理。

（2）文化管理体系的高度组织化。无论是在革命根据地还是在解放区，党都把组织管理社会文化事业，纳入人民政权机关的职能范围之内，设置职能齐全的职能部门，配备得力的专职文化管理人员，在管理体制上形成严密的组织机构。抗日战争时期和解放战争时期，随着革命根据地、解放区的不断扩大，各级专门的文化事业管理职能机构和专业的文化艺术团体、组织、院校更臻于完善。新中国成立以后，这种管理组织更加严密化，任何文化方针政策均能由此得到高效的推广实施。

（3）鲜明的意识形态特征。在新中国成立后的很长一段时期内，对文化的管理基本上沿用、继承和完善战争年代发展起来的对文化进行意识形

---

① 蒯大申，饶先来. 新中国文化管理体制研究［M］. 上海：上海人民出版社，2010.

态控制的管理方式、管理方法和管理手段。选择了苏联"中央集权型"对文化事业进行高度集中和统一管理的体制，强调把文化事业作为政治宣传工作的一部分，强调文化为政治服务、为某一时期的政治中心任务服务的功能，多采取搞政治宣传运动的形式推进文化事业的发展，开展文化领域的斗争。在漫长的新民主主义革命文化斗争中，形成了一套旨在抵制腐朽反动文化，弘扬优秀传统文化和革命文化为目的的独特的文化审查制度。[①]

（三）党内主管文化的最高组织机关是中共中央宣传部，中央以下各级党委均设有相应机构

在战争年代，中共中央宣传部领导全国解放区和根据地的文化工作。新中国成立后，中宣部成为中共中央主管宣传、文化、教育、体育、科技、卫生等意识形态工作的综合型职能机关。在中央人民政府成立前，中宣部实际上行使政府的文化管理职能。中央人民政府成立后，为了明确党和政府的文化职能，中共中央于1949年12月发出了《关于中央人民政府成立后党的文化教育工作问题的指示》，将中宣部下属的一些机构进行改组和调整，目的是明确政府对文化行政事务管理的具体职能，同时便于中宣部和各级党委宣传部能够摆脱具体文化行政事务，集中精力专注于党内外思想斗争，以及对党的宣传工作的领导和党的文化政策的制定以及监督执行。

中宣部以及各级党委宣传部门作为党领导文化的具体职能部门，其职能是明确和加强的。1951年2月中共中央发出了《关于健全各级宣传机构和加强党的宣传教育工作的指示》，对党委宣传部职责范围从群众宣传、理论教育、文化艺术、学校教育、报纸和广播、书刊出版、干部管理七个方面做了详细规定。中宣部根据这七项职能要求，相应成立了宣传处、理论教育处、文化艺术处、学校处、报刊与广播处、书刊出版处、干部管理处。各地党委宣传部也设立了相同的内部职能组织机构。通过宣传部这个组织体系、政务院（国务院）和地方政府以及文化组织机构，保证了党对文化领导的具体落实，便于中共中央对文化工作做出部署后，能够在各级党委和政府中得到及时的贯彻和执行，为全国文化工作的开展提供了组织

---

① 孙萍.文化管理学［M］.北京：中国人民大学出版社，2006.

上的保证。

中宣部的职能定位是中共中央主管意识形态的综合职能部门，其主要职能包括：负责指导全国理论研究、学习与宣传工作；负责引导社会舆论，指导、协调中央各新闻单位的工作；负责从宏观上指导精神产品的生产；负责规划、部署全局性的思想政治工作任务，配合中央组织部做好党员教育工作；负责编写党员教育教材，会同有关部门研究和改进群众思想教育工作；受党中央委托，协同中央组织部管理文化部、新闻出版署、中国社会科学院的领导干部，会同中央组织部管理人民日报社、广播电影电视总局、新华社等新闻单位和代管单位的领导干部，对省、自治区、直辖市党委宣传部部长的任免提出意见；负责提出宣传思想文化事业发展的指导方针，指导宣传文化系统制定政策、法规，按照党中央的统一工作部署，协调宣传文化系统各部门之间的关系；负责文化体制改革，包括新闻出版、广播电视业的改革和发展调研，提出政策性建议；完成党中央交办的其他任务。与上述职能相对应，中宣部设立了相应的二级机构。

2018 年 3 月，在中共中央印发的《深化党和国家机构改革方案》中规定，中宣部统一管理新闻出版工作。为加强党对新闻舆论工作的集中统一领导，加强对出版活动的管理，发展和繁荣中国特色社会主义出版事业，将国家新闻出版广电总局的新闻出版管理职责划入中宣部。中宣部对外加挂国家新闻出版署（国家版权局）牌子。调整后，中宣部关于新闻出版管理方面的主要职责是，贯彻落实党的宣传工作方针，拟订新闻出版业的管理政策并督促落实，管理新闻出版行政事务，统筹规划和指导协调新闻出版事业、产业发展，监督管理出版物内容和质量，监督管理印刷业，管理著作权，管理出版物进口，等等。

同时，根据中共中央 2018 年 3 月印发的《深化党和国家机构改革方案》中的规定，中宣部统一管理电影工作。为更好发挥电影在宣传思想和文化娱乐方面的特殊重要作用，发展和繁荣电影事业，将国家新闻出版广电总局的电影管理职责划入中宣部。中宣部对外加挂国家电影局牌子。调整后，中宣部关于电影管理方面的主要职责是：管理电影行政事务，指导监管电影制片、发行、放映工作，组织对电影内容进行审查，指导协调全国性重大电影活动，承担对外合作制片、输入输出影片的国际合作交流，等等。

二、我国政府系统的文化管理组织

1949 年 9 月 29 日颁布实施的《中华人民共和国中央人民政府组织法》规定，政务院设立文化教育委员会，设立了专司文化事业管理的中央文化行政职能部门文化部、新闻总署、出版总署、科学院、教育部。此后，各省、自治区、直辖市及地方县、市、区各级人民政府均成立教育厅、局，文化厅、局或其他文化教育行政管理机构，形成了从中央到地方各级人民政府的行政文化管理网络。其间，这些政府系统的文化管理职能几经变化，目前我国文化行政管理部门主要包括文化和旅游部、国家广播电视总局、国家新闻出版署、国家电影局和国家文物局。下面就政府系统的三个单位做介绍。

（一）文化和旅游部

文化和旅游部是中国文化行政的最高机构（之前为文化部），是国务院的职能部门，在国务院领导下管理全国文化和旅游事业。文化部设立于 1949 年 9 月。1970 年 6 月，根据国务院机构精简方案，撤销文化部，成立国务院文化组。1975 年 1 月，撤销文化组，设置文化部。1982 年国务院机构改革，将其与国家出版事业局、国家文物事业管理局、外文出版发行事业局合并，设置中华人民共和国文化部。1987 年 6 月，将文化部文物事业管理局改为国家文物事业管理局，仍由文化部领导，但独立行使职权，计划、财政、物资分配等计划单列。1988 年，国务院进行机构改革，将文化部、对外文化联络委员会、国家出版事业管理局、国家文物事业管理局、外文出版发行事业局合并，设置中华人民共和国文化部。

2018 年 3 月，根据第十三届全国人民代表大会第一次会议审议通过的《国务院机构改革方案》，不再保留文化部，组建文化和旅游部。

文化和旅游部现内设机构有办公厅、政策法规司、人事司、财务司、艺术司、公共服务司、科技教育司、非物质文化遗产司、产业发展司、资源开发司、市场管理司、文化市场综合执法监督局、国际交流合作局（港澳台办公室）、机关党委（党组巡视工作领导小组办公室）、离退休干部局。其部门主要职责是：

（1）办公厅是综合协调机关，主要负责机关日常运转工作；组织协调机关和直属单位业务，督促重大事项的落实；承担新闻宣传、政务公开、机要保密、信访、安全工作。组织机构包括：部长办公室、值班室（信访办公室）、办公室、督查处、信息综合处、信息宣传处、政务公开处、公文管理处、机要档案处、保密处。

（2）政策法规司主要负责拟订文化和旅游方针政策，组织起草有关法律法规草案，协调重要政策调研工作；组织拟订文化和旅游发展规划并组织实施；承担文化和旅游领域体制机制改革工作；开展法律法规宣传教育；承担机关行政复议和行政应诉工作。组织机构包括：综合处、发展规划处、政策调研处、改革指导处、法制建设处、文化安全和法律事务处。

（3）人事司主要负责拟订人才队伍建设规划并组织实施；负责机关、有关驻外文化和旅游机构、直属单位的人事管理、机构编制及队伍建设等工作。组织机构包括：办公室、干部处、机关人事处、驻外人事处、直属单位人事处、人才处、培训处、干部监督处。

（4）财务司主要负责部门预算和相关财政资金管理工作；负责机关、有关驻外文化和旅游机构财务、资产管理；负责全国文化和旅游统计工作；负责机关和直属单位内部审计、政府采购工作；负责有关驻外文化和旅游机构设施建设工作；指导、监督直属单位财务、资产管理；指导国家重点及基层文化和旅游设施建设。组织机构包括：办公室、规划统计处、预算管理处、经费管理处、会计管理处、基建管理处、资产管理处、绩效和政府采购处、审计监督处。

（5）艺术司主要负责拟订音乐、舞蹈、戏曲、戏剧、美术等文艺事业发展规划和扶持政策并组织实施；扶持体现社会主义核心价值观、具有导向性、代表性、示范性的文艺作品和代表国家水准及民族特色的文艺院团，推动各门类艺术、各艺术品种发展；指导、协调全国性艺术展演、展览以及重大文艺活动。组织机构包括：综合处、文艺研究处、戏剧曲艺处、音乐舞蹈杂技处、美术处、演出联络处、文艺院团管理处。

（6）公共服务司主要负责拟订文化和旅游公共服务政策及公共文化事业发展规划并组织实施；承担全国公共文化服务和旅游公共服务的指导、

协调和推动工作；拟订文化和旅游公共服务标准并监督实施；指导群众文化、少数民族文化、未成年人文化和老年文化工作；指导图书馆、文化馆事业和基层综合性文化服务中心建设；指导公共数字文化和古籍保护工作。组织机构包括：综合协调处、政策规划处、事业发展处、惠民服务处、活动指导处、权益保障处、监督管理处。

（7）科技教育司主要负责拟订文化和旅游科技创新发展规划和艺术科研规划并组织实施；组织开展文化和旅游科研工作及成果推广；组织协调文化和旅游行业信息化、标准化工作；指导文化和旅游装备技术提升；指导文化和旅游高等学校共建和行业职业教育工作。组织机构包括：社会科学处、科学技术处、教育处、标准和装备处、信息化处。

（8）非物质文化遗产司主要负责拟订非物质文化遗产保护政策和规划并组织实施；组织开展非物质文化遗产保护工作；指导非物质文化遗产调查、记录、确认和建立名录；组织非物质文化遗产研究、宣传和传播工作。组织机构包括：综合处、规划处、管理处、发展处、传播处。

（9）产业发展司主要负责拟订文化产业、旅游产业政策和发展规划并组织实施；指导、促进文化产业相关门类和旅游产业及新型业态发展；推动产业投融资体系建设；促进文化、旅游与相关产业融合发展；指导文化产业园区、基地建设。组织机构包括：综合协调处、政策规划处、产业促进处、产业融合处、企业发展处、投融资处、国际合作处。

（10）资源开发司主要负责承担文化和旅游资源普查、规划、开发和保护；指导、推进全域旅游；指导重点旅游区域、目的地、线路的规划和乡村旅游、休闲度假旅游发展；指导文化和旅游产品创新及开发体系建设；指导国家文化公园建设。承担红色旅游相关工作。组织机构包括：综合处、资源普查处、资源利用处、区域协调处、红色旅游指导处、乡村旅游和创意产品指导处、度假休闲指导处。

（11）市场管理司主要负责拟订文化市场和旅游市场政策和发展规划并组织实施；对文化和旅游市场经营进行行业监管；承担文化和旅游行业信用体系建设工作；组织拟订文化和旅游市场经营场所、设施、服务、产品等标准并监督实施；监管文化和旅游市场服务质量，指导服务质量提升；承担旅游经济运行监测、假日旅游市场、旅游安全综合协调和监督管理。

组织机构包括：综合调研处、安全和假日处、信用和质量处、经济运行监测和信息处、网络市场监管处、演出和艺术品监管处、娱乐和上网服务监管处、旅行社和导游监管处、景区和旅游住宿业监管处。

（12）文化市场综合执法监督局主要负责拟订文化市场综合执法工作标准和规范并监督实施；指导、推动整合组建文化市场综合执法队伍；指导、监督全国文化市场综合执法工作，组织查处和督办全国性、跨区域文化市场重大案件。组织机构包括：综合指导处、法制处、执法督导处、文化市场执法监督处、旅游市场执法监督处、执法协调处。

（13）国际交流合作局（港澳台办公室）主要负责拟订文化和旅游对外及对港澳台交流合作政策；指导、管理文化和旅游对外及对港澳台交流、合作及宣传推广工作；指导、管理有关驻外文化和旅游机构，承担外国政府在华、港澳台在内地（大陆）文化和旅游机构的管理工作；承办文化和旅游中外合作协定及其他合作文件的商签工作；承担政府、民间及国际组织在文化和旅游领域交流合作相关事务；组织大型文化和旅游对外及对港澳台交流推广活动。组织机构包括：办公室、政策研究处、外事管理处、美洲大洋洲处、欧洲处、亚洲处、欧亚处、西亚北非处、非洲处、国际组织处、多边事务处、综合项目处、传播处、品牌推广处、驻外机构处、礼宾翻译处、出入境证件处、港澳台综合事务处、港澳处、台湾处等。

（14）机关党委主要负责机关及国家文物局、在京直属单位的党群工作。组织机构包括：党委办公室、宣传教育处、纪委办公室、统战和群众工作处、巡视工作处。

（15）离退休干部局负责机关离退休干部工作。组织机构包括：办公室、党委办公室、财务处、老领导服务处、生活服务处、综合服务处、老年大学管理处。

（二）国家广播电视总局

随着广播、电影、电视的影响越来越大，它们很早就被纳入了文化管理的范畴。早在 1949 年 6 月，中共中央就决定设立广播事业管理处，统一管理和领导全国广播事业。同年 10 月，中央广播事业管理处改组为中央广播事业局，由政务院新闻总署领导。1951 年 2 月，政务院新闻总署撤销，中央广播事业局由政务院文化教育委员会领导。1982 年 5 月，广播电视部设立，撤销中央广播事业局。1986 年 1 月，广播电视部撤销，将电影系统由文化部划并到广播电视部，该部名称改为广播电影电视部。1998 年，撤销广播电影电视部，设立国家广播电影电视总局。

2013 年《国务院机构改革和职能转变方案》提出，将新闻出版总署、广电总局的职能进行整合，组建"国家新闻出版广播电影电视总局"。国家新闻出版广播电影电视总局加挂国家版权局牌子，不再保留广电总局、新闻出版总署。后经讨论修改，"国家新闻出版广播电影电视总局"改为"国家新闻出版广电总局"。根据第十二届全国人民代表大会第一次会议批准的《国务院机构改革和职能转变方案》和《国务院关于机构设置的通知》（国发〔2013〕14 号），设立国家新闻出版广电总局（正部级），为国务院直属机构。国家新闻出版广电总局内设 22 个机构，机关行政编制为 508 个。

为加强新闻舆论工作，加强对重要宣传阵地的管理，充分发挥广播电视媒体的作用，2018 年国务院机构改革方案提出，在国家新闻出版广电总局广播电视管理职责的基础上组建国家广播电视总局，作为国务院直属机构，不再保留中华人民共和国国家新闻出版广电总局。2018 年 4 月 16 日，国家广播电视总局正式揭牌。

国家广播电视总局内设下列机构：

（1）办公厅主要负责文电、会议、应急值班、机要、档案、督查等机关日常运转工作；承担政务公开、新闻发布、保密、信访、机关安全保卫、建议提案办理和机关财务等工作；指导机关后勤服务管理和政务信息化工作。

（2）政策法规司主要负责研究起草广播电视、网络视听节目服务管理的重大政策、法律法规草案和规章，承担规范性文件的合法性审查工作；承担重大行政处罚听证、行政复议、行政应诉、涉外法律事务、普法宣传等工作；组织协调行政审批工作。

（3）宣传司主要负责指导、协调广播电视全国性重大宣传活动及重大突发事件报道和应急播报；指导全国广播电视节目的创作生产；指导、监管全国重大理论文献片、纪录片、电视动画片的创作生产和播出。

（4）电视剧司主要负责承担电视剧制作的指导、监管工作，组织审查国产电视剧、引进电视剧和对外合拍电视剧（含动画片）的内容；指导、调控电视剧的播出。

（5）传媒机构管理司主要负责承担广播电视播出机构和业务、广播电视节目制作机构、广播电视节目传送、有线电视付费频道、移动数字电视业务的监督管理工作；拟订广播电视节目评价政策并组织实施；指导、监管广播电视广告播放。

（6）网络视听节目管理司主要负责指导网络视听节目服务的发展和宣传；对信息网络和公共载体传播的视听节目进行监管，审查其内容和质量；承担节目应急处置工作；指导网络视听节目监管体系建设，组织查处非法开展网络视听节目服务行为。

（7）媒体融合发展司主要负责拟订广播电视重大改革措施，推进体制机制改革；协调推进三网融合，推进广播电视与新媒体新技术新业态创新融合发展；管理发放信息网络传播视听节目许可证，承担广播电视视频点播业务的审批工作。

（8）科技司主要负责拟订广播电视和网络视听科技发展政策、规划、行业标准并组织实施；协调推进广播电视科技创新和重大科技工程项目攻关；负责广播电视技术质量监督，指导广播电视技术计量检测和技术成果应用转化工作。

（9）安全传输保障司主要负责拟订广播电视传输覆盖网和监测监管网的规划，推进广播电视有线、无线、卫星等传输覆盖体系建设；负责广播电视安全播出的监督管理和技术保障工作；指导、监管广播电视节目传输覆盖工作；指导、推进国家应急广播体系建设，拟订广播电视有关安全制度和处置重大突发事件预案并组织实施；指导全国广播电视有线、无线传输设施和电台、电视台等重点单位安全保护工作。

（10）规划财务司主要负责研究拟订广播电视事业、产业发展规划并组织实施；承担行政单位和直属单位财务管理工作，负责预决算、国有资产管理、基本建设项目、政府采购及内部审计工作；承担广播电视统计工作。

（11）公共服务司主要负责指导、推进广播电视公共服务标准化、均等化并实施监督；协调推进广播电视"户户通"、边疆和少数民族等地区广播电视基础设施建设、少数民族语言文字节目译制制作等重大工程；承担总局扶贫工作。

（12）国际合作司（港澳台办公室）主要负责组织开展广播电视对外及对港澳台的交流与合作，协调推动广播电视领域走出去工作；承担广播电视节目的进口、收录和管理工作；监管卫星电视接收设施和境外卫星电视节目的落地与接收。

（13）人事司主要承担机关和直属单位的干部人事管理工作；承担全国广播电视编辑记者、播音员主持人职业资格和网络视听从业人员管理工作。

（14）机关党委主要负责机关和在京直属单位的党群纪检工作；承担总局内部巡视工作。

（15）离退休干部局主要负责机关离退休干部工作，指导直属单位的离退休干部工作。

（三）国家文物局

国家文物局主要职责：拟订文物和博物馆事业发展规划，拟订文物认定、博物馆管理的标准和办法，组织文物资源调查，参与起草文物保护法律法规并负责督促检查；协调和指导文物保护工作，履行文物行政执法督察职责，依法组织查处文物违法的重大案件，协同有关部门查处文物犯罪的重大案件；负责世界文化遗产保护和管理的监督工作，组织审核世界文化遗产申报，协同住房和城乡建设等部门审核世界文化和自然双重遗产申报，协同住房和城乡建设部门负责历史文化名城（镇、村）保护和监督管理工作；负责管理和指导全国考古工作，组织、协调重大文物保护和考古项目的实施，承担确定全国重点文物保护单位的有关工作；负责推动完善文物和博物馆公共服务体系建设，拟订文物和博物馆公共资源共享规划并推动实施，指导全国文物和博物馆的业务工作，协调博物馆间的交流与协作；负责文物和博物馆有关审核、审批事务及相关资质资格认定的管理工作；组织指导文物保护宣传工作，拟订文物和博物馆有关人才队伍建设规划；编制文物和博物馆科技、信息化、标准化的规划并推动落实，组织开展重大文物保护科技创新工程，促进文物保护科技成果的转化和推广；管理、指导文物和博物馆外事工作，开展文物对外及对港澳台的交流与合作，负责文物进出境有关许可和鉴定工作；承办国务院及文化部交办的其他事项。

根据上述职责，国家文物局内设有七个机构：

(1) 办公室（外事联络司），负责机关文电、会务、机要、档案和保密、信访、政务公开工作；负责机关财务、基建等工作，指导监督事业单位财务工作；负责文物和博物馆业统计工作；承担对外和港澳台的交流与合作工作。

(2) 政策法规司，负责拟订文物和博物馆事业发展规划，研究提出政策建议；参与起草相关法律法规草案；承担组织文物保护宣传和新闻发布工作；承办有关行政复议、行政应诉工作。

(3) 督察司，负责拟订文物行政执法督察和案件查处的有关规定；组织开展文物行政执法、文物和博物馆安全保卫督察工作；组织查处文物违法重大案件，协助配合有关部门查处文物犯罪重大案件。

(4) 文物保护与考古司（世界遗产司），负责协调、指导文物保护、考古工作和重大项目的实施工作；组织开展文物资源调查工作；承担文物保护与考古有关审核审批事务及相关资质、资格认定工作；承办全国重点文物保护单位的审核工作；依法承担文化遗产相关审核报批工作。

(5) 博物馆与社会文物司（科技司），负责指导博物馆工作，承担全国博物馆管理制度规范和业务指导工作；承担文物和博物馆科技、信息化、标准化规划的拟订和推动落实工作；承办国家一级文物藏品的有关审核审批事项；协调博物馆间的交流与协作；指导民间珍贵文物抢救、征集工作；承担文物拍卖、进出境和鉴定管理工作。

(6) 革命文物司，负责指导文物保护管理利用工作；拟订革命文物保护管理利用的政策、规划和标准、规范，并组织实施；组织开展全国革命文物资源调查和公布工作；指导革命博物馆、纪念馆工作；组织革命文物研究、展示和传播工作。

(7) 机关党委、人事司，机关党委负责机关和直属单位的党群工作，人事司与机关党委合署办公，一个机构两块牌子，承担机关和直属单位人事管理及机构编制工作；规划文物、博物馆专门人才的培训；负责机关离退休干部工作。

（四）直属机构的文化行政管理职能

这里有必要进一步考察这些政府职能部门的直属单位。这些直属单位或为事业单位，或为企业单位，实际上是这些政府职能机构管理职能的一种延伸，因而不少直属机构直接或间接地承担着某些文化行政职能，具有行政管理的功能。原广播电视电影总局有一个非常庞大的直属机构系统，包括中央人民广播电台、中央电视台、无线电台管理局、中国国际广播电台、中国电影集团公司、广播电视监测中心、安全播出调度中心、信息网络视听节目传播监管中心、安全播出调度中心、信息网络视听节目传播监管中心、广播影视发展研究中心、广播科学研究院、广播电视规划院、中国电影科学技术研究所、电影技术质量检测所、中广电设计研究院、中国电视艺术委员会、中国广播艺术团（中国电影乐团）、中国广播交响乐团（中国爱乐乐团）、中国电影艺术研究中心（中国电影资料馆）、电影剧本规划策划中心、电影数字节目管理中心、电影资金办、机关服务中心、培训中心、广播影视人才交流中心、中国广播电视出版社、中国广播电视协会、中央新闻纪录电影制片厂、北京科学教育电影制片厂、中国电视剧制作中心、电影卫星频道节目制作中心、中央卫星电视传播中心、中国国际电视总公司、中国有线电视网络公司、中国广播电视国际经济技术合作总公司等。

在以上机构当中有直接行使行政职能作用的，如：国家广播电影电视总局电影数字节目管理中心，其是经中央编制办和国家广电总局批准，于 2004 年 3 月 18 日成立的事业单位，其主要职责是：负责电影数字节目平台及应用管理系统的项目建设、投资和财务管理、设备和系统的采购、集成；组织协调电影节目素材的采集和供应；负责电影数字节目的制作、存储和播送；负责电影数字节目增值业务的开发；协调管理与相关影视节目经营服务机构的衔接工作；完成国家广播电影电视总局交办的其他事项。中国广播电视协会，其前身是 1986 年 10 月 15 日在北京成立的中国广播电视学会。2004 年，经国家广电总局和民政部批准，中国广播电视学会正式更名为中国广播电视协会。该协会的性质是全国性的广播电视行业组织，是由广播电视机构和从业人员自愿组成的专业性、非营利性的社会团体，是在党和政府领导下团结和联系广播电视工作者的桥梁和纽带。

也有间接行使行政职能作用的，如：广播影视发展研究中心的主要职责是，组织开展广播影视宏观政策、发展战略、法律法规、体制改革、产业发展和其他重要问题的研究；收集分析国内外广播影视发展动态等信息，编写、发布中国广播影视发展年度报告；组织开展国内外广播影视政策法规、体制机制等的比较研究；开展国内外广播影视学术业务交流。这个中心实际上是一个行政领导决策参谋机构，为广电总局的重大决策提供咨询服务，实际上是整个决策环节的一个重要组成部分。

像中央电视台、中央人民广播电台、中国国际广播电台等机构的行政职能则是显然的。这些重要的新闻舆论机构，其性质就是党、政府和人民的重要喉舌，是中国重要的思想文化阵地，是当今中国最具竞争力的主流媒体，具有传播新闻、社会教育、文化娱乐、信息服务等多种功能，是全国公众获取信息的主要渠道，也是中国了解世界、世界了解中国的重要窗口。

原文化部的直属机构包括：中国艺术研究院（中国非物质文化遗产保护中心）、中国国家图书馆、故宫博物院、中国国家博物馆、中央文化管理干部学院、中国文化传媒集团有限公司、中国京剧院、中国国家话剧院、中国歌剧舞剧院、中国东方演艺集团有限公司、中国交响乐团、中国儿童艺术剧院、中央歌剧院、中央芭蕾舞团、中央民族乐团、中国美术馆、中国国家画院、中国对外文化集团公司、中国录音录像出版总社、中国动漫集团有限公司、文化部恭王府管理中心、文化部文化艺术人才中心、文化部离退休人员服务中心、文化部艺术服务中心、国家清史纂修领导小组办公室、中外文化交流中心、文化部文化市场发展中心、文化部民族民间文艺发展中心、文化部全国文化信息资源建设管理中心、中国艺术科技研究所梅兰芳纪念馆、文化部信息中心。

这些直属机构按其职能也有三种情况：一是没有行政职能作用；二是有间接行政职能作用；三是有直接行政职能作用。各类文艺剧团没有行政职能，图书馆、美术馆也属于这一类。第二类如中国对外文化集团公司、文化部文化艺术人才中心、文化部离退休人员服务中心、文化部艺术服务中心等具有间接行政职能。例如中国对外文化集团公司，是在原文化部直属事业单位中国对外演出公司（CPAA）和中国对外艺术展览中心

(CIEA) 的基础上，经国务院批准设立的第一家大型国有对外文化企业集团，集团公司由国务院作为出资人，并由文化部与财政部分别作为行政主管部门和经营性国有资产监管部门；除每年在境内外举办相约北京联欢活动、亚洲艺术节、威尼斯双年展中国国家馆、中国国际合唱节等大型节庆和其他重大演出展览活动外，更作为主要承办者之一，受文化部委托承办了中法文化年、中俄互办国家年中的一系列重大演出展览项目；每年还在境外数十个国家和地区，数百座城市举办各类演出、展览和综合文化活动 5 000 多场。第三类则是直接拥有行政职能的，如国家清史纂修领导小组办公室、全国文化信息资源建设管理中心等。国家清史纂修领导小组办公室是 2003 年由中央编制办批准成立的，其主要任务是：拟定纂修计划、方案和规章制度；承担纂修组织协调和宏观指导工作；负责纂修专项资金的管理与使用；组织编纂人员队伍；编写工作简报，落实编纂计划；组织考证、评议和出版工作，承担有关后续工作。全国文化信息资源建设管理中心成立于 2004 年 5 月，是全国文化信息资源共享工程的国家级中心，履行文化共享工程资源建设中心、技术支持中心、培训教育中心和管理服务中心的相关职责；依托文化共享工程，为加快构建覆盖城乡的公共文化服务体系建设，保障基层群众基本文化权益开展相应的设施建设、资源建设、队伍建设、技术支持及基层服务工作。在资源建设方面，管理中心负责组织落实文化共享工程国家中心资源建设，组织协调各省级分中心地方特色资源建设；采取多种措施整合优秀资源，促进文化信息资源共建共享，以满足基层群众特别是老少边穷地区基层群众的文化需求。在技术支持方面，管理中心负责跟踪现代信息技术的发展，创新文化共享工程技术服务模式，推动先进、适用技术的应用；建设和完善文化共享工程的资源建设系统、资源服务系统和运行管理系统，为文化共享工程的整体运行提供技术支撑。在培训教育方面，管理中心负责指导文化共享工程的整体培训工作，制定培训大纲、编辑培训教程，指导各级中心按计划开展管理与组织、技术与标准、基层服务、宣传能力、师资队伍等方面培训；举办省级分中心业务骨干培训班，并协助省级分中心和相关机构开展对县级支中心和乡镇基层工作人员的培训。在管理服务方面，管理中心负责编制文化共享工程总体规划、实施方案与年度计划；管理文化共享工程国家中心建设经费，编制预算草案和决算报告；制定有关项目管理办法与验收办法；选定、推广有关建设标准规范；积极与国家有关重点项目开展合作；指导各省级分中心的业务建设；交流各地建设经验，开展各种培训，调动各地共建共享的积极性和创造性。

原国家新闻出版总署（国家版权局）也拥有众多的直属机构。比如，仅国家版权局就有中国音乐著作权协会、中国版权协会、中国软件著作权登记中心、中华版权代理总公司、中国著作权使用报酬收转中心、中国版权保护中心。这些直属机构直接拥有行政职能。这是因为这些直属部门都是根据政府文化职能的需要而设立的，它们是计划文化体制整体构造中的一个组成部分，因而必将随着整个文化体制的变革而改变。

三、被授权和被委托的组织

国家文化行政管理机关以外的其他文化行政管理活动实施者的权力来源主要有两种：一是行政授权；二是行政委托。在我国，除文化行政管理机关行使文化行政职权外，非国家机关的组织在一定条件下也行使文化行政管理职权。这类组织包括法律法规授权的组织和行政机关委托的组织。我国一些人民团体的文化组织和文化企事业单位被赋予了文化行政管理职能。

（一）我国的人民团体文化组织的文化行政管理职能

1. 中国文学艺术界联合会

中国文学艺术界联合会（简称中国文联）为全国性文学艺术家协会，是各省、自治区、直辖市文学艺术界联合会和全国性的文学艺术工作者联合会组成的人民团体，是党和政府联系文艺界的桥梁和纽带。中国文联成立于1949年7月，是中国人民政治协商会议发起单位之一。中国文联实行团体会员制。现有团体会员包括：中国作家协会（行政独立单位）、中国戏剧家协会、中国电影家协会、中国音乐家协会、中国美术家协会、中国曲艺家协会、中国舞蹈家协会、中国民间文艺家协会、中国摄影家协会、中国书法家协会、中国杂技家协会、中国电视艺术家协会，32个省、自治区、直辖市文联，新疆生产建设兵团文联以及中国煤矿文联、中国铁路文联、中国石油文联、中国化工文联、中国电力文协和中国水利文协等行业文联。中国文联对各团体会员的工作有联络、协调、服务的职责，并承办团体会员需要统筹安排的事宜。

2021年12月16日，中国文学艺术界联合会第十一次全国代表大会审议并通过了修订后的《中国文学艺术界联合会章程》。

《章程》明确规定：坚持马克思列宁主义、毛泽东思想、邓小平理论、"三个代表"重要思想、科学发展观，全面贯彻习近平新时代中国特色社会主义思想，坚持把马克思主义基本原理同中国具体实际相结合、同中华优秀传统文化相结合，坚决贯彻党的基本理论、基本路线、基本方略，增强"四个意识"，坚定"四个自信"，做到"两个维护"，牢记"国之大者"，坚持创造性转化、创新性发展，为全面建成社会主义现代化强国、夺取新时代中国特色社会主义伟大胜利、实现中华民族伟大复兴的中国梦提供精神动力和文化支撑等。增加这样表述，符合我国文艺发展新要求和人民群众美好精神生活新期待，有利于中国文学艺术界联合会坚持党的全面领导，坚持以人民为中心的工作导向，最广泛地团结、动员文艺家和文艺工作者积极投身新时代中国特色社会主义事业建设，深入生活、扎根人民，努力创作生产更多思想精深、艺术精湛、制作精良，人民喜闻乐见的优秀文艺作品，繁荣我国社会主义文学艺术事业，为满足人民精神文化需求、提高国家文化软实力、传承中华优秀传统文化、建成社会主义文化强国作出新的更大贡献。

中国文联的职责是，对各团体会员开展联络、协调、服务工作。通过组织学习、深入生活、文艺创作、文艺评奖、成果展示、理论研究、学术讨论、调查研究、人才培训、对外交流和权益保护等项工作，对团体会员进行业务指导；积极加强文艺界与社会各界的联系，与政府有关部门密切合作，发展我国文化艺术事业；培养良好职业精神、职业道德，积极推进文艺创新，表彰奖励优秀文艺工作者和文艺作品，发现、培养和扶持文艺人才；反映团体会员和文艺家的意见、建议和要求，依法维护他们的合法权益；在上级主管部门领导下，开展文艺领域的行业教育、行业自律、行业服务和行业管理；积极开展民间国际文化交流活动，扩大友好往来，推动中华文化走向世界，维护国家利益和文化安全，努力对人类文明的进步作出贡献；根据国家法律和有关政策，发展为繁荣文艺服务的文化产业；等。

2. 中国作家协会

中国作家协会（简称中国作协）是中国共产党领导的中国各民族作家自愿结合的专业性人民团体，是党和政府联系广大作家、文学工作者的桥梁和纽带，是繁荣文学事业、加强社会主义精神文明建设的重要社会力量。其前身是中华全国文学工作者协会（简称全国文协），1949 年 7 月 23 日在北平成立。1953 年 10 月，全国文协正式更名为中国作家协会。中国作家协会是一个独立的、中央一级的全国性人民团体。其主要职责是：组织作家学习马列主义、毛泽东思想、邓小平理论和"三个代表"重要思想、科学发展观和习近平总书记系列重要讲话精神，学习党的方针政策，培育和践行社会主义核心价值观，增强文化自信、文化自觉和文化担当，不断提高文学队伍的思想道德修养、科学文化素养、文学艺术学养；[①] 组织文学评奖，对优秀的创作成果和创作人才，给予表彰和奖励；进行文学理论研究，组织开展健康说理的文学评论和实事求是的文学批评；发现和培养各民族文学创作、评论、编辑、翻译的新生力量，促进各民族文学的发展；增进同台港澳地区和海外同胞中作家的联系；推进中外文学交流，代表中国作家参加国际文学活动；反映作家的意见和要求，依据宪法和法律的规定，维护会员的合法权益等。

内设机构包括：办公厅、创作联络部、社会联络部（权益保护办公室）、对外联络部（港澳台办公室）、机关党委（人事部）、创作研究部、网络文学中心、机关服务中心。其直属单位有：《文艺报》《人民文学》《诗刊》《民族文学》《中国作家》《小说选刊》《作家文摘》《中国校园文学》《环球企业家》《长篇小说选刊》等报刊社及作家出版社、中国作家网等单位，此外还设有鲁迅文学院、中国现代文学馆、中华文学基金会等事业单位。

协会设有鲁迅文学奖、茅盾文学奖、全国优秀儿童文学奖、全国少数

---

① 《中国作家协会章程》（中国作家协会第九次全国代表大会部分修改，2016 年 12 月 2 日通过），中国作家网，2016 年 12 月 7 日。

民族文学创作"骏马奖"四项在我国具有最高荣誉的文学大奖。此外，设有文学理论批评委员会、少数民族文学委员会、儿童文学委员会、影视文学委员会、报告文学委员会、作家权益保障委员会、中直工作委员会、中外文学交流委员会、港澳台暨海外华文文学交流委员会九个专业委员会，分别负责各文学门类的学术交流和研讨活动及有关方面的组织联络活动。

3. 中国戏剧家协会

中国戏剧家协会（简称中国剧协）成立于 1949 年 7 月 24 日，原名中华全国戏剧工作者协会，1953 年更名为中国戏剧家协会，是由全国各民族戏剧家组成的人民团体。中国戏剧家协会是中国文学艺术界联合会的团体会员。

中国戏剧家协会是中国共产党领导的、全国各民族戏剧家组成的人民团体，是党和政府联系戏剧界的桥梁和纽带，是繁荣社会主义文艺、发展社会主义先进文化的重要力量。中国戏剧家协会是中国文学艺术界联合会的团体会员。其主要职责是，按照德艺双馨的要求，努力提高戏剧队伍的思想道德素质、文化修养与业务水平，不断加强行业服务、行业管理、行业自律；鼓励并采取有效方式组织会员深入生活，深入群众，努力学习，钻研业务，加强实践，勇于创新；提倡题材、体裁、形式、风格、流派的多样化，繁荣戏剧创作，积极开展创作经验交流和艺术观摩活动，不断提高戏剧作品的思想和艺术水平；推动戏剧理论研究，提倡健康的戏剧评论，鼓励用理论成果指导戏剧创作，促进戏剧的创新与发展；对戏剧艺术各门类的优秀成果，采取各种形式，包括举办全国性的评奖，予以表彰和奖励；尊重各民族戏剧、各地方剧种的艺术传统和特点，大力培养少数民族戏剧家，加强各民族戏剧之间的艺术交流，积极促进各民族戏剧艺术的发展；努力促进戏剧工作者在社会主义、爱国主义、集体主义思想基础上的大团结，努力在戏剧界形成尊重劳动、尊重知识、尊重人才、尊重创造的风气，积极发现和培养新生力量，重视群众戏剧活动；加强同香港特别行政区、澳门特别行政区、台湾地区以及海外侨胞中的戏剧组织和戏剧家的联系；适应社会主义市场经济发展的要求，根据社会主义精神文明建设和社会主义文艺的特点和规律，改革和完善工作方式；加强与政府有关部门及社会各界的合作，依据国家政策发展文化产业等。

4. 中国音乐家协会

中国音乐家协会（简称中国音协）成立于1949年7月，其定位是中国共产党领导的、全国各民族音乐家组成的专业性人民团体，是党和政府联系广大音乐家和音乐工作者的桥梁和纽带，是繁荣发展社会主义文艺事业、建设社会主义文化强国的重要力量。

其主要职责是，对会员有联络、协调、服务的职责，发挥组织、引导、服务、维权的作用；按照德艺双馨的要求，努力提高音乐队伍的思想道德素质、文化修养和业务水平，不断加强行业服务、行业管理、行业自律；组织会员深入生活，开展创作活动，坚持贴近实际、贴近生活、贴近群众，鼓励探索和创新，继承和发扬中华民族优秀音乐传统，着眼于世界文化发展的前沿，学习、借鉴世界各国优秀文化成果，提倡题材、体裁、形式及风格、流派的多样化，繁荣音乐创作，不断提高音乐作品的思想和艺术水平；组织中国音乐金钟奖等比赛、评奖活动，对优秀的音乐创作、音乐表演、音乐理论成果以及对在音乐教育和其他音乐工作中有显著贡献的音乐家予以奖励和表彰；举办演出观摩和交流座谈等活动，促进音乐表演艺术和音乐教育事业的发展与繁荣；组织学术研讨活动，促进评论、理论工作的提高与发展；组织会员搜集、整理、研究我国各民族及民间的音乐文化遗产，继承和发扬民族音乐的优良传统；开展社会音乐活动，组织会员参加音乐普及工作，关心、参与国民音乐教育，努力提高国民音乐素质；加强与政府有关部门及社会各界的合作，依据国家政策发展音乐文化产业等。

5. 中国美术家协会

中国美术家协会（简称中国美协）于1949年7月21日在北京成立。中国美协吸纳在美术创作、美术评论、美术史研究、美术教育、美术出版、艺术设计、美术组织等方面成就卓著者为会员，集中了全国各地有成就、有影响的美术专家、学者，是综合美术各门类的、全国美术唯一的国家级美术组织；其定位是中国共产党领导的、中国各民族美术家组成的人民团体，是党和政府联系美术界的桥梁和纽带，是中国文学艺术界联合会团体会员，是繁荣社会主义美术事业、发展社会主义先进文化的重要力量。

其主要职责是，对会员有联络、协调、服务的职责，发挥组织、引导、维权的作用，通过组织学习、深入生活、美术创作、美术评奖、成果展示、理论研究、学术讨论、书刊出版、调查研究、人才培训、对外交流和权益保护等项工作，对会员进行业务指导；坚持以科学的理论武装人，以正确的舆论引导人，以高尚的精神塑造人，以优秀的作品鼓舞人。努力提高美术队伍的思想道德素质、文化修养和业务水平；鼓励并组织会员深入社会、深入生活，在艺术创作中努力反映社会主义时代精神和人民群众创造历史的精神风貌，努力满足人民群众多层次、多样化、多方面的精神文化需求；举办各种形式的美术展览和评奖活动；提倡体裁、题材、艺术形式及风格、流派的多样化；对优秀美术成果和在美术各方面工作中取得显著成绩的团体会员、个人会员和美术工作者，给予奖励和表彰；开展人才培训工作，不断提高美术创作和理论研究的思想水平和学术水平；发现、培养和扶持美术人才，发展和壮大会员队伍；加强与政府有关部门、各文化艺术单位及社会各界的密切合作，发展我国的美术事业；根据国家政策，促进美术文化产业的发展等。

6. 中国电影家协会

中国电影家协会（简称中国影协）是由中国电影家自愿组成的专业性人民团体。它始建于 1949 年，曾使用过"中国电影工作者联谊会""中国电影工作者协会"等名称。

协会的宗旨和任务是团结全国各民族电影工作者（包括港澳台地区及海外华侨电影工作者），繁荣和发展中国的电影事业。协会坚持文艺为人民服务、为社会主义服务的方向，贯彻"百花齐放、百家争鸣"的方针，促进电影创作，推动电影研究和评论，开展艺术、技术等各项学术活动，并积极推进中外电影文化的交流和友好往来。

协会作为党和政府团结广大电影工作者的桥梁和纽带，以密切联系广大电影工作者为职责，努力做好"联络、服务、协调"的工作，为鼓舞广大电影工作者努力发展、繁荣中国电影事业，满足广大人民群众的精神生活需求，发挥重要的作用。中国电影家协会的最高领导机构是全国会员代表大会及其理事会和主席团。主席团驻会常务副主席受主席团委托对中国电影家协会日常工作负全责，由主席团任命的秘书长负责处理协会日常事务。中国电影家协会下设办公室、组织联络部、对外联络部、人事处等办事机构和中外电影研究、期刊编辑出版等业务部门，还有一个创建于1956年以出版电影专业书籍为主的中国电影出版社。中国电影家协会就是通过这些职能部门和业务部门以及下属单位，积极组织广大电影工作者学习政治、学习专业、深入生活、深入群众，举办中外电影展览和观摩活动，召开各种类型电影学术研讨会、座谈会，大力做好期刊编辑出版工作，开展同世界各国及港澳台地区电影界的友好往来和学术交流，举办电影评奖和电影节，促进中国电影事业的不断繁荣和发展。

7. 中国曲艺家协会

中国曲艺家协会（简称中国曲协）是由全国各民族曲艺家组成的人民团体，是中国文学艺术界联合会的团体成员。它的前身是1949年7月成立的中国曲艺改进协会筹备委员会及其后改建的中国曲艺研究会和中国曲艺工作者协会。根据2012年11月中国曲协第七次全国代表大会通过的章程，该协会的任务包括"对会员开展联络、协调、服务工作。通过组织学习、深入生活、采风创作等工作，充分发挥对曲艺家和曲艺工作者的组织、引导、服务、维权作用。对团体成员进行业务指导"[①] 等八条。协会的最高领导机构为会员代表大会，代表大会选举产生理事会。理事会选举主席一人、副主席若干人组成主席团。协会常设机关有办公室、组联部、研究部、资料室等。《曲艺》杂志为其机关刊物。中国曲艺出版社为其领导下的专业出版社。

8. 中国舞蹈家协会

中国舞蹈家协会（简称中国舞协），曾名中华全国舞蹈工作者协会、中国舞蹈艺术研究会、中国舞蹈工作者协会，1949年7月在北京成立。中国舞协是中国各民族舞蹈艺术家自愿结合组成的专业性人民团体，是党和政府联系舞蹈家、舞蹈工作者的桥梁和纽带，是中国文学艺术界联合会的团体会员。中国舞协是在全国范围内由表演、编导、理论、教育、编辑、管理及在群众舞蹈组织活动中卓有成就的专家组成的人民团体。中国舞协

---

① 《中国曲协章程》（2012年11月中国曲协第七次全国代表大会通过），中国曲艺家协会网，2012年11月。

的宗旨是：促进和活跃舞蹈艺术创作，进行理论学术研究及作品评论，举行专业舞蹈比赛，发掘培养舞蹈人才，开展群众性舞蹈活动，丰富大众文化生活，组织中外舞蹈文化交流，繁荣和发展具有中国特色的舞蹈艺术事业。中国舞协最高权力机构为全国代表大会，每五年举行一次，选举新的领导成员。舞协下设组联部、研究部、办公室、舞蹈杂志社、舞蹈培训学校及舞蹈信息编辑部等。另有理论、编导、表演艺术、群众舞蹈、少儿舞蹈等专业学会或研究会，从事舞蹈艺术门类的研究和学术活动。出版物有《舞蹈》月刊。

9. 中国民间文艺家协会

中国民间文艺家协会（简称中国民协）成立于 1950 年 3 月 29 日（1987 年以前称为中国民间文艺研究会，1987 年起改为现名），是中国文学艺术界联合会的团体会员之一。根据协会章程，中国民协是中国共产党领导的，由全国各民族民间文艺家组成的专业性人民团体，是党和政府联系广大民间文艺家和民间文艺工作者的桥梁和纽带。其宗旨是：以马克思列宁主义、毛泽东思想和邓小平理论、"三个代表"重要思想、科学发展观和习近平新时代中国特色社会主义思想为指导，全民贯彻落实习近平总书记关于繁荣和发展社会主义文艺的重要论述，自觉承担起举旗帜、聚民心、育新人、兴文化、展形象的使命任务，践行社会主义核心价值观，牢牢把握社会主义先进文化前进方向，坚定不移走中国特色社会主义发展道路，坚持文艺为人民服务、为社会主义服务的方向，坚持"百花齐放、百家争鸣"的方针，坚持以人民为中心的工作导向，坚持中华优秀传统文化的创造性转化、创新性发展，深入生活、扎根人民，广泛团结民间文艺家和民间文艺工作者，为建设社会主义文化强国，实现"两个一百年"奋斗目标、实现中华民族伟大复兴的中国梦而努力奋斗。协会致力于组织、规划、指导全国性民间文学、民间艺术及民俗文化的考察、采集、保护、传承、培育、扶持、发现、表彰民间文化艺术各类人才，开展国际民间文化艺术交流活动，组织学术交流、艺术展览、文艺演出、民间文艺节会活动，举办旨在奖励各种民间文艺成果的国家级民间文艺"山花奖"评奖，保护民间文艺工作者的正当权益，全方位推动中国民间文艺事业发展、进步。

10. 中国摄影家协会

根据中国摄影家协会（简称中国摄协）章程，该协会是中国共产党领导下的、由全国各民族摄影家、摄影工作者组成的专业性人民团体，是中国文学艺术界联合会的团体会员，是党和政府联系摄影界的桥梁和纽带，是繁荣发展中国摄影事业、建设社会主义先进文化的重要力量。该会贯彻执行党的文艺方针政策，坚持以人民为中心的工作导向和创作导向，围绕中心，服务大局，面向基层，服务群众，与时俱进，改革创新，积极履行团结引导、联络协调、服务管理、自律维权的基本职能，组织开展学习培训、深入生活、采风创作、评奖办节、成果展示、理论研讨、出版宣传、文艺志愿服务、对外交流和权益保护等各项工作，致力于我国摄影事业的繁荣发展，努力成为广大摄影工作者的温馨之家。

协会的主要任务是：积极推动和支持摄影家和摄影工作者不断提高文化修养和艺术水平，潜心钻研业务，开展摄影创作，交流摄影技艺，研究摄影理论，发展摄影教育，培养摄影人才和摄影后备力量；重视和支持群众性摄影活动，并以多种形式加强与群众性摄影活动的联系，促进摄影技艺的普及，满足人民群众多方面的精神需求；积极发展摄影文化产业，架起摄影器材生产者、摄影作品生产者和广大用户间的桥梁，主动为经济建设服务，在创造良好的社会效益的同时，创造良好的经济效益；致力于促进国际民间摄影文化交流，扩大友好往来，增进相互了解；认真组织中国摄影"金像奖"、全国影展、国际影展、中国摄影节等各种形式的摄影展览、比赛、评奖活动，对成绩优异的摄影家和重要的摄影创作成果、摄影文化理论研究成果，以及在摄影组织、教育、编辑等工作中做出突出贡献的会员，予以奖励和表彰；积极开展摄影行业规范建设和摄影职业道德建设；建立会员权益保护组织机构，依据法律维护会员和其他摄影工作者的权益。

11. 中国书法家协会

中国书法家协会（简称中国书协），是中国共产党领导的由全国各民族书法家组成的人民团体，成立于 1981 年 5 月 9 日，是由国家级的书法家、篆刻家、书法理论家、书法教育家和书法活动组织、管理工作者组成的全国性专业组织，是中国文学艺术界联合会的团体会员。其主要任务是：贯彻党的文艺路线、方针、政策，坚持"二为"方向和"双百"方针，继承和发扬中国书法艺术传统，坚持以人民为中心的创作导向，深入生活、扎根人民，努力提高书法艺术水平。积极开展对会员的联络、协调、服务和业务指导，按照德艺双馨的要求，努力提高书法家和书法工作者的思想道德素质、文化修养和业务水平，不断加强行业服务、行业管理、行业自律。围绕党和国家中心工作开展主题性活动。举办书法展览，组织书法创作与评选，开展书法理论研究与学术交流。开展书法教育培训，推动书法普及。依法维护书法家的创作成果和合法权益。积极发展文化产业，努力增强可持续发展的能力。广泛团结书法家和书法爱好者，重视和支持群众性书法活动，不断发展和壮大书法事业，切实做好党和政府联系书法家和书法工作者以及书法爱好者的纽带和桥梁。

书协机关内设办公室、组联部、研究部、展览部、外联部。下设中国书法杂志社、中国书法培训中心、中国书法考级中心、中国书法家协会网站、中国书法工艺发展基金和中国书法产业办公室等直属单位。下辖专业委员会包括：中国书协楷书专业委员会、中国书协行书专业委员会、中国书协草书专业委员会、中国书协隶书专业委员会、中国书协篆书专业委员会、中国书协篆刻专业委员会、中国书协学术委员会、中国书协刻字委员会、中国书协硬笔书法委员会、中国书协教育委员会、中国书协编辑出版委员会、中国书协鉴定评估委员会、中国书协权益保障委员会、中国书协书法发展委员会、中国书协国际交流委员会、中国书协书法艺术指导委员会。

12.中国杂技家协会

中国杂技家协会（简称中国杂协）是中国文学艺术界联合会的团体会员，是由全国各省、自治区、直辖市杂技家协会及全国各民族杂技家共同组成的人民团体。成立于1981年。中国杂技家协会下设办事机构有：组联部、外联部、研究部、办公室和杂技与魔术杂志社。下辖各专业委员会有：魔术艺术委员会、理论研究委员会、滑稽艺术委员会、杂技音乐专业委员会、剧团管理指导委员会、经济开发委员会、马戏艺术委员会、基金管理委员会和权益保护委员会。该协会贯彻执行党的文艺方针政策，坚持以人民为中心的工作导向和创作导向，围绕中心，服务大局，面向基层，服务群众，与时俱进，改革创新，积极履行"团结引导、联络协调、服务管理、自律维权"的基本职能，组织开展学习培训、深入生活、采风创作、评奖办节、成果展示、理论研讨、出版宣传、文艺志愿服务、对外交流和权益保护等各项工作，致力于我国杂技事业的繁荣发展，努力成为广大杂技工作者的温馨之家。

13. 中国电视艺术家协会

中国电视艺术家协会（简称中国视协）成立于1985年5月，是中国共产党领导的全国各民族电视艺术家组成的人民团体，是中国文学艺术界联合会的团体会员。中国电视艺术家协会的最高权力机构为全国代表大会，每五年召开一次。该协会的主要任务是：对会员开展联络、协调、服务工作；组织会员学习政治理论、深入生活、艺术创作和学术研讨等方面活动；通过信息咨询、业务交流、人才培训、推优评选及各专业委员会的活动，加强与会员的业务联系；举办"中国金鹰电视艺术节""中国电视金鹰奖""中国百佳电视艺术工作者"评选和颁奖等活动；促进并加强与香港特别行政区、澳门特别行政区和台湾地区及海外侨胞中电视艺术团体和人士的联系与往来；致力于促进国际电视艺术交流，扩大友好往来，依法维护会员的合法权益，发展和繁荣中国的电视艺术事业。中国电视艺术家协会会员包括团体会员和个人会员。

（二）我国一些文化企事业单位被授权或委托而具有文化行政职能

比如，中国电影集团公司是经国务院批准，于1999年由原中国电影公司、北京电影制片厂、中国儿童电影制片厂、中国电影合作制片公司、中国电影器材公司、电影卫星频道节目中心、北京电影洗印录像技术厂和华韵影视光盘有限责任公司八家单位组建而成的，是以影视产业为依托，多种产业综合发展的大型电影集团，但该集团公司同时被授权了某些文化行政职能。其是国家唯一授权经营电影进口业务的公司，其下属的电影进出口分公司具体承担该项业务。分公司的宗旨是通过电影让中国了解世界，让世界了解中国，业务对象遍及世界各地。平均每年要通过各种渠道选看全球近千部影片，从中挑选一批思想艺术水平和技术制作水平俱佳的影片献给国内观众；同时，还承担着国产影片的输出使命，而这两项职能都属国家文化行政职能。

第五章

文化行政管理权力

　　文化行政管理权力是文化行政管理得以实现的途径和动力所在。它是文化行政管理机关履行职能、实现文化行政管理目标必须具备的力量。在文化行政资源中，文化行政管理权力无疑是最重要的。文化行政管理权力是一种无形的力量，且在表现上非常复杂。对文化行政管理来说，文化行政管理权力是必要的工具；对文化行政组织中的机构、部门和人员来说，文化行政管理权力往往成了追逐的对象；而对文化行政管理对象来说，文化行政管理权力有时却像一件沉重的外衣。文化行政管理权力在本质上是一种公共权力，应当代表社会公共利益，维护公民的合法权益，但在实际运行中，常常出现扭曲和变异，甚至产生腐败，成为公共利益的对立面。所以，重视文化行政管理权力的研究，提出科学配置文化行政管理权力的原则，建立起关于文化行政管理权力公共性质的理念，是文化行政管理学的一项重要任务。

第一节　概　　述

一、文化行政管理权力的含义

　　行政管理权力这一概念，包括以下五个方面的内容：行政管理权力的主体必须是国家行政机关及其工作人员；行政管理权力的根本目标，是通过执行国家的法律和政策有效地实现国家意志；行政管理权力的作用方式主要是强制性地推行政令；行政管理权力的客体包括所有的居民及其所组成的各种社会组织和集团，囊括领土范围内的整个社会；行政管理权力的性质是一种由社会上少数人行使的管理权力。行政管理权力和其他政治权力的关系是：① 行政权力和立法权力，同属国家权力，区别在于权力的性质和作用结果、功能和价值原则；② 行政权力和司法权力，同属国家权力，区别在于权力运行方向、主体，在于权力体系中的独立性、权力的作用和功能以及权力的价值原则；③ 行政权力和政党权力，属于国家权力与其他政治权力之间的关系问题，区别在于权力目的、结构、合理合法程度、客体和手段。①

文化行政管理权力是国家政治机构通过一定程序授予文化行政管理组织的一种用于文化行政管理的强制性力量。而文化行政管理组织是一个权力规则的体系，它的各个部门及其组成人员按照"支配—服从"的规则在权力的链条中寻找、确定自己的角色位置，而在这个角色的定位过程中，各个部门及其人员之间总是围绕文化行政权力的获取、分配、维持和行使而相互作用、相互影响。因此，文化行政管理权力是一种确定人与人之间关系的模式，在这个关系模式中，掌握着文化行政管理权力的一方是权力主体，总是处于主动和支配的地位；而受权力作用的一方则是权力的客体，总是处于被动和服从的地位。

文化行政管理权力作为一种资源，是文化行政管理部门和人员为了履行文化行政管理职能、实现文化行政管理目标而使用的支配其他部门、人员的力量。衡量文化管理权力的大小，主要通过三个指标来判断：一是广延性，即服从权力的人数的多少；二是综合性，即权力所有者能够调动权力对象的活动领域，也就是权力对象的全部活动中受权力控制的比例和范围。在权力对象的生活中，如果他们的一言一行都受到权力的制约和控制，即综合性权力强，表明权力所有者拥有的权力很大；如果权力对象的许多行为和生活内容不受权力所有者控制，权力的综合性就弱，权力所有者拥有的权力就小；三是权力的强度，即在文化管理权力控制的领域内，

① 张国庆. 公共行政学 [M]. 北京：北京大学出版社，2007.

权力所有者对权力对象的控制程度。

文化行政权力有以下类型：① 文化行政立法权，是指文化行政组织以及相关行政组织享有的依法制定和发布具有普遍约束力的规范性文件的权力；② 文化许可批准权，即文化行政组织以及相关行政组织对公民、法人和其他社会组织所从事的某种文化活动予以许可或批准的权力；③ 文化行政确认权，即文化行政组织以及相关行政组织享有的对某种事实或资格予以证明的权力；④ 文化行政检查监督权，是指文化行政组织以及相关行政组织享有的对公民、法人和其他社会组织在社会文化生活中遵守法律、法规和行政命令的情况进行检查、监督的权力；⑤ 文化行政制裁权，是指文化行政组织以及相关行政组织拥有的对违反法律、法规和行政命令的公民、法人和其他社会组织予以惩罚的权力；⑥ 文化行政强制权，是指文化行政组织以及相关行政组织对不履行法定义务或行政命令的公民、法人和其他社会组织采取行政强制措施，迫使其履行法定义务、遵从命令的权力。

二、文化行政管理权力的特征

文化行政管理权力具有多重属性，它不仅是一种政治权力，而且是一种管理权力。特别是对于处于社会转型的国家或地区，文化行政管理权力从政治权力向管理权力转换的特征越加明显，其管理特征主要表现在以下方面。

（一）公共性

文化行政管理权力的公共性表现在：首先，文化行政管理权力是公共文化利益实现的工具，是属于一个国家中的全社会的权力，是一种公共权力；其次，文化行政管理权力具有超脱性，在文化行政管理组织行使文化行政管理权力的时候，往往需要超脱于某一个人或者社会阶层之上，成为凌驾于社会之上的权力；最后，文化行政管理权力具有全局性，即在其行使过程中，不能局限于特定个人或者集团所关注的问题，而应着眼于全局性的文化事务，或者关系到整个社会文化的基本问题。

（二）执行性

文化行政管理权力本身不是目的，而是实现目的的手段。文化行政权力是派生性权力，它必须执行赋予其权力的公民或者国家民意代表机关的意志。现代文化行政管理权力是文化行政主体执行民意代表机关的意志所拥有的权力，是一种执行性权力。文化行政管理权力的主体获得以及行使文化行政管理权力，其直接的依据是国家的法律和法规，即国家权力机关的意志，并以国家权力机关的意志为目的。文化行政管理权力的行使必须在法律的框架之内，并对权力机关负责。

（三）一元性

文化行政管理权力的一元性表现在三个方面：首先，在一个国家内，拥有和行使文化行政管理权力的组织系统只能存在一个；其次，在一个国家的行政管理系统内部，只能存在一个权力中心，一般来说，首长负责制是行政管理机关的领导原则；最后，行政权力主体与客体之间的不可逆性，也就是文化行政管理权力运行的单向性。

（四）有限性

文化行政管理权力的范围是有严格界限的。在文化事务的管理上，文化行政管理权力严格限定在公共文化领域，只有公民个人或者私人组织无法承担的事情，文化行政管理组织才有资格去承担，文化行政管理权力存在的价值在于只做个人无法做到的事情。文化行政管理权力不仅作用范围是有限的，而且实施行政权力的方式和手段也是有限的。它的实际运用涉及文化行政管理活动的行为尺度的适当性，因此需要一定的程序进行控制，限制文化行政管理权力主体恣意行使权力。

（五）时效性

文化行政管理权力主要是要有效地执行国家意志，以迅速实现公共利益，所以时间就成为文化行政管理权力结构中一个重要的因素，时效是文化行政管理权力所追求的一个直接目的。

第二节　文化行政管理权力结构

一、文化行政管理权力结构的含义

文化行政管理权力存在两种结构，即文化行政管理权力的纵向结构和文化行政管理权力的横向结构。如果说文化行政管理权力的纵向结构是行政授权的问题，那么文化行政管理权力的横向结构则是文化行政管理权力在机构之间、部门之间以及行政人员之间的分配问题。在文化行政管理过程中，文化行政管理体系各个机构之间、部门之间以及行政人员之间都存在着追求自身权力更大化的要求，它们都会尽力争取得到有关方面的支持以获得更多的、更大的权力。因此，如何在各个机构、各个部门和行政人员之间进行权力配置的问题，以及如何保证文化权力行使的范围边界明确、衔接无隙，使它们之间既不交叉重叠，又不存在空场，是一个非常值得研究的问题。前些年发生的原文化部和原新闻出版总署关于网络游戏管理权限之争，就是文化行政管理权力分配过程中出现的问题。有研究者认为，由"魔兽世界"网络游戏主管权引发的论争，究其原因，是由计划体制向市场体制演进的社会转型和由数字技术推动的市场结构升级，导致了在计划体制下建立的"专业分工—行业分类"型文化管理体制框架不能适应日益发展的文化市场的需求，是基于"同权分割"设计理念下的小文化行业体制导致了文化行政管理部门在新兴文化管理领域的不良"博弈"。①

文化行政管理权力运行过程也是文化行政管理主体分配和行使权力的过程。对于现代公共文化行政而言，权力根据职能和调整对象的不同而被分成不同的类型，同一文化行政管理机构中的权力被分配给不同的职能部门，而同一部门中的权力也需要进行再分配，最终会落实到具体的个人来加以执掌和行使。因此，文化行政管理权力的分类是文化行政管理权力横向结构生成的基础。文化行政权力的内部制约机制主要存在于行政权力的横向结构中，因而在权力制约的意义上，来自文化行政管理系统内部的制约机制主要是建立在文化行政管理机构、部门和人员之间。

研究文化行政管理权力横向结构的目的，一方面是为了进一步增强文化行政管理权力的协调性，找到进一步整合文化行政管理权力的途径，以便文化行政管理权力能以一个整体的形式发挥作用；另一方面，可以有助

---

① 傅才武，纪东东. 文化市场一体化进程与文化行业体制的结构性矛盾及其因应对策——基于"魔兽世界"网络游戏主管权两部委论争事件的分析［J］. 中国文化产业评论，2010（12）：97–113.

于防止文化行政管理权力功能上的交叉重叠、矛盾冲突和作用边界不衔接的问题。一般来说，当文化行政管理体系出现不适应管理实际需要的时候，总是首先调整行政权力的横向结构，以此来达到文化行政管理权力横向分配的合理化。

二、文化行政管理权力结构的分类

文化行政管理权力实际上是来源于抽象文化行政权力和具体文化行政权力的统一和协调。如果文化行政管理体系出现了不和谐的问题，那必然是由抽象文化行政权力和具体文化行政权力之间的不协调造成的。文化行政管理权力作为一个相对独立的权力体系，是抽象文化行政权力和具体文化行政权力的对立统一体，抽象文化行政权力和具体文化行政权力的对立统一关系构成了文化行政权力结构的实质性内容。

（一）抽象文化行政权力

抽象文化行政权力是指文化行政系统中的那些法律制度化的权力。它是一种规范的、有着充分的法律制度保证的权力。由于这种文化行政权力是一种理念性的权力，是一切文化行政权力主体根据自己的存在理念而确立起来的权力，因此，在一定的政治体系中，政治制度的本质决定着这种权力的性质。由于抽象文化行政权力是由法律或规章制度所确认的权力，所以它会作为一种强大的力量为文化权力主体的存在和发展提供基本保障。其特征表现在：

第一，就文化权力主体而言，抽象文化行政权力的主体是整个文化行政权力体系所属的整个文化组织，文化权力主体只有通过法律、政策、制度等手段才能拥有这种权力。

第二，抽象文化行政权力往往公开表明自己的性质，并通过法律制度等所有可以运用的手段来突出强调自己的性质和维护这一性质不受侵蚀。

第三，就文化行政权力的作用范围而言，抽象文化行政权力的作用范围是与整个文化行政权力体系的作用范围相一致的，整个文化行政权力体系在应然的意义上深入到什么程度，抽象文化行政权力也就会在这些地方发挥作用。由于抽象文化行政权力是借助于法律、政策、制度的方式来发挥作用的，所以，它的作用方式是规范的，作用力是稳定的，作用途径是固定的。

第四，就文化行政权力的作用效果而言，抽象文化行政权力是一种理念性的权力，是以一定的思想体系为自己的理论基础的，并且是通过对一个社会中的文化作出现实考量的前提下建立起来的，特别是作为一个理性的存在物，具有根据自己的作用对象和环境的需要及时调整和改变自己的能力。所以，抽象文化行政权力一旦建立起来，就具有充分的合理性和合法性，能够得到整个社会的广泛认同。

（二）具体文化行政权力

具体文化行政权力是指文化行政体系中的那些存在于一定的法律制度框架下的由个人或个性化的机构或部门所掌握的并用来处理一切具体事务的权力。具体文化行政权力在发挥作用的时候，可能有两种结果：一是它可以与抽象文化行政权力的功能与目标相一致，用来为权力所属的文化行政组织或社会服务，为公共利益服务。二是它可能成为权力执掌者恣意行政的手段。

当文化行政权力处于集权体制的时候，文化行政权力具有更大的随意性。在法制比较健全的社会中，文化行政权力是规范的，是可以得到有效控制的，其抽象权力的特征比较突出。因此，文化行政权力作为整体性的权力、组织化的权力和作为抽象行政权力与具体行政权力统一形态下的权力，是一种可变的、具有可塑性的权力，是因社会总体上的政治环境不同而不同的。与抽象文化行政权力相比，具体文化行政权力具有以下特点：

第一，就权力主体而言，具体文化行政权力的主体是文化行政组织中从事具体管理活动的部门、机构或个人，如果说具体文化行政权力的主体是一个组织的话，那么这个组织也必定是个性化或人格化了的组织。所以，具体文化行政权力的主体主要是以个性化了的行政人员的形式出现的。文化行政组织中的行政人员在行使权力的时候，是通过把抽象文化行政权力转化为具体行政权力而加以行使的，由于他们处于一定的职位上而又拥有一定的职权，因而往往是通过展示自己的能力和提高自己的权威来维护和行使这些权力的。

　　第二，就权力的存在形式而言，具体文化行政权力总是极力淡化或者隐藏自己的根本性质，而是表现出处理具体事务上的因事而异的特征，并且是以解决问题的效果为直接目标的。在很多情况下，也突出反映着执掌这种权力的个人风格，具有人格化的色彩。

　　第三，就权力的范围而言，具体文化行政权力的作用范围是整个文化行政权力体系作用范围的每一个具体的部分或环节，只有一切具体文化行政权力作用范围的总和才是整个权力体系的作用范围。具体文化行政权力的作用方式是灵活的，因掌握这种权力的人而异，具体文化行政权力的作用力大小也是这样，有的人可以创造性地行使这种权力，把权力应有的力量发挥到极致，有的人则可能手握这个权力却无所事事。

　　第四，就权力的作用效果而言，具体文化行政权力由于是个性化的人或组织来行使的，受着文化行政权力主体思想素质和道德素养的影响，因此文化行政权力主体的利益偏好、积极还是消极的人生态度、认真负责还是粗枝大叶的处事精神，都决定了这种权力的发挥效果。特别是当文化行政权力主体滥用权力甚至以权谋私时，这种具体权力就会蜕化，与整个权力体系发生矛盾，从而形成具体文化行政权力与抽象文化行政权力间的矛盾。

　　（三）两种权力的区别

　　相对于抽象文化行政权力而言，具体文化行政权力才是一种直观的控制力量。尽管抽象文化行政权力也是一种控制力量，但其作为一种控制力量是理论上设定的，是以制度形式存在的控制力量，是以程序化的方式发挥作用的；一旦权力为具体的部门和个人所执掌，在处理具体问题上发挥特殊作用的时候，它就已经成为一种具体的文化行政权力。所以，虽然文化行政权力结构在确立的过程中，要求遵循职权相符的原则，但在文化行政权力运行的过程中，经常会出现这样一种奇怪的现象：就是权力与职位并不总是呈现正相关的关系，即在某些方面，职位的高低意味着权力的大小；而在另一些方面，可能是相反的情况。一些行政部门包括文化行政部门里流行所谓的"司长专权""处长专权"等说法，就是指的这种现象。正是由于这个原因，人们经常看到，越是处于高位上的人，在处理具体问题上越是表现出无奈；而一些职位不高的人，在行使权力的过程中，能把权力所蕴含的力量发挥得淋漓尽致。笔者认为，这种职位与权力不尽一致的现象，是具体文化行政权力与抽象文化行政权力不一致所造成的。

第三节　文化行政管理权力体制

一、文化行政管理权力体制的含义

文化行政管理权力体制是指在文化行政管理系统内部围绕着行政职权的划分、运行和维持而形成的各种制度化的关系模式的总称。在文化行政管理系统内部和文化行政管理系统外部环境之间，围绕着文化行政管理权力的划分、运行和行使，产生了多种行政权力关系。在传统、经验和环境的影响下，许多关系的内容、形式被固定下来，成为一种习惯或正式制度。文化行政管理权力体制就是指文化行政管理系统内部的与权力关系直接相关的习惯和正式制度，主要包括以下几个方面：

第一，文化行政管理权力体制是文化行政管理体制的一部分。文化行政管理体制是指文化行政管理系统内部各要素之间的固定关系模式。这些关系既包括正式关系，也包括非正式关系；既包括利益关系，也包括权力关系。文化行政管理权力体制是指文化行政管理系统内部权力的结构性联系，是文化行政管理体系的要素。

第二，文化行政管理权力体制的内容是文化行政管理系统内部的各机构、人员之间的权力关系。文化行政管理权力关系的核心内容是文化行政管理权力，是一种无形的资源，只能为机构或人员所运用。因而，文化行政管理权力体制的内容就是各文化行政管理机构、人员在文化行政管理权力体系中的地位，以及他们之间的互动方式和规则。

第三，文化行政管理权力体制是一种制度化的关系。制度是支配人的行为的规则，它既包括正式制度，也包括非正式制度（如风俗、文化等）。制度最大的特征就是稳定性，通过稳定的制度，人们能够按照相互预期的方式交往，由此形成了秩序。文化行政管理权力体制就是这样一种制度化的关系，它是在文化行政管理机构和人员的互动中产生的，并经过正式制度或者非正式制度的规定，成为一种行为规则，制约着行政管理机构和人员的互动行为。

二、文化行政管理权力体制的分类

文化行政管理权力体制有多种表现形式。可以按照文化行政管理权力在不同文化行政管理层级之间的配置，将行政权力体制划分为集权制和分权制；按照文化行政管理权力在个人和集体之间的配置，将文化行政管理权力划分为首长制和委员会制；按照文化行政管理权力体制中是否存在着单一的权力中心，将文化行政管理权力体制划分为单中心制和多中心制。

（一）集权制和分权制

集权制和分权制是权力纵向配置方式的两种不同形式，是以行政层级而展开的权力线。集权制是中央和上级机关掌握最终或者最高决策权，地方或下级只拥有上级赋予的执行权；中央或上级可以根据自己的意志，指挥、监督、干预地方或下级的活动，地方和下级要完全服从中央或上级的命令。分权制与集权制正好相反，是地方和下级的文化行政权力来自法律的授权，在权限范围内，地方和下级有相当高的自决权，中央和上级仅处于监督地位，不能随意干涉。

判断一个国家或地区的文化行政管理权力体制是集权制还是分权制，主要根据：一是地方和下级权力的来源。如果地方和下级的文化行政管理权力来源于中央或上级的委任，那么这种文化行政管理权力体制往往是集权制，反之就是分权制。二是如果地方或下级在自己权限范围内拥有较高的自决权，中央或上级不能随意干预，只处于监督者的地位，这种权力体制就是分权制，反之就是集权制。三是如果中央或上级的文化行政权力较多，地方或下级的权力较少，地方或下级范围内的文化行政管理事务的处理更多地需要中央或上级的审批，这种文化行政管理权力体制往往属于集权制；反之，地方或下级权限范围的事务较多，较少需要中央或上级审批，就是分权制。

集权制和分权制都有优缺点。集权制的优点是：政令统一，目标一致；

力量集中，便于处理紧急或重大事件；权力完整，指挥灵活；执行效率高等。其缺点是：信息环节多，传输缓慢，容易失真；管理单一、僵化，适应环境的能力差；忽视地方差异，呆板统一，容易出现形式主义；忽视下级积极性，造成下级的依赖和低效等。

分权制的优点：独立自主，可以结合本部门、本地区的实际情况，因地制宜地确定行政目标，并进行决策和管理；分层授权，分级管理，有利于调动下级的积极性和主动性；反应灵活，不需要层层请示汇报，信息传递较快，对外部环境反应也比较快，易于近点决策处理突发事件，效率较高；职能分工明确，有利于专业化管理。其缺点是：权力分散，不易形成统一意志，不易进行统一领导和统一指挥；不利于集中资源、统筹和全面发展；过度分权导致各自为政，形成地方主义和本位主义。

长期以来，我国文化行政管理权力体制是典型的集权制，这与计划经济体制模式是相匹配的。这种权力体制对文化发展起过一定的推动作用，但是随着市场经济体制的建立，这种权力体制的弊端逐步显露出来，主要是地方缺乏发展文化的积极性和主动权。随着文化体制改革的深入，对这种文化行政管理权力体制的改革势在必行。

（二）首长制和委员会制

如果文化行政管理机关的最高和最后的决策权掌握在一人（首长）手中，并且由此人对文化行政领导机关的决策负责，那么这种文化行政管理权力体制就是首长制；反之，如果文化行政领导机关的最高和最后决策权掌握在两个以上的人（委员会）的手中，并且由他们对文化行政领导机关的决策共同负责，我们就将这种体制叫作委员会制。

首长制和委员会制也各有优缺点。首长制的优点是：事权集中，职责明确；决策迅速，指挥统一；有利于保密等。其缺点是：决策失误容易发生；容易形成专权和独断，造成腐败等。委员会制的优点是：群策群力，决策的正确性和可接受性强；相互监督，防止权力垄断；合乎民主要求等。其缺点是：协调困难，决策缓慢；职责分散，容易造成文化行政领导机关的内部矛盾等。

我国文化行政管理机关实行首长制。在中华人民共和国建立初期，我国效仿苏联的模式，实行过一段时间的委员会制。这种体制对于发展社会主义民主、防止个人专权起到了积极作用，其后由于这种制度职责不明，决策效率低，我国对此进行了改革，实行首长制，并将这个体制写进了 1982 年《宪法》中。

我国行政首长负责制的内容包括：① 行政首长负责领导本级政府或本部门的工作。政府或政府部门的一切重大事务，都由行政首长最终决定；② 各级政府和政府部门，都是一个行政首长领导下的领导机关。领导机关的各位成员按照分工负责的方法，分别处理某一方面的日常事务，并对日常事务进行一般决策，重大决策仍需由行政首长负责；③ 本级政府或部门的重大决策，需要经过领导机关全体成员的集体讨论，行政首长要尊重集体讨论的意见。

随着首长制的实行，这种制度的弊端也逐渐暴露出来。行政首长个人专权的情况比较严重，在缺乏有效监督机制的情况下，既损害了文化行政管理机关的民主行政的实行，也助长了行政首长腐败现象的蔓延。所以，首长制和委员会制的结合应是今后改革的一个方向。

（三）单中心制和多中心制

单中心制是在各个文化行政管理机构行使的行政权力中间，存在着一个行政权力中心。拥有权力中心的行政机关承担着权力分配者的角色，其他所有机关的行政权力都由这个权力中心派生出来，并受其等级节制。多中心体制是与单中心体制相对而言的，它是指在各个文化行政机关行使的行政权力中间，并不存在单一的权力中心，各个机构拥有的行政权力之间相互分离、平行行使，不存在等级节制关系。

一般来说，实行单一制的国家通常采用单中心体制。在这些国家中，下级或部门的行政权力通常来自上级或政府；后者往往控制着最终的行政权力，并按照等级制的方式将行政权力层层委任给下级或职能部门，并对下级或职能部门进行监督和控制。实行多中心体制的国家通常是联邦制国家，比如美国地方各级政府之间各自在自己的权限范围内提供某些公共服务，相互之间不存在任何隶属关系。多中心的行政权力体制以公共选择为理论基础，强调权力的多元性、自发的秩序，以及小规模的行政组织和自由竞争。从功能上看，单中心体制有利于保持政府行动的一致性，有利于政令的统一；而多中心体制更有利于迎合公民需求的多元化，有利于政府创新，因而适用于公共服务的提供。

第四节　文化行政管理权力行使

一、文化行政管理权力行使的基础

行政权力运行的过程就是行政主体分配和行使权力的过程。行政权力的行使过程即行政权力主体对客体施加影响，并使客体按照主体意愿采取行动的过程。这一过程包括计划、组织、用人、指挥、执行、控制、监督和反馈等一系列具体行为。行政权力行使的基础含八项权力：结构性权力、制度性权力、报酬性权力、强制性权力、象征性权力、知识性权力、关系性权力和人格性权力，而行政权力行使的手段有四项，即权力压力、权力控制、权力操作和权力诱导。① 文化行政管理权力也有相对应的八项权力和四项手段。

文化行政管理权力行使的基础：① 结构性权力。结构性权力即组织权力，其基础是文化行政组织的层级结构和组织分工，以及由此所带来的地位差异。② 制度性权力。这种权力的基础是文化行政组织结构所赖以运行的制度规则、制度安排，也包括一些程序性规范和行为准则。③ 报酬性权力。报酬性权力起源于交换的不平衡性，此种权力的基础是文化行政主体对于资源的控制，而这些资源又正是客体所希望得到的东西。④ 强制性权力。强制性权力的基础是文化行政组织所拥有的威胁和惩罚手段。⑤ 象征性权力。在文化行政管理过程中，象征性的符号资源可以成为文化行政权力的基础。构成这种基础的资源包括风俗、伦理、舆论、宗教及意识形态等文化精神方面的因素，也包括语言、仪式和氛围等行动方面的象征性因素，还包括徽标、建筑物、设施设备等物质方面的象征性因素。⑥ 知识性权力。知识性权力来源于专业、技术和信息等知识性资源，集中体现为专家所拥有的知识技能和信息处理能力，故也有人称之为专家权力或信息权

---

① 张国庆. 公共行政学 [M]. 北京：北京大学出版社，2007.

力。⑦ 关系性权力。关系性权力的基础是与文化行政主体相关的人际关系、社会网络、非正式组织等，这种资源是文化行政权力运行的重要社会资本。⑧ 人格性权力。人格性的文化行政权力取决于具有充任文化行政主体资格的个人。这些人的才能、品德、智慧，处事风格、技巧、作风等，甚至体格特征，都可以构成一种影响力使客体服从。人格性权力集中体现为个人魅力。

行政权力行使的手段包括：① 权力压力。在文化行政管理权力行使过程中，文化行政主体会运用强制性权力基础，以威胁、限制和恫吓等形式，让文化行政客体在物理、生理和心理上不可或缺的需要遭到破坏，或处于危险境地，而文化行政客体要保证其自愿选择和行为的能力，又离不开这些需要。这样，当文化行政客体不得不满足的需要到了被剥夺的危险境地时，权力的压力就开始起作用。② 权力控制。权力控制是文化行政主体通过结构权力和制度权力资源，以行政法规、命令、指示、规定、章程、要求等形式，按照文化行政组织的层级结构明示，要求权力客体依权力主体的愿望行事。③ 权力操纵。权力操纵是指文化行政主体通过限制信息供应、进行信息误导或蒙蔽性宣传等手段，隐瞒或部分隐瞒事实真相及行动目的，从而影响权力客体，并使权力客体采取行动以满足权力主体的意愿。④ 权力诱导。如果文化行政主体提出呼吁或劝告，并提供相应的理由和诱因，文化行政客体根据自己的价值观和目标，经过自主思考或独立估量之后，接受文化行政主体的意见并将其作为自己行动的依据，那么，这种权力运作就是成功的诱导方式。

文化行政管理权力行使的目的是产生一种影响力，这种影响力表现在：权力是这样一种力量，依靠这种力量可以造成某种特定的局面，使客体的行为符合于主体的目的；权力通常是以强力作为后盾，具有某种强制性；权力的作用不一定带来服从的结果，客体的对抗和不服从是时常发生的。这种影响力与权威所带来的影响力是不同，即权威主要是一种社会心理过程，它依靠某种威势或威望来取得信任与赞同，权力则主要是以合法性、正当性、合理性作为依靠，具有一定的影响性。权威所起的作用则往往是使客体心悦诚服，而客体一般是基于认同而进行服从。虽然权力和权威之间具有相关性，而且在多数情况下权力和权威是一致的，但由于它们之间存在着区别，故在特殊情况下，两者之间也可能发生分离。从历史角度而言，在专制时代，权力和权威分离的现象比较突出，在民主时代，权力和权威一致的现象较为普遍。①

二、文化行政管理权力行使的程度

在文化行政管理权力行使的过程中，文化行政主体对文化行政客体的影响，表现为强弱程度的不同；而文化行政客体服从于文化行政主体的状况，就是社会成员对于政府的服从状况，也表现为强弱程度的不同，因此通常用文化行政权力行使的程度来衡量这种权力的强弱。文化行政管理权力行使程度是一个综合指标，既反映文化行政主体的工作效率，也反映文化行政主体的工作能力。而这两个指标即效率与能力的统一便是文化行政主体的效能。所谓文化行政主体的能力，是指文化行政主体推行文化管理活动的可能性与效力，包括文化行政主体能否有效采取集体行动和能否广泛促进社会的集体性行动两个方面，其判断标准在于文化行政主体文化政策目标的实现程度对于社会文化发展的推进。所以文化行政主体能力实际上是文化行政权力主体在其与客体的互动关系中所表现出的能动性。文化行政主体能力，一方面体现了文化行政权力实现自主性目标的潜能，另一方面则体现了文化行政主体向客体提供服务的供给状况。

影响行政权力行使程度主要有四个因素。一是文化行政管理权力目的与手段的合理性与正当性，这是一个根本的因素。二是文化行政权力的强度。三是文化行政客体的潜在能力。四是文化行政权力作用的范围。

文化行政管理权力行使过程中也有负效应。文化行政主体在行使权力过程中产生两种结果：一种是好的、积极的成果，是推动社会文化良性发展的结果；另一种是坏的、消极的结果，是违背公共利益和行政根本目的的成果。后一种成果主要表现为：利益倒错，公仆变成为主人；权力角逐，手段变成为目的；权力僭越，职权扩张为特权；传统惯性，导致权力

---

① 张国庆. 公共行政学 [M]. 北京：北京大学出版社，2007.

滥用。

控制文化行政管理权力行使过程中的负效应，关键是建立起他律机制与自律机制。他律机制在行政权力制约机制中带有根本性质。他律机制也就是其他政治权力以及行政客体对于行政权力主体的制约，这主要包括立法权力和司法权力等国家权力的监控、政党政治权力的监督、舆论权力的监督、公民和公民集团的监督等多种形式。自律机制，即行政权力自身所应具备的防范措施与制度等，这主要包括利益协调机制、行政责任机制和行政伦理机制。自律机制必须是建立在相应的权利义务关系之上的机制，自律机制还必须和他律机制有机结合起来，行政权力才能真正得到制约，其行使也才能真正符合公共利益。①

第五节　文化行政管理权力分配与授权

一、文化行政管理权力分配

文化行政管理权力分配是文化行政管理组织的内部分工问题，而文化行政管理机构的设置就是行政权力分配的外在表现。文化行政管理权力的分配有两种方式：一种是结构性分配，就是根据文化行政管理权力的层次性而对其所做的纵向垂直性分割；另一种是功能性分配，就是根据文化行政管理权力所承担的任务及其客体的状况而对它进行的横向水平分割。

文化行政管理权力的分配主要通过以下途径进行：一是逐级授权，即较高层次的文化行政主体授予下级文化行政主体以一定的责任与管理权限，使下级文化行政主体在上级的监控下获得某种自主行使的权力。二是权力下放，即文化行政权力一旦下放后，上级文化行政主体只做一般原则上的指导与检查，不过多干涉下级行政权力的具体行使。

此外，文化行政管理权力还有一个再分配的问题。这种权力的再分配

---

① 张国庆. 公共行政学［M］. 北京：北京大学出版社，2007.

也通过两种方式进行。一种方式是外源型文化行政管理权力再分配，也就是随着整个社会利益的调整和政治权力的再分配而进行的文化行政权力再分配。另一种方式是内源型再分配，也就是在既定的政治、经济体制之内，由于文化行政管理体系内部的权力主体或对象发生了局部变化，文化行政管理权力需要做小幅度调整，在计划、组织、人事和服务等方面发生相应变化。

在文化行政管理权力分配过程中，权力与人的结合既是一种常态，也是一种异象。这种结合过程其实是文化行政管理权力人格化的过程，而文化行政管理权力人格化的过程通过人事行政过程而得以实现。这种结合之所以是常态，是因为权力肯定要与人的结合才能得以实行；这种结合之所以是异象，是因为在这种结合的过程中，常常会出现权力行使的变异。因此，鉴于人格化与非人格化之间的冲突，在文化行政权力分配过程中必须认真处理好权力、机构、职位和个人之间的关系，建立合理界定权利义务关系的制度化机制。

行政权力人格化使得滥用职权的现象不可避免。所以马克斯·韦伯特别强调行政权力非人格化的意义。他认为，行政管理必须采取合理的形式主义，用义务的压力取代感情的支配，用人人平等的观念取代因人而异的做法，用非个人制度的规则取代个人号令，以对法和制度规范的服从取代对个人命令的服从。①

那么，如何处理好文化行政管理权力的分配呢？① 程序要合法。合法性是文化行政管理权力的重要特征，也是其运行的根本保证。② 职权要分明。在文化行政管理权力分配过程中，每一个层次、每一个部门的权力都必须做出明确无误的规定。③ 权责要一致。与职权相对应的是职责，也就是与职权相应的责任和义务，有职权必须有责任。④ 权利要明确。文化行政管理权力分配必须考虑每一个文化行政主体在恪尽职守后应得的利益和应该享受的权利。⑤ 内容要全面。在文化行政管理权力分配过程中，各级行政主体都应具有与其权力层次及功能相一致的职权。权力主体在人权、财权和物权各方面只有齐全、完备，才能成为完整统一的体系而发挥

---

① 张国庆. 公共行政学［M］. 北京：北京大学出版社，2007.

作用。

二、文化行政管理权力授权

授权是把权力委托给相应的人或机构代为执行，是分配其他组织、机构和个人具体任务以及完成这些任务的权力，同时双方对如何评估任务结果的方法形成一致意见。行政授权是授权的一种形式。行政授权缘于两个主导因素：一是处理复杂公共事务的需要；二是由完成行政任务所引起的建立行政组织的需要。行政授权由三个基本要素构成：① 指派工作任务；② 授予行政责任；③ 承担工作责任。从内容上看，行政授权包括两个层面：一是决策权力的授予；二是执行权力的授予。

行政授权必须满足以下条件：① 行政授权需要良好的组织和人事基础，包括管理目标已经确立，方向正确、任务明确；行政组织机构已经建立，组织结构系统完善，要素完整，功能健全；组织内部的人事安排已经大致确定，不再担心部属的过分变动；组织文化和工作环境良好，工作人员心情舒畅，忠于职守。② 行政授权还必须把握适当的时机：首长工作负担过重时；指挥系统中有人暂时离开或者高层职位缺位时；机关力求开创新局面、解决新问题，首长必须集中精力专注于重点组织工作目标时；当有关工作人员不在一处工作时。③ 从操作意义上讲，行政授权还必须考虑工作需要，必须考虑一定的限度，这是行政授权的限制条件，对重复性、琐碎性、经常性工作和过于专业化的工作等都应授权，但授权要坚持例外原则，即上级主管把一般日常惯例性工作授给下级，但自己应保留重大政策决定和重要人事任免权等。

行政授权的特点是：① 行政授权在本质上是行政组织内部权力分配的特定方式；② 行政授权实际上是行政领导活动过程的一部分；③ 行政授权也是一种权责高度统一的管理行为。这三个特点将行政授权与行政法律关系上的代理、助理和一般组织分工区别开来：首先，行政授权与行政代理不同。行政代理是指代理人依法代替某一行政人员执行其任务，并要自负全部责任；而行政授权则是被授权者负责行使其法定的职权，并非代替他人。其次，行政授权与行政助理不同。行政助理是有人来帮助负责者去处理行政事务，接受别人帮助的行政人员仍负有其全部责任，而帮助别人的人自己没有多少责任；在行政授权中，被授权者则负有相当的责任。最后，行政授权与行政分工不同。行政分工是指不同的行政机关或行政工作人员各负其责，彼此之间未必有上下级隶属关系；而行政授权则包含上下级之间必须具有的监控与报告关系。①

文化行政授权是行政授权的一种形式，它是指在文化行政管理组织内部，上级机关把某些权力授予下级行政机关或职能机构，以便下级能够在上级的监督下自主地处理某些文化行政事务。实际上，文化行政授权是上级行政主体将其部分权力分配给下级行政主体（行政机关或者是其他社会组织和个人）的一种管理行为。文化行政授权的方式有多种。其一，根据授权的充分程度，可将文化行政授权划分为充分授权、不充分授权。充分授权，也叫作一般授权，是指上级文化行政主体在下达任务时，允许下属自己决定行动方案，并能进行创造性工作，具体包括柔性授权、模糊授权、惰性授权等；不充分授权，也叫作特定授权，或称刚性授权，是指上级领导对于下属的工作范围、内容、应达成的绩效目标和完成工作的具体途径都有详细规定，下级文化行政主体必须严格执行这些规定。其二，根据授权弹性程度，可将文化行政授权划分为制约授权和弹性授权：制约授权，又叫复合授权，这是把某项任务的职权分解授给两个或多个子系统，使子系统之间产生互相制约的作用，以免出现疏漏；弹性授权，亦称作动态授权，是指在完成同一项任务的不同阶段采用不同的授权方式。其三，根据在授权时所利用媒介的不同，文化行政授权又可以划分为书面授权和口头授权。书面授权，是上级文化行政主体以文字形式对下级下达工作，对下达任务的职责范围、目标任务、组织情况、处理规程等都有明确规定的形式；口头授权，是上级文化行政领导对下级用口头语言所做的工作交代，或者是上、下级之间根据会议精神所做的工作布置和承接。其四，根据授权的合法程度和规范化、程序化的程度，行政授权还可以划分为正式授权和非正式授权。正式授权，是指行政主体依据法律规定并按照法定程序进行的授权；非正式授权，是指无法律特别规定，或组织体系之外的非

---

①　张国庆. 公共行政学［M］. 北京：北京大学出版社，2007.

程序性授权。

　　文化行政授权必须按照程序进行，即：确定授权的工作内容→选择授权的对象→规定授权工作应该达到的目标、成果以及完成工作的权限和应负的责任→在前述三个条件满足的基础上，正式授予权力→检查评估授权成效。在文化行政授权过程中要特别注意授受关系的处理，尤其要保持授权者和受权者之间良好的信任和支持关系。由于文化行政授权并不是单向的行为过程，而是一种权力授予和权力接受之间的双向行为，作为双向管理行为的行政授权，如果没有被授权者的充分理解和明确表示，是很难取得成功的。因此，"3R 式授权"受到高度重视。所谓"3R 式授权"，就是在授权过程中要做到尊重下属，保证下属所需资源，并对在组织成长过程中做出重要贡献的下属进行再投资。其中，尊重（respect）、资源（resources）和再投资（re-investment）三个关键词的第一个英文字母均为"R"，故得此名。①

---

①　张国庆. 公共行政学［M］. 北京：北京大学出版社，2007.

第六章

文化行政管理运行

文化行政管理运行包括文化行政决策、决策实施和决策实施中的监督，三者都是文化行政管理机关为了履行管理公共文化事务管理职能而进行的一系列活动。决策科学与否；实施是否到位，监督是否及时，关系公共文化行政事务的处理和文化行政管理目标的实现。因此，研究文化行政决策、实施与监督的基本状况，掌握文化决策、实施与监督的基本理论和方法，从中探究其规律性，用以指导文化决策、实施和监督实践，同样是文化行政管理学研究的重要内容。

第一节　文化行政决策

文化行政决策是文化政策制定和执行过程中经常性的活动，如何提高决策的质量和决策效率，保证良好的政策效果和执行效果，是文化行政组织和文化行政决策者普遍关心的问题。因此，如何从实际出发，综合运用现代科学的优秀成果和技术手段，在科学预测的前提下，切实把握决策对象的本质、规律和条件，为实现确定的目标，在各种方案中做出最佳选择，以获得最佳的或者满意的效果，是文化行政决策优化的先决条件。

一、概述

（一）文化行政决策的含义

西方管理学中，学者们普遍认为管理就是决策。所谓决策，顾名思义就是作出决定，是指人们在社会实践的基础上，根据事物的发展趋势和规律，在决策主体意志因素的参与下进行的选择未来行动方案的活动。所谓文化行政决策是指行政机关为了履行其文化行政管理职能，在其管辖的权限内作出处理公共文化行政事务的决定。

文化行政决策的特点是：① 文化行政决策的主体只能是国家行使文化行政权力的行政组织和个人。各级国家行政机关及其人员的文化行政权，必须由国家宪法和有关法律规定。② 文化行政的客体是公共文化事务。它是由文化行政主体代表国家和公众的利益，来处理文化生活中的公共事务。③ 文化行政决策必须以法律为依据。各级文化行政组织及其领导者根据法定的权限，依法实施其相应的职权范围的行政决策，并依法保障各级独立的文化行政决策权。④ 文化行政决策通过行政方式作用于社会，具有强制力。既定的文化行政决策，对各级文化行政组织管辖范围内的一切有关的企业、事业、机关、团体和个人都具有约束力。⑤ 文化行政决策者要承担政治和法律责任。当文化行政决策者由于主观方面的原因，造成决策活动中有违法行为并带来严重后果时，要依法追究其法律责任。

（二）文化行政决策要素

一项全面而合理的文化行政决策至少应当具备五个要素，否则就不是完整的文化行政决策，或者不可能产生准确且切实可行的决策。

1. 决策主体

文化行政决策主体是依据法定程序授予而拥有文化行政决策权的文化行政决策者。文化行政决策主体不同于其他社会活动主体，其区别在于它具有国家赋予的行政权，是以国家权力作为后盾的。因此，文化行政决策主体只能是具有管理国家公共文化事务行政权的组织和个人。

2. 文化决策客体

这里是指中央和地方各级国家行政机关为履行其职能，依法处理的公共文化事务。文化行政决策客体由两个部分组成:一是由中央国家行政机关进行文化决策的对象;二是地方各级国家行政机关进行文化决策的对象。就中央层面而言,它是从整体上对全国性的文化行政工作进行决策,带有全局性、战略性;就地方层面而言,它主要是对本行政区内的公共文化事务进行领导和管理,作出决策。

3. 文化行政信息

所谓文化行政信息,是指反映整个文化行政管理活动的各种资料、情报、数据、指令、密码、符号、文字、语言和信号等的总称。文化行政信息是决策的基础,两者有着密不可分的联系。决策必须从信息中来。决策的过程实际上是信息的输入、转换和输出的过程,信息的准确和全面程度与决策的科学化程度成比例关系。文化行政信息必须经过加工处理,对各种信息进行技术处理和论证分析,从中得出科学的论断或假设,将其作为科学决策的依据。

4. 决策方法

决策是一项复杂思维的活动,文化行政决策的科学方法是以思维方法的科学化为基础的。一是整体性思维方法,即把决策对象看成一个整体,从整体出发,统筹全局。二是结构分析方法,即分析决策系统中的各个要素的相互联系,然后对各方面进行整体概括,确定各要素的最优结合方式。三是层次性思维方式,即着眼于决策对象系统多层次的等级结构,全面分析各层次的性质功能及其规律,从而确定不同层次的发展目标和对象。在运用科学思维方式进行文化决策的时候,要注意增强主动进取意识,敢于想象,善于发散性思维,进行创新性决策。

5. 决策效果

决策的目的是为了实现预期的目标,但决策的效果有好与坏、理想与不理想的区分。决策效果引导文化行政决策的方向,并在一定意义上决定决策的方法,同时反映决策者的决策水平,检验决策方法的科学性、可行性、时效性和决策目标的合理性、现实性和社会性。对文化行政决策者来说,鉴于文化行政的公共性质,追求良好的社会效果,是决策的出发点和评判标准。

(三)文化行政决策的作用

1. 文化行政决策是文化行政活动的中心环节

从动态的角度来看,文化行政活动是一定的文化行政组织和个人行为的过程，而决策就是文化行政行为的前提条件和中心环节。在开展任何一项文化行政活动之前，都要考虑机构和人员的配备，而如何才能建立一个有效的机构、如何配备合适的人员、如何制定科学的行动计划等，都离不开决策。因此，没有文化行政决策就没有文化行政活动，整个文化行政过程就是进行决策和实施决策的循环往复的不间断过程。无论哪个层级的文化行政机构及其人员，都要涉及文化行政决策的问题。可以这样说，如果没有及时有效的文化行政决策，任何文化行政机构及其人员都无法履行其行政职能，实现行政目标。

2. 文化行政决策是文化行政领导的首要职责

文化行政领导虽然在行政管理工作中承担着许多重要的职责，但作出正确的决策并组织实施是其最为重要的职责。文化行政决策与文化行政活动中的其他功能不同，它是文化行政领导者的一种能动的主观思维活动，在很大程度上取决于文化行政领导者的智慧、才能与判断力，同时也取决于文化行政领导者的思想作风、工作作风和责任感。

3. 文化行政决策是行政效能的重要体现

如何衡量一个文化行政机构的效能，主要是看它所做出的所有决策中，有多少最终被证明是行之有效的。科学的文化行政决策可以为文化行政人员提供有效的管理方法和管理模式，能够使文化行政过程避免不必要的失误与时间、人力的浪费，使得整个文化行政系统实现高效率的运作，并到达理想的效果，因此，提高文化行政效能的重要一环，就是实现文化行政决策的科学化。

（四）文化行政决策的分类

按照不同的分类标准，文化行政决策可以分成以下三种类型：

1. 按照决策方法可以分为程序性决策和非程序性决策

程序性决策又称规范化决策，是针对一些经常反复出现的问题进行决策，有一套可以遵循的程序，因此，它不需要花费很多时间，只需要依照惯例和规章制度来办，属于例行公事。

非程序性决策也称非规范决策，是指对过去没有出现过的一些问题或者极端重要、极端复杂的问题进行决策，没有决策惯例可循，也没有规章制度作为依据，必须依靠文化行政决策者的智慧和胆识来进行。这种非程序性的文化行政决策一般由高级文化行政领导进行，例如重大的文化政策调整、对文化体制改革的探索等。

2. **按照决策主体的决策方式可以分为经验决策和科学决策**

经验决策也称个人决策，是由文化行政决策者根据个人的思想水平、工作能力、生活经历等个人素质作出的决定。

科学决策就是以科学思考、科学预测和科学计算为依据的现代决策方法。它根据决策目标的不同、变量的多寡、限制条件的差异等因素，采取适当的数学计算方法加以计算，或者通过实验和模拟后作出决定。在实际生活中，这两种决策方法没有绝对的好与坏，对于前者要防止经验主义，对于后者要防止琐碎主义，要善于把两者结合起来，才能作出切合实际的最佳决策。

3. **按照文化行政决策本身形式可以分为确定型决策、风险型决策和非确定型决策**

确定型决策是指决策时信息完备，决策目标只有确定的一个，环境和条件变化不大，采用各种方案的结果通过计算后大致可以确定，要求从中选出最佳方案。

风险型决策又称统计型决策或随机型决策，是指决策时备用的方案所产生的后果不止一种，但文化行政决策者能够预先估计出现的概率。这种决策对决策者来说，在取舍之间存在着风险，需要依靠经验和智慧来决断，但由于结果可以通过一定的概率加以推算，所以成功的把握比较大。

非确定型决策是指在决策时，没有或者只有零星的资料和信息，对未来将要发生的情况无任何踪迹可循，无经验可依，决策者对此毫无把握，任何一种选择都要冒一定的风险。这种决策受决策者个人性格的影响比较大，谨慎的决策者会选择宁可少做决策但要稳妥，敢冒风险的决策者会选择宁可损失也要冒险的不同决策。

对此，文化行政决策者还是尽量采用多种不同的分析比较方法，慎重选择最满意的方案，并准备好必要的应变措施，密切注意信息反馈，以便出现失误时能够及时纠正。

二、文化行政决策过程

所谓文化行政决策过程，也叫文化行政决策程序，是指决策问题从提出到拍板定案所经过的主要步骤。这个过程一般要经四个步骤。

第一步，确定决策目标。

文化行政决策是为了解决文化行政管理中的实际问题，因此决策目标要根据所需要解决的问题来确定。发现问题，确定目标是文化行政决策程序中的首要问题。所谓问题，就是实际工作中表现出来的客观状态与人们在工作中确立的主观期望值之间的差距。在文化行政管理过程中发现问题以后，必须进行决策"会诊"，对问题本身进行认真的分析，确定问题的性质，明确问题出现的时间、地点、范围和程度，在此基础上，针对问题制定一个总体的解决计划。这个计划就是决策目标的设立。决策目标的设立需要注意以下问题：一是决策目标必须建立需要与可能之间的平衡；二是决策目标的表达应该准确；三是决策目标系统应主次分明。

第二步，拟定决策方案。

所谓决策方案就是文化行政决策者为了实现预期的决策目标所选择的途径和手段。这是决策的第二个阶段，它构成决策的基础，其特点：一是预测，二是创新，三是对比。拟订方案时，要对决策目标进行深入具体的分析、假设、推理和判断，主要解决做什么、谁来做、什么时间做、什么地点做和怎么做等问题。设计备选方案要注意两个原则：一是整体详尽性原则，即拟订方案应当包括所有实际上可以实行的方案，不能遗漏，只有保证方案的详尽和全面，才能保证在选择方案时选出最优方案；二是相互排斥性原则，即所拟定的方案在内容上必须各自独立，相互排斥，不能只有形式上的不同而无实质上的不同，这样进行的择优选择才有意义。备选方案的设计标准是一种对现实环境作出准确反应的创造性思维：一要对方案的结果进行准确估计；二要对实施细节作明确规定。如果对方案的后果没有准确的估计，方案的好坏优劣就无从辨别，这样也就失去了选择的价值标准；而如果没有关于实施细节的明确规定，再好的方案也不知道如何去实现，从而也无法做出选择。

第三步，选定决策方案。

选定决策方案就是对各种备选方案进行综合评估，确定最优化方案的阶段，这是决策程序中最关键性的步骤，其中要把握两个环节：一是对所有方案进行分析论证，作出评估；二是权衡各个方案的利弊，从中选优，拍板定案。满足决策方案最优标准的条件有：决策目标有数量指标；穷尽所有的可能性方案；每个方案的执行结果必须明了；择优标准尽量明确；决策不受时间条件限制。选择方案主要有以下几种方法：一是多种选一，即文化行政决策者从几个不同的备选方案中经过对比分析后选中一个明显优于其他方案的最佳方案。二是合多为一，即文化行政决策者发现所有方案都有利弊，没有一个方案在整体上占优，因而将每个方案的优点综合起来，形成一个全新的方案。三是重新拟定，即文化行政决策者发现每个备选方案都有明显的弊端，把它综合成一个新方案很难，因此推翻原有备选方案，重新拟定新的备选方案。四是暂缓选择，即文化行政决策者发现所有的备选方案都不成熟，短时间内难以拟定新方案，或者认为决策时机还不成熟，这时最好是暂缓决策，等待时机成熟后再做决策。

第四步，决策过程反馈。

文化行政决策过程反馈是指在整个决策过程（即确定目标、拟订方案和选择方案）的不同阶段中，不断通过信息反馈，对过去的抉择进行实践性评价和检验，尤其是对最后的抉择进行实践性评价和检验，验证决策的正确与否及其程度，及时修正决策方向或弥补决策遗漏，从而避免重大决策的失误。反馈包括以下几类：一是在最后抉择公布之后、实施之前的信息反馈；二是最后抉择付诸实施之后的信息反馈。对文化行政决策者来说，在序列上采取第一种情况作为反馈的主要形式，并辅之以第二种情况下的反馈，更符合其公共性质。因为文化行政决策是以公共利益为出发点的，这就要求决策者在决策时，尽可能多、尽可能快地提前通过反馈，收集社会反应，做出尽可能好的决策，并使决策获得尽可能好的效果。

三、文化行政决策方法

（一）定性决策方法

也叫软技术方法，主要是靠文化行政决策者应用社会科学的原理，根据个人的经验和判断能力，从研究决策对象本质属性入手，通过定性研究，了解方案的性质、可行性和合理性，然后进行决策方案的选择。在具体实施过程中，文化行政决策的软技术也被称为专家创造力的方法，即主要依靠专门人才在决策过程中的分析判断来进行决策。与一般的分析判断不同，决策软技术包含了一系列如何运用专家创造力的基本理论和具体方法。在文化行政决策中，无论是确定目标，还是拟订方案和选择方案，专家的意见都是极为重要的，因为专家不仅具有专业方面的知识和技术，而且还能摆脱某些程序性规范或传统习惯的束缚，相对冷静、客观地作出分析和判断。

（二）定量决策方法

也叫硬技术方法，主要是运用数学模式和计算机技术解决决策问题，是在定性分析的基础上，对决策对象进行数量研究和计算，用它来进行比较和方案选优。决策硬技术主要包括数学模式和决策模型两类。数学模型是文化行政决策数学化、模型化和计算机化的核心内容。数学模型要求用数量关系表示出变量之间以及变量同目标之间的关系，并用计算机的算法语言编制程序模型，以供计算机程序随时处理。数学模型方法适用于重复性的常规决策。但是在文化行政决策中，由于政治、经济、社会等各种复杂因素，很多问题不可能数量化，因此数学模式方法也有其局限性。决策模型是文化行政决策的另一种硬技术，它是在决策方案拟定之后，给其创造一定的条件，通过某种方式的实验，以有形的结果，对方案进行分析、评估和修改，最后付诸实施。决策模型是一种专业性和技术性都很强的决策方法，它是未来决策技术化的重要内容和发展趋向。

定性决策方法和定量决策方法并不存在优劣之分，最好的办法是将两种方法结合起来，使之相辅相成，才能取得更好的效应。[①]

四、文化行政决策信息

在决策过程中，文化行政信息具有十分重要的作用。因为文化行政信

---

①　孙荣，徐红. 行政学原理 [M]. 上海：复旦大学出版社，2003.

息不但是决策的基础，也是沟通文化行政部门的纽带，是文化行政协调、监督和控制的依据。科学地收集、传递和存储文化行政信息，成为实现行政目标、提高行政效率的重要条件。

（一）文化行政信息的特点

人们从事文化行政管理活动，不断产生各种文化行政信息，并通过文化行政信息的接收、传递和处理，反映和沟通各方面情况的变化，借以控制和管理文化行政事务，实现各个管理环节之间的联系，从而顺利地完成文化行政管理的各项任务。文化行政信息具有真实性、价值性、多变性、时效性和共享性的特点。真实性就是要求任何信息都能如实地反映客观事实，凡不符合事实的东西只能称为讹传，不具有任何使用价值。价值性是指凡是为文化行政管理提供的情报和资料，总会或多或少地对完成某项文化行政任务有帮助。多变性是指由于客观事务的复杂多变，反映其状况的信息也会随之变化，加之信息总是滞后于事实的特点，因此文化行政信息总是处于不断更新、矫正、扬弃和变化的过程中，决不能用固定的、僵化的态度来对待信息。时效性是指由于客观事物的不断变化，信息也随之不断变化，必须敏锐地观察事物的变化，以便准确把握信息的变化。共享性是指当信息的拥有者把信息传递给他人时，仍然对信息拥有使用权，即信息可以同时为许多需要者服务。

文化行政信息按照不同的标准，可以分为原始信息与加工信息、日常信息与突发信息、正式信息与非正式信息、语言性信息与非语言性信息、既往信息与预测信息。

（二）文化行政信息系统

文化行政信息系统是指为管理和处理文化行政信息而建立起来的，具有一定组织体系和运转程序，以及相应的技术设施的有机整体，即输入相应的资料和数据，经过加工处理，输出为决策而准备的各种信息，通过制订文化行政决策最优化方案，把文化行政信息转变为文化行政行为的相对封闭的循环系统。建立文化行政信息系统的唯一目的就是为文化行政决策提供各种所需要的信息，以便为文化行政管理的各项工作，如计划、组织、执行、沟通和协调等服务，以保证文化行政机构的正常运转。

从文化行政信息系统的构成来看，主要包括以下几个部分：① 文化行政信息系统的情报部门。情报部门的主要任务是向决策者提供所需要的情报信息，是文化行政信息必须具备的条件和依据。② 文化行政信息系统的统计部门。统计部门的主要任务是利用各种科学方法，根据科学的原则和程序，进行资料的收集、整理、分析和综合等工作，对决策所需的内容进行统计调查和统计分析，提供统计资料和统计预测。③ 文化行政信息系统的档案部门。档案部门的主要任务是收集、整理、保存并提供机关单位和个人在社会活动中形成，并作为历史记录以备查考的文件、技术图纸、影片和录音资料等，是具有内在联系的文件系统，是领导决策的参考依据。④ 文化行政信息系统的数据库。数据库是由若干文件组成的信息集合，它是文化信息系统的基础和核心。⑤ 文化行政信息系统的图书资料部门。它通过收集、整理、加工、组织、保管、宣传、传递和开发利用图书资料，履行其职能。⑥ 文化行政信息系统的咨询、监督和反馈部门。咨询部门是对某些方面的文化事务提供建议、办法，在决策中具有重要的参谋智囊作用；监督部门和反馈机构是决策中不可缺少的辅助机构，它们都以文化行政信息为基础，对决策进行事前谋划、论证和事后分析、研究，以提高文化行政决策的有效性和科学性。

（三）文化行政信息的处理

文化行政信息的加工和处理过程是一个系统的流程，它包括文化行政信息的获取、处理、传输、储存、输出和反馈。

1. 获取信息

对于文化行政信息的获取，除了被动地接受正规渠道的信息之外，还应积极主动地采取信息开发的方法，通过观察、发掘、试验、加工、改造以及发明等活动，利用自然、社会和思维领域里的资源创造出各种新的信息。文化行政信息开发成功与否，离不开文化行政人员的主动性、积极性和创造性的发挥。常用的获取原始信息的方法有常规性开发和创造性开发两种，主要包括专业实践、有偿征集、定点征集、采访阅读、信息追踪、解剖分析、捕捉机遇和推理加工等。

2. 处理信息

这是对收集到的信息进行加工整理的过程。由于许多原始信息中包含着大量虚假和错误的成分，因此必须对其进行认真的加工筛选才能获得真正有用的信息。加工处理的方法包括分类、比较、综合、研究、编制等，保留有用的，剔除陈旧的过时的，并对其进行归纳分析，把有用的数据资料加工成能综合反映事物总体特征的信息，从而为文化行政决策服务。

3. 传输信息

这是指各种信息在文化行政各个部门之间流动的过程。对文化行政部门已经掌握的信息来说，如何使它们物尽其用是一个很重要的任务。信息人员应根据决策需要的前后次序和轻重缓急，把有关的信息及时传输给决策者。对各种信息的输出，要求信息人员做到及时、准确和真实。信息的传输既有上下级之间的纵向传输，也有部门之间的横向传输；有单向的，也有双向的；有正式渠道的，也有通过非正式渠道的。传输信息的主要途径目前除了会议、报告、报表等传统手段外，还有电话、电传、微波、可视电话、视频、移动通信、计算机网络等。

4. 储存信息

这是把已经收集、加工、处理的文化行政信息资料，以文字、图像、数据等形式，并借助计算机和各种媒介手段记录和储存起来的过程。这些被储存起来的信息具有可再用性，能供决策者随时调用，并具有历史价值和档案的属性，可为日后的工作需要及历史研究提供参考和借鉴。

5. 输出信息

这个过程就是将处理并储存好的信息在需要时调用出来，按照要求编印成各级领导和工作人员所需要的报表和文件，以便于他们及时获取所需要的信息和资料。

6. 反馈信息

这个过程就是在信息输出之后，及时回收有关信息使用者的看法和反应，然后针对信息本身存在的不足进行及时的扩展与补充，以更好地满足决策者对信息的要求。

五、文化行政决策的信息化

网络技术作为最新的高科技技术，一旦被纳入文化行政决策的支持系统，就必然会发挥出巨大的潜能。网络技术能保证信息的高质、多量，提高决策的透明度，缩小决策范围，强化决策执行的监督，有利于文化行政决策科学化、民主化。其作用具体表现在以下几个方面：

（一）增强决策的理性选择

信息的不完备是影响文化行政领导者进行理性判断和决策的一个主要因素。信息技术的发展可以逐步实现在适当的时候，把适当的信息提供给适当的管理者，这样就大大改善了文化行政决策者的有限理性。网络化电子政务的实现，使公共行政决策者可以在广泛了解决策所需信息的前提下进行决策，避免了单靠经验决策和决策信息不完备导致决策盲目性等现象，从而使行政决策科学化和合理化。

（二）优化文化行政决策过程

文化行政决策包括程序化决策和非程序化决策。以计算机为基础的信息技术完成程序化工作的效率与功能是不言而喻的，而对非程序化决策，信息技术也能提供强有力的信息支持。

（三）收缩文化行政决策范围

前网络时代，信息不对称是普遍存在着的。信息不对称的存在是由于信息传输工具的欠缺和信息流通渠道中人为因素的作用。而在网络时代，大量公共信息流通于互联网，并且信息不会因为传播渠道障碍而产生失真现象，信息的公开性、共享性、保真性使信息占有上的不对称现象大为减少。信息占有的不对称向对称的发展，决定了文化行政部门的职能范围要适当收缩，即文化行政机关因信息不对称而具有的协调作用要减小。这种行政权向社会回归集中表现为决策权的回归，即某些原本由文化行政部门决策的事项而转交由社会决策。这是特定意义上的决策民主化，这种民主化决策将公众对决策的影响由参与扩大为自主。

（四）提高决策过程的透明度

网络技术能够提高决策过程的透明度，从而有利于公民的广泛参与。网络技术代替了以前许多由公众做的工作，使人们有充足的时间和精力拓展兴趣范围，关注周围生活的变化，关注文化发展，也关注文化行政权力的运作，进而寻找更多的机会，更积极地参与文化行政决策的过程。网络技术缩短了时间和空间的距离，将决策的参与范围扩展到一切具有网络终端的公众，扩大了智库的范围，使文化行政系统的集体决策特征更为明显，这有助于文化行政机构摆脱决策的暗箱操作，充分利用外脑的优势，推进文化行政决策的科学合理开展。

（五）决策支持系统的应用

这表现为计算机决策支持系统对文化行政决策的作用日益显现。计算机辅助决策系统以管理科学、运筹学、控制论和行为科学为基础，以计算机技术、仿真技术和信息技术为手段，辅助中、高层决策者的决策活动，是具有智能作用的人机计算机系统。这个系统的价值在于：分析和识别问题；描述和表达决策问题以及决策知识；形成候选决策方案，包括目标、规则、方法和途径；构造决策问题的求解模型，如数学模型、运筹学模型、程序模型和经验模型；建立评估决策问题的各种准则，如价值准则、科学准则、效益准则等；多方案、多目标、多准则情况下的比较和优化；综合分析，包括把决策结果或方案带到特定的环境中的情景分析、决策结果或方案对实际问题可能产生的作用和影响的分析，以及各种环境因素、变量对决策方案或结果的影响程度的分析等。

六、影响文化行政决策的因素

一般来说，要保证实际过程中文化行政决策的质量和可接受性，必须保证问题判断、方案拟定和选择的正确性。但在实际操作中，有许多因素影响了文化行政决策者的判断、方案的拟定和选择。这些因素包括：

（一）政治因素

这是文化行政决策者必须首先考虑的因素。这个因素在拟订方案和选择方案时具有特别重要的影响，尤其是在决策者下决心时，要将其作为可行评估分析的首要一条。另外，文化行政决策者在权衡任务的轻重缓急和安排决议议事日程的时候，都必须认真考虑这个因素。

（二）决策对象的特性

在公共文化行政领域，每天都会产生大量的、各种各样的问题，它们的影响面、严重性、时间要求、复杂性、解决难度、社会影响力、领导人的重视程度等都各不相同，所有这些都对文化行政决策者的情况判断、方案拟定、决策选择产生不同的影响。

（三）外部压力

外部压力指各种社会团体、社会舆论等独立于文化行政决策之外的具有重要影响力的因素。文化行政决策由于涉及社会各个层面的利益，所以各社会团体、社会阶层会以各种方式来影响决策，甚至直接或间接地干预决策的过程。外部压力对文化行政决策的影响有正面的，也有负面的。为了提高决策的科学性、准确性、可靠性和可接受性，如何发挥外部压力的正面作用，防止外部压力的负面作用产生，是文化行政决策者需要研究和处理的问题。

（四）信息的质量

信息是文化行政决策的基础，信息的准确性和可靠性程度，直接影响到文化行政决策的质量与效果。影响信息质量的因素有：信息渠道不通畅；信息反馈不及时、不准确或不全面；信息在传递过程中经过层层筛选逐渐减少或失去其价值；信息沟通障碍或信息传递流通渠道阻塞等。

（五）文化行政决策者的素质

文化行政决策最终是通过文化行政管理者来完成的，所以决策者的素质好坏对决策结果影响很大。影响文化行政决策的个人素质包括政治素质、专业素质、文化素质、管理素质、心理素质和生理素质等。影响文化行政决策的群体素质是指不同素质的人员结合在一起的整体效应，是群体各个成员的个人素质、绩效的整体反映。素质问题直接关系决策者的政策水平、法治理念、对问题和决策方案的判断力、承受外部压力的能力、对信息的敏感性等。

（六）其他因素

这些因素包括决策体制、决策手段、决策时机等。这些因素的存在和影响说明了文化行政决策过程的复杂性，有意识地利用这些因素的积极作用，克服它们的消极作用，是有效控制决策进程、提高决策质量的重要途径。

七、特殊条件下的文化行政决策

特殊条件下的文化行政决策包括不确定条件下的决策、复杂问题下的决策和专家参与条件下的决策三种情况。

（一）不确定条件下的文化行政决策

在文化行政活动中，很多决策方案的结果是多项而且是不确定的。由于方案的实施具有某些不可控因素，有些决策存在着多个不同类型的环境条件，这对决策者来说不可能准确地预测各类环境条件出现的概率。这一类的决策问题就是在不确定条件下进行文化行政决策。

为了尽可能减少决策中的不确定性，就必须对事件发生的概率进行预测判断。一般来说，这种预测判断与三个因素有关：一是预测判断的环境，如政治环境、经济环境、社会环境和文化环境等。环境为文化行政决策者提供信息，同时也影响和制约着决策者的判断活动。二是做预测判断的文化行政决策者，这些决策者从环境中获取信息，通过思考加工，形成自己的判断，最终确定自己相应的策略，并付诸实施。三是决策结果，结果反馈回来，往往使决策环境出现变化，同时对文化行政决策者产生影响，使其在下一轮对获得信息进行加工时，不得不把反馈回来的信息作为重要的考虑因素。

预测判断的偏差主要来自信息采集的不完备和决策者自身的认识水平不足。控制偏差的办法有：① 可表达原则及其偏差。这要求文化行政决策者善于透过现象看本质。实践表明，人们普遍对于隐含在问题中的起基本作用的因素不予重视，甚至极少有人表达出希望"表达"一下的愿望，从而造成判断的失误。② 易获得性原则及其偏差。在信息处理过程中，人们会重视某些信息，也容易忽视某些信息。而人们最重视的往往是那些使人有深刻印象的信息，这就是所谓直觉判断的易获得性法则，从而导致判断出现失误。③ 锚定和调整法原则及其偏差。由于对信息的处理，人和计算机的能力都是有限的，在有限的时间、空间、资金、精力条件下，人们常常不得不先对问题做一个粗略的估计，然后再进行调整，以形成较合理的判断，但这种做法常常引起判断失误。

在不确定的条件下进行决策有五种决策艺术：一是悲观原则，或小中取大原则，即倾向于保守估计，宁可收益少些，不可损失过大，在考虑方案收益时，注重研究方案失败的可能性，在若干个方案中的可能最小效果值中，选择较大者为满足。二是乐观原则，或大中取大原则，即倾向于乐观的估计，注重的是受益，即使方案失败，也在所不惜。因此，这一原则以选择若干方案中可能最大效果值中较大者为满意。三是折中原则，即决策者既不完全乐观，也不完全悲观，而是采取中间态度，即取每个方案的最大效用值与最小效用值的两者之和，然后再得出一个调和的折中值，作为决策的依据。四是等概率原则，即如果文化行政决策者不能肯定各类环境下出现的概率，可以假定所有情况下出现的概率相同，取出各种不同方案所有可能的结果的平均值，再从中取大。五是最小遗憾原则，或大中取小原则，即倾向于考虑某一方案的成功与失败之间的机会值，以尽量避免方案实施结果与实际可能达到的目标的机会损失而造成的遗憾。为此，需首先计算出这种遗憾值，然后以最小遗憾值的方案作为满意的方案。

（二）复杂问题条件下的文化行政决策

在进行文化行政决策时，有时会遇到十分复杂的情况，如在逆境中、在遇到危险时、在风险条件下等。在复杂情况下，文化行政决策一般要考虑以下基本步骤：① 认清并分析情境。当遇到复杂问题需要解决的时候，要弄清楚要处理的问题有什么样的风险和导致风险的原因是什么。② 提供两套以上的可供选择的决策方案。③ 对各种方案进行比较。④ 对风险进行评估，从中选择一个风险最小或可以避免风险的方案。⑤ 选择最理想的方案。

（三）专家参与条件下的文化行政决策

由于文化行政决策的性质和决策对象日益复杂化、专业化、动态化和社会化，专家的参与也日渐增多，其作用也日渐重要。参与文化行政决策的专家大致有三种：① 文化专家。这一类专家对文化艺术有很深的造诣，熟知文化艺术活动的特殊规律。② 行政专家。这一类专家以丰富的行政阅历见长，能够熟练地处理各类行政事务。③ 管理专家。这一类专家的特长是以人为中心，其基本职能是合理分配公共组织的权责，调动各方面的积极性，以制定合理的、科学的行政决策。专家参与文化行政决策的形式有：一是参与文化行政决策，提高决策的科学性；二是为文化行政决策者提供咨询服务，开阔决策者的视野；三是对不确定型和复杂问题型的文化行政决策进行会诊。①

---

① 竺乾威. 公共行政学［M］. 上海：复旦大学出版社，2008.

第二节　文化行政实施

一、概述

（一）文化行政实施的含义

所谓文化行政实施，是指文化行政相关机关及其工作人员为贯彻实施决策机构制定的决策指令，实现决策目标的全部执行活动或整个过程。文化行政实施与文化行政决策都是文化行政管理的重要环节。文化行政实施是文化行政决策的继续，没有实施，决策就无从落实，只能是美好的图画。文化行政决策是文化行政实施的前提和基础，文化行政实施是文化行政决策目标实现的过程和保证。

文化行政实施是一个发展的动态过程，由于文化行政实施涉及的内容复杂、范围广泛、环节众多，因此必须把握其特征，才能有利于实施过程的顺利进行。一是目标性。文化行政实施是一种目的性很强的活动，整个实施过程中的一切活动都围绕决策目标而进行。二是不间断性。文化行政实施是一项经常不断的工作，特别是基层执行层，应处于一个不间断的执行过程中。三是强制性。文化行政决策的制定是以法律法规为依据的，因而具有强制性。它要求执行对象必须服从执行者发出的执行指令、遵守执行有关制度和规定。四是务实性。文化行政实施是一项执行性活动，是具有务实性的、付诸实际行动的活动，它需要通过一定的具体步骤和实际行动来落实。

（二）文化行政实施的原则

（1）文化行政实施要有详细的计划。文化行政实施具有时间上的阶段性和连续性、空间上的协调性和同步性的特点。因此，文化行政实施必须要有计划、有步骤地进行。要注意分清主次、抓住关键环节，并做到统筹兼顾、合理安排，着力解决好影响全局的事情。

（2）文化行政实施要准确和迅速。文化行政实施的目的性很强，因此实施一定要准确，即：文化行政实施必须准确理解决策的基本精神，把握其实质；在实施过程中执行决策不走样；同时准确掌握反馈信息，以便能够及时抓住机会，适时合理地解决问题。

（3）文化行政实施要灵活和创新。文化行政实施要有实事求是的精神，对一些带有方向性、全局性的宏观决策，基层组织在贯彻执行的过程中要因地制宜，在准确理解上级决策精神的基础上，善于与本地、本单位、本部门的实际情况相结合，创造性地制定实施办法，将大政方针落到实处；遇到特殊和紧急情况，可以采取相应的应急处理措施。

（4）文化行政实施要统筹兼顾。文化行政实施要从整体出发，要求执行者善于驾驭全局，对各方面加以统筹兼顾，协调好各方面的关系，争取整体利益。此外，也要特别注意影响全局的关键环节和重点局部，加强薄弱环节，对一些瓶颈问题更要抓住不放，以便推动决策的整体实施。

（5）文化行政实施要正面激励。决策是由人来实施的，执行人员积极性发挥得如何直接影响执行的效果。为此，文化行政机关必须运用一切手段和方法，从正面来激励文化行政执行人员的积极性。

（三）文化行政实施的作用

文化行政实施是文化行政管理活动中不可或缺的重要环节，其具体作用表现在：

一是文化行政实施是实现文化行政决策的保证，是检验文化行政决策的标准。文化行政决策的实现、决策目标的达到，必须由切实而有效的实施来保证。由于文化行政事务的复杂性，在制定决策的时候，难以预料一切可变因素和情况，因此文化行政决策具有不确定性，只有在实际执行中才能得到检验，并在实施过程中发现问题并加以修正和完善。

二是文化行政实施是文化行政体制和运行机制是否科学的度量。文化行政组织机构设置是否科学、各部门之间的权责划分是否合理、工作运行程序的编制是否合乎规律、工作制度是否健全等一系列问题，只有在实施的过程中才能显示出来。任何一个环节发生问题，都会影响到决策实施的效果。在执行中如果发现问题，据此进行纠正，就能够推动体制和机制的完善，从而提高文化行政效率。

三是文化行政实施是否有力，直接影响文化行政效率的高低。文化行政管理的最终目的在于提高行政效率。文化行政实施过程中有效活动越多，效益就越高；反之，做的无用工作越多，效率就会越低。因此，文化行政实施中的每个步骤、阶段都要有效地发挥其作用，以保证整个文化行政管理的高效率。

二、文化行政实施过程

文化行政实施是一个动态的过程，它包括决策的阐释、计划制定、组织落实、协调、控制与总结一系列的环节，文化行政决策的实际效果，最终要取决于这些功能的发挥和实现。

（一）文化行政实施的方案阐释

文化行政决策后，不可能自动执行，也不可能自发地被接受。为此，文化行政的执行者要对决策方案进行阐释，将决策内容转化为人们能够理解和操作的信息和指令，从而使决策执行者和作为决策对象的公众理解和支持决策的内容，充分认识到决策与其自身利益的关系，支持决策的执行。

（二）文化行政实施的计划制定

文化行政的实施要按步骤、有秩序地进行，必须有科学的、详尽的具体执行计划。执行计划是对决策的具体化，是在时间上、空间上，以及有关人、财、物在安排上的统筹和规划。

（三）文化行政实施的协调

文化行政领导者要运用各种手段、方法，使决策执行中的各种要素之间协调一致，相互配合，建立和谐有序的协作关系，解决文化行政机关及其工作人员间所出现的矛盾和冲突，以便合作共事，从而高效率地实现决策。

（四）文化行政实施的控制

文化行政领导者要按照计划标准衡量下级机关和工作人员完成计划的情况，及时发现问题和纠正执行中的偏差，以确保计划执行和决策目标的实现。根据控制的性质，可以分为集中控制、分散控制和层级控制。根据控制的时间顺序，可以分为预先控制、现时控制和事后控制。实际操作时，应根据具体情况而定。

（五）文化行政实施的总结

总结实际上是一个反馈的过程，它是第二次实施过程的开始，也是第一次实施情况的总结。把实施的总结列入执行的最后阶段，有助于把握文化行政实施的整体效果，认识实施的完整性。通过总结可以把具体工作中的一些感性认识上升到理性认识，进而把握文化行政的基本运行规律。

第三节 文化行政监督

一、概述

（一）文化行政监督基本含义

监督是查看并督促的意思。文化行政监督，是对决策实施情况的检查和评估。它是文化行政过程中的一个重要环节，是文化行政决策能否有效执行的有力保证。文化行政监督分为两种：一种是文化行政系统内部的监督，如上下级之间的监督、行政监察、审计监督、职能监督等；另一种是文化行政系统外部其他监督主体对文化行政机构及其工作人员的行政行为所实施的监督，如立法监督、群众监督、政党监督等。

一般来说，文化行政监督的功能主要指监督各级文化行政机关及其工作人员执行各项文化行政法规、行政政策的情况，同时纠正和惩处违反行政规范和行政纪律的行为。具体包括以下三种基本职能：① 行政督察。无论是上级文化行政机关对下级文化行政机关及其工作人员实行的行政性监督，还是文化行政机关内部进行的行政监督，其目的都是检查各级文化行政机关及其工作人员执行国家文化行政法律规范和行政纪律的情况。行政督察是文化行政监督最基本的功能，这一功能直接关系整个文化行政体系运作的正常进行。行政督察一要注意规范性，二要注意时效性。所谓规范性，就是行政督察必须严格遵守国家制定的有关文化行政法律规范和行政纪律，任何文化行政机关和个人，特别是上级文化行政机关和文化行政领导，不得偏离执行行政督察的合法性依据；所谓时效性，就是行政督察要讲究时效，行政督察必须经常性地进行。② 行政纠错。行政纠错是在文化行政机关及其工作人员在文化行政过程中出现了违反国家文化行政法律规范和行政纪律的情况下，有关行政监督部门所进行的行政活动。这种活动旨在查处有关文化责任部门和责任人，更重要的目的在于通过调查研究，弄清事情的真相，从而制定切实可行的整改措施，弥补因文化行政执行不当而造成的损失，避免事态的扩大。③ 行政防护。文化行政监督还具有防护性的功能和作用。行政防护的目的，一方面是要防止某种违反文化行政法律规范和行政纪律的事情发生，另一方面是要保证文化行政机关及其工作人员在文化行政活动中避免再次违法违规，促使文化行政活动健康有序地进行。

（二）文化行政监督内容

由于文化行政管理的内容十分宽泛，因此文化行政监督的内容也很宽泛。一是对文化行政行为合法性的监督，即文化行政机关所制定的法律规范，以及文化行政机关及其工作人员所实施的各种具体行政行为，是否符合宪法、法律以及国家的大政方针。二是对文化行政活动的合理性的监督，即对文化行政机关的管理活动是否遵守文化行政管理的基本原则的监督，包括对文化行政工作人员是否合理使用权力进行监督。三是对文化行政机关工作人员是否遵纪守法、保持职业道德操守进行监督。四是对文化行政机关的工作人员在文化行政活动中是否卓有成效地使用技能和技巧以提高行政效率而进行的行政效能检查。

文化行政监督是文化行政管理的重要一环，如果缺少了这个环节，文化行政管理系统就不完整，文化行政活动就缺乏顺利达到目标的有效保障机制。实际上，只有很好地实施文化行政监督，才能保证国家法律、政策的贯彻执行，同时可以防止文化行政机关工作人员由于利益、认识、能力和水平等原因造成的滥用职权、越权、侵权等行为的发生。此外，文化行政监督还是维护公共利益的重要手段。文化行政本质上是公共行政的一个类别，应当体现和维护公共利益，文化行政组织及其工作人员必须严格依法办事，为社会提供优质的公共文化服务。

二、文化行政监督制度构成

文化行政监督制度主要由五个层次构成：① 立法机关的文化行政监督。这个层次的行政监督是国家立法机关依据宪法对文化行政机关所实施的监督。立法机关文化行政监督的主要内容有：监督宪法的实施；监督由各级立法机关制定的法律、法规的执行情况；监督行政法规、规章以及有关规范性文件的合宪性和合法性；按照所辖权限监督并有权罢免同级文化行政领导人等。② 文化行政机关的内部监督。这种内部的监督又叫文化行政监察，就是文化行政系统内部设立专门行使监察权的行政机构，对内部的机构实行全面的监督。③ 司法机关的文化行政监督。这个层次是通过司法手段和司法程序对文化行政机关及其工作人员的行政行为进行的监督，主要是法院、检察院通过审理各种刑事案件、民事案件、经济案件和行政案件，审查与此有关的文化行政机关及其工作人员的行政行为和个人行为的合法性，追究并制裁其违法、侵权、失职、贪污受贿等犯罪活动。④ 社会力量的监督。这个层面的监督是依据宪法和法律享有一定权力的公民、法人和其他社会组织利用多种方式对文化行政机关和工作人员实施的监督。⑤ 政党监督。政党对文化行政机关及其工作人员的监督主要是通过政治活动和政策制定来实现的。我国实行中国共产党领导的多党合作政治制度，各民主党派对国家文化行政机关的监督是我国政党监督的一个重要方面。

三、文化行政监督手段和方法

文化行政监督主体在实施文化行政监督时可以采取多种监督手段和方法。主要的监督手段和方法有：

（1）质询。质询是立法机关对文化行政部门的工作提出疑问并要求做出答复的制度，是立法机关实施行政监督的一种方法。

（2）弹劾。弹劾是指立法机关对文化行政机关的领导人犯罪或严重失职行为进行控告和制裁，追究其法律责任，罢免其职务的一种行政监督方式。

（3）申诉与控告。申诉与控告不仅是文化行政监督的重要方式，而且是权利补救的重要措施。申诉是指文化行政监督主体认为文化行政机关及其工作人员在行政执行过程中侵犯了自身的合法权益，而向有关机关提出重新处理的意见和要求；控告是文化行政监督主体认为文化行政机关及其工作人员在行使行政权力过程中存在违法乱纪行为，依法向有关机关提出指控，并要求对其依法惩处。申诉与控告的主体可以是公民个人、社会团体、政党、检察机关；也可以是文化行政机关及其工作人员等，而受理机关是监察部门和司法机关。

（4）报告与汇报。听取并审议包括文化工作在内的政府工作报告是立法机关实施行政监督的重要方式，而汇报是下级文化行政机关及其工作人员自觉接受上级行政监督的一种方式。

（5）预、决算与审计。这是通过监督财政对文化行政部门实施行政监督的一种方式。在文化行政机关内部，一项工作在执行前要向上级和财政部门提交预算方案，执行结束后要提出决算报告；审计是专门的审计部门对文化行政机关及其工作人员的财务情况进行查验，以确保行政执行的廉洁性。

（6）检查、调查与视察。检查是立法机关、文化行政领导者或文化行政监察机关对文化行政机关及其工作人员的行政行为是否合法合理进行普遍的检查。调查是指根据检查所得到的线索或公民的检举与控告，立法机关组织调查委员会或行政监察机关就专门事项对文化行政监督对象进行调查。视察是一种较为正规的文化行政监督方式，是指立法机关就文化行政机关的全面工作或某项工作进行现场检查。

（7）工作考核。工作考核是对下级文化行政机关和工作人员实施行政监督的方法。通过工作检查，对比工作计划与工作的实际成果，对执行者的行为做出评定，排出优劣，对工作成果较好的予以奖励，对表现较差的予以惩戒。

第七章
文化行政管理领导

在文化行政系统中，文化行政领导处于中心位置，是全部文化行政活动的发起者和组织者。因此，文化行政领导的素质、产生、结构、责权与方法对于文化行政活动的有效进行是至关重要的。

第一节 概 述

一、领导的含义

从字面上看，领导有两层含义：名词意义上的领导是指领导者；动词意义上是主管和引导的意思。在《说文解字》中，对领导的解释是，领者，项也；导者，引也。中国人对领导的具体理解是复杂的，有时指领导者这一角色，有时指领导职位，有时指领导者的行为。西方学者斯道戈迪尔和巴纳德在其编撰的《领导学手册》中对此做出了 11 种界定：领导意味着群体过程的中心；领导意味着人格及其影响；领导意味着劝导服从的艺术；领导意味着影响力的运用；领导意味着一种行动和行为；领导意味着一种说服的形式；领导意味着一种权力关系；领导意味着一种互动中逐渐形成的效果；领导意味着一种分化出来的角色；领导意味着结构的创始；领导意味着一种实现目标的手段。

归纳起来，西方学界对领导的定义大体可以分为四种：第一种是领导中心说，即领导就是领导者依靠由权力和人格所构成的影响力，去指导下属实现符合领导意图和追求的目标。第二种是互动说，即任何领导活动都是在领导者和被领导者之间的互动过程中共同实现符合他们双方追求的目标。第三种是结构说，即领导是在一定组织结构或人际关系中展开的一种特殊活动。这种结构要么是权力、规章所构成的正式结构，要么是人际关系、情感纽带所构成的非正式结构。第四种是目标说，即领导活动的焦点在于实现一种符合群体需要的公共目标。

综合上述观点，笔者认为，领导就是领导者在特殊的结构中依靠其综合影响力的运用和扩展，通过示范、说服和命令等途径，动员下属实现群体目标的过程。其中包含三个要素：领导者必须有部下或追随者，没有部下的领导者称不上领导；领导必须拥有影响部下的能力，这种能力包括组织赋予领导者的权力，也包括领导者的个人影响力；领导者的目的是指挥或者引导部下达成组织的目标。

传统社会中一直流行着一种对领导的认识，即领导就是行使权力，就是上级命令下级服从。按照现代领导观念，这种驱使式的领导是一种封建官僚制度的残余。现代意义上的领导观念认为，领导是服务、责任和权力三位一体的一种科学活动。首先，服务是领导的本质。领导者的一切工作都是为民众服务，而不是以权谋私。其次，领导就是负责。责任是领导者的根本属性，一个领导者担任了某个职务，就意味着必须承担这个职务相应的责任，如果没有尽到自己的责任，就是失职，意味着领导的失败。最后，领导者必须拥有一定的权力。权力是领导职务的需要，没有权力，领导者就无法履行其职责。因此，权力是尽到责任所必需的一种手段。

二、文化行政管理领导的含义

文化行政管理作为围绕公共文化权力而展开的活动和关系，是人类社会发展到一定阶段才产生的社会现象。因此，文化行政管理领导是在社会发展中逐渐从日常管理中分化出来的。由于文化行政决策和计划等职能从日常的管理活动中分化出来，即"决策工作专门化"，就直接导致了文化行政领导这一特殊现象的产生。因此，文化行政管理领导就成为文化组织能够有计划、有秩序地运转的重要前提。

对文化行政管理领导可以从三个方面去理解：首先，从权力运用、规章制度的执行、与正式组织相吻合的角度去观察文化行政领导。从这个角度去理解，文化行政管理领导就是通过命令、指挥，使整个文化组织活动达到其目的的过程。其次，从人际关系、感情因素的角度去观察文化行政领导。从这个角度去理解，文化行政管理领导就是对文化组织内群体或成员施加影响的活动过程，是一门促使部下满怀信心地完成其任务的艺术，是一种说服他人热心于一定目标的努力。最后，从文化行政管理组织所处的环境的角度去观察文化行政管理领导。从这个角度去理解，文化行政管理领导是使文化管理组织有效地适应外部环境以维持存续和发展的一项活动。

据此，可以把文化行政管理领导定义为，通过指挥和说服等途径影响文化管理组织内的个体和群体，在一定条件下实现文化管理组织某种目标的动态过程；而致力于这一过程的人就是文化行政管理领导者。具体而言，就是为了实现文化行政管理的目标，国家文化行政管理组织的各级领导根据法定的职权而进行的决策、指挥、控制、协调、检查和调研等多种形式的组织管理活动。文化行政管理领导是各级文化行政管理领导者及其领导活动的总和，是静态与动态领导的合成，是文化行政管理领导者、群体目标、被领导者和环境四个方面相互作用的过程。

三、文化行政管理领导的要素

文化行政管理领导的要素包括领导者、被领导者、群体目标和客观环境。这四个要素之间良性互动作用就构成了领导活动的过程。换言之，这四个要素如何有效地结合在一起，就成为文化行政管理领导成败的关键。可见文化行政管理领导实际上包含四个方面的规定性。

（一）领导者在文化行政管理活动过程中处于一个极其重要的地位

领导者不仅要树立正确的领导理念，而且还要有发动和鼓励下属的能力和技巧，更为重要的是他要把领导目标转化为下属为之努力的目标动力，使整个组织在积极的状态中运行。同时领导者要根据组织内部和外部环境的变化，及时调整领导战略和领导方法，以提高组织抵御和抗击各种风险的能力。

（二）文化行政管理领导活动的顺利推进必然是在群体成员积极参与和领导者与被领导者之间的相互沟通过程中实现的

这是领导活动不同于其他社会活动的一个重要特点。领导行为和领导目标之间的关系是间接的，因此，领导目标不是依靠领导者的身体力行去实现，而是依靠群体成员的积极行动去实现的。领导者必须把群体成员视为一种唯一能够扩大的资源，而不是将自身的利益需求置于首要位置。

（三）领导活动的终极目标是实现领导目标

在实现这个目标的过程中，不能是领导者自身单一地获益，而要使组织价值、个体价值和领导者自身的价值三个方面都获得社会的肯定。也就是说，领导者必须引导下属走上一条能够使下属和组织双方都满意和获益的路径。只有当领导者的理念和行为适应这一要求的时候，也就是适应下属的要求、能力和人格时，领导者的工作绩效才能达到最佳。

（四）文化行政管理领导活动必须在适应或者有效改造外部环境的前提下，才能获得有效性

把领导活动封闭在组织内部就能取得成功的理念是不合时宜的。西方领导学中的情势理论认为，任何一个优秀的领导者，都会把领导方式与环境力量的相关性置于重要位置。所以，在理解文化行政管理领导的时候，不能把文化行政管理领导当作领导者的原点，在单一的、自上而下的权力运行过程中行动，而是将领导者、被领导者、环境和组织以及成员都能纳入目标的行为中。

四、文化行政管理领导活动的基本关系

文化行政管理领导活动的基本关系有两个，一是领导者与被领导者之间的关系；二是领导者的主观指导与客观环境之间的关系。这是由文化行政管理领导活动自身的特殊性所决定的。

（一）领导者与被领导者之间的关系

自从文化行政管理领导活动从日常的程序化管理活动中分离出来后，

就被赋予了超脱性、综合性和战略性的属性，因此文化行政管理领导者作为整个组织运作的发动者和主导者，就处于一个非常重要的位置，但是如果没有被领导者的积极工作，文化行政管理领导者的计划和设想是无法落实的，这就导致了领导者与被领导者之间的关系成为文化行政管理领导关系中一个主要的关系。制定计划与执行计划的分离是现代领导活动的一个主要特点。因此，文化行政管理领导者在战略和决策制定方面处于决定性的地位。文化行政管理领导者的学识、经历、风格、能力、性格和处事态度直接关系决策的水平和质量。尽管被领导者处于决策的从属地位，但是他们执行计划的自愿程度和积极程度直接关系整个组织的生存和发展。被领导者在这个活动过程中发挥能动作用，在某种程度上可以影响文化行政领导者的行为，并决定着文化组织目标的实现程度和质量。

（二）领导者的主观指导与客观环境之间的关系

任何行政管理领导的活动都是一定环境中的活动，文化行政管理领导也不例外，机关里的行动不能超越环境的限制。所谓环境，主要由体制、文化、心理和习俗等因素构成，在组织内部和外部形成一种客观的、无形的压力。西方学者有"人们的行为方式更多地取决于环境而不是人格"的说法。文化行政管理领导者一方面在塑造有利于领导效能实现的环境，同时也要顺应环境的变化。这就在文化行政管理领导者的主观指导与客观环境之间形成一种关系：如果文化行政管理领导者过高估计自己的能力，就容易导致其行为与环境相冲突，使得领导活动不能顺利进行；如果文化行政管理领导者过分受制于环境，畏首畏尾，裹足不前，就会成为环境的牺牲品。

五、文化行政管理领导权力

文化行政管理领导之所以能被下属接受，或者说文化行政管理领导之所以有合法性基础，就在于文化行政管理领导权力。这种权力就是文化行政管理领导为了实现组织目标，在实施领导过程中，对被领导者所施加的影响力、约束力或控制力。西方学者认为行政管理权力包括信任的权威、认同的权威、制裁的权威和合法的权威四个要素。实际上，文化行政管理领导拥有的是强制性权力和非强制性权力这两种权力。

（一）强制性权力

强制性权力是基于文化管理组织的正式领导职位而获得的权力，也是一种法定权力。具有文化行政管理领导职位的人，就自然获得这项权力，其下属必须服从。如果不服从，就构成违法或违纪，导致一定的制裁和处罚的后果。这种法定的权力包括惩罚权、奖赏权、人事权、监督权和协调权。惩罚权是基于行政组织内的各种法令、规章制度所表现的惩罚手段，如警告、记过、记大过、停职和开除等。这种权力的使用要掌握一定的限度，否则会使下属产生压抑感，从而消极敷衍，缺乏主动性，最终导致整个组织效能的降低。奖赏权既可以是物质的，也可以是精神的，可以起到鼓舞士气的作用，是使下属服从其领导的有效力量。人事权，即选拔、使用人才的权力。监督权是文化行政管理领导者对本部门和下级机关的工作，负有检查和监督的权力，以便发现问题及时纠正。协调权即文化行政领导要做好部门与部门之间、人员与人员之间各方面的协调工作。

（二）非强制性权力

非强制性权力是指非职位的文化行政管理领导权力，一般并不是由组织授予的，而是完全因领导者的个人威信使下属服从其领导的影响力，因此是一种软权力，包括崇拜性权力、专家性权力、代表性权力等。崇拜性权力来自文化行政管理领导者的个人魅力。专家性权力实际上是一种知识性权力，因为知识也是一种令人折服的力量，丰富的学识和经历、高深的智慧、良好的修养都是做好文化行政领导的重要基础。代表性权力是指文化行政领导者是经过民主程序产生的，代表群体的利益，由此产生的权力。

六、文化行政管理领导应具备的素质

（一）文化行政领导需具备三种素质

怎样才能成为一个称职的文化行政管理领导呢？也就是说，文化行政管理领导应该具备哪些素质呢？一般而言，三种素质对文化行政管理领导是至关重要的。首先，经过学习而建立起来的完整的知识结构、经过自身修炼而具有的气质，以及通过实践所积累起来的经验，是决定一个人能否成为文化行政领导者的首要因素。对于那些天分很高的人，如果没有后天的学习和修炼，是不可能成为一个称职的文化行政领导的；同样，具有丰富的社会实践经验，但是没有经过系统的教育，也不能成为一个称职的文化行政领导。其次，敢于承担责任和敢于开拓的人是成为文化行政领导的又一个重要因素。那些不敢承担责任和墨守成规的人注定不会成为受到赞誉的文化行政领导。最后，具有较强的组织和协调能力是文化行政领导必不可少的第三个要素。文化行政领导者并不是单一领域的创造性人才，而是居于超脱地位的组织型人才。如何有效地配置和组合各种资源、如何发动下属、如何鼓励和激励下属、如何处理突发性事件、如何进行非程序化决策等，决定了文化行政管理领导是一门有效组织部下以实现目标的艺术。

（二）文化行政管理领导失败的原因

在现实生活中，并不是所有的文化行政管理领导者都是成功者，也不是所有的文化行政管理活动都是圆满的，文化行政管理领导者也有失败者，文化行政管理活动也有许多缺陷。为什么文化行政管理领导者会失败呢？究其主观原因，不外以下三种情况：一是能力的失败。如果健全的体制为文化行政管理领导者提供了有利的环境和支撑，而领导者因为自身能力低弱导致失败，就是领导能力的失败。这样的领导者虽然由其职位被赋予了一种体制性权威，但由于不符合组织型人才的要求，因而导致失败。二是性格的失败。在领导体制和领导能力都具备的情况下，一些文化行政管理领导因其性格上的缺陷而导致失败。即使一些天赋很高、能力较强的领导者，因为缺乏修炼，而对自身性格上的缺陷，比如刚愎自用、骄傲自大、目中无人、独断专行、孤芳自赏等缺乏反省，对文化的复杂性和独特性缺乏认识和把握，总是把自己视为真理的执掌者和垄断者，就会导致致命性的失败。三是人生的失败。在体制健全、能力较强、性格完善的情况下，因为文化行政管理领导者在人生理解上偏误而导致的失败，就是人生的失败。那些在生活上享乐、放荡，对公共资源随意侵吞和掠夺，对不轨下属恣意纵容的文化行政管理领导者所导致的失败，就是人生失败的典型。

七、文化行政管理领导的作用

（一）决策导向作用

文化行政管理领导的首要作用是决策决断，主要解决干什么、怎么干和谁去干的问题。文化行政管理领导是文化行政管理和服务的中枢，文化行政管理领导的决策过程决定了具体工作目标以及人、财、物的配置。

（二）指挥激励作用

决策制定以后需要推动决策的实施与执行，为此文化行政领导不仅要制定实施计划和配置人财物，还要在宣传激励的基础上，激发被领导者的工作积极性，以调动下属完成任务。

（三）协调督促作用

为了有效地实现组织目标，文化行政管理领导需要在领导与被领导之间、不同工作部门之间做好沟通与协调工作，以协调部门关系、人际关系、利益关系，为顺利实现工作目标创造条件。同时，文化行政管理领导还要及时、全面、客观地检查下属部门和工作人员的执行和实施情况，督促其按时、按质、按量地完成各项任务。

（四）评判导向作用

在执行文化行政决策、完成组织目标过程中，文化行政领导需要对下属工作部门和人员的工作业绩进行评估，以总结工作经验，提高工作绩效，在此基础上，表扬、奖励先进，鞭策后进，并将此与文化行政人员的晋升联系起来，从而对下属起到正确的导向作用。

（五）个人示范作用

在文化行政管理组织中，文化行政管理领导是下属关注的中心。从决策过程中的智慧与胆识，到实施阶段的魄力与方法，从领导作风的严格度、公正度到个人风格和品德的魅力度，都会对被领导者起到示范作用，甚至影响到其所领导的整个组织的风气。

八、文化行政管理领导的独特性

文化行政管理领导不同于其他类型的领导，有其自身的特殊性。一方面，文化行政管理领导与一般的行政管理领导有相同地方，具有明显的设计性和体制性的特点，即文化行政管理领导是在特定的人为设计的权威结构中进行的；另一方面，文化管理也是一种特殊的管理，需要更多的艺术性，即文化行政管理领导针对的是一个特殊的管理对象，不能完全按照一般行政管理领导的方法来行事。虽然文化行政管理领导者在履行其职责过程中，会使其权威内化为群体成员心理结构的构成要素，并与群体成员进行必要的沟通和协商，但这是为了提高领导效能所必要的，虽属领导艺术的组成部分，但还不是文化行政管理领导必须具备的领导艺术。文化行政管理领导的独特性表现在以下诸方面：

（一）等级性

尽管文化行政管理领导的环境要求尽可能少地出现等级性的状况，但等级性是客观存在的。这是因为文化行政管理领导也是在特定的行政体制中进行的，而行政管理体制是以权力分层的科层制作为其存在形式的。所以文化行政管理领导也体现其等级制的特点，即决策与计划总是遵循着从高层向底层贯通这一特定的路线。文化行政管理体制中的科层制结构决定了领导者总是处于一定的行政管理职位上，并且文化行政管理领导者与被领导者的差异首先体现为职位的高低，居于高职位的人总是要领导低职位的人，从而形成了有等级差异的职位角色。

（二）权威性

文化行政管理领导的权威性来自其合法性，这是不同于那些自发型领导的一个重要区别。合法性确定了文化行政管理领导必须建立在相应的权力等级的基础之上。按照法律、法规所配置的权力就成为文化行政管理领导合法性的重要来源。具有强制性权力仅仅是构成文化行政管理领导权威的一个因素，其成功与否最终还是取决于下级能否自愿地接受权威，而如何使来自上级部门按照法律赋予的权力转化为人们自愿接受的权威，就成了文化行政管理领导艺术的一个重要方面。因为权力并不等于权威，一个拥有权力的文化行政管理领导者不一定拥有足够强大的权威，人们接受文化行政管理领导者的领导，并不是出于他们对其权力的惧怕，而是对其权威的认同。文化行政管理领导的权威性是构筑在理性的基础上的。现代意义上的文化行政管理领导权威是一种理性权威，其特点在于它的合理和合法性，在于他在活动过程中表现出来的规章制度取向和艺术化的取向。法制赋予领导权威的合法性，而文化行政管理领导在其展开过程中，所表现出来的人文精神和艺术魅力又维护和巩固了其身份的权威性。

（三）综合性

按照领导科学的一般原理，领导作为由"软专家"所进行的指挥、协调活动，表现为极强的综合性，而不同于"硬专家"的纯技术性活动。文化行政管理领导活动的综合性是显而易见的。一方面现代社会是一个利益多元化的社会，各种群体利益表达给文化行政管理领导造成较大的压力。这就导致了文化行政管理领导活动中既存在着各方利益一致的一面，也存在着冲突和矛盾的一面。文化行政管理领导活动的一个重要内容，就是将不同的利益进行综合，从而将综合的结果输出给社会。另一方面，就文化艺术本身来说，表达的是情感和精神层面的内容，因此文化艺术管理是一个极其复杂的管理工作，所以简单粗暴的文化行政管理领导活动、外行管理内行的活动以及纯粹的所谓"内行"领导活动，都往往是导致文化行政管理领导失败的原因。文化行政领导的奥妙就在于它的综合性。文化行政管理领导这两个方面的综合性活动，前者涉及政治层面，它要求文化行政管理领导从文化需求的高度，从大多数人的利益需求这个视角来考虑问题；后者涉及文化艺术本身的问题，要求文化行政管理领导从文化发展的高度，从少数人（创作主体）的创作空间这个视角来考虑问题。因此，文化行政管理领导的这个责任符合了领导活动超脱性特点，即必须超越于各种利益群体之上，在综合考虑的基础上进行整体性的统领和协调。

（四）服务性

既然文化行政管理活动本质上是一种公共活动，那么文化行政管理领导就是以承载公共使命作为其本原的。公共就是一种聚合，一种对个人私利所不能涵盖的领域的包容。因此，服务是文化行政管理领导的本质所在。文化行政管理领导者不是权力的永久占有者。西方领导理论认为，领导者应该是代理者、议事者和促进者的统一。与"权力神授"说不同，现代社会把"权力民授"说视为一个普遍的法则。所以，尽管文化行政管理领导可以运用强制性的权力以展示其公共权威的威严，但是从本质上来说，文化行政管理领导者仅仅是居于特定的文化行政管理职位上的民意代理者。所以，文化行政管理领导的服务性并不是一个虚假的设定，而是引发文化行政管理领导者敬畏的法则，也是驾驭文化行政管理领导者行为的信念。

第二节　文化行政管理领导结构

文化行政管理领导是在一定的结构中展开的。所谓结构就是指社会现象背后处于支配地位并赋予事务以秩序的力量。这样一种力量可以是显性的，即外化为体制或者正式组织；也可以是隐性的，即处于正式组织的背后，构成支配人们思维和行动的约定俗成的规则。文化行政管理领导活动在何种结构中展开，完全取决于他所面临的压力，来自上级部门的压力使其在一种正式的科层结构中展开，来自组织内部成员的压力则使其赖以展开的结构经受着多重变数的影响。

一、正式结构

文化行政管理领导的正式结构就是科层制。人们在日常生活中看到的大都是居于某一职位的领导者，对于某一职位的占据就成为文化行政管理领导者的必要条件。事实上，科层结构作为一种理性化的制度形式，也就相应地成为个人在组织内部制度化定位的前提。科层制依靠正式法律规范确定每个机构的管理范围，规定机构内的权力分布，把每个职位与责任联系起来并将履行职责建立规则秩序。按照科层制的要求，人的行为都要听命于官僚机器的某种指令，人的情感、内心精神需求、本能、愿望和创造力均受到压抑，并逐渐丧失自我和个性，从而成为这部机器上的一个个小齿轮。其特点是：有正式规章；有明确分工；权力分层；按正式规则发生公务关系；任职资格要通过考核和任命。

　　科层制不仅为现代组织，而且也为文化行政组织提供了现代权威。这个权威的承载者一般是通过掌握现代知识和具备先进管理能力作为组织成员认同其文化心理基础的，即文化行政管理职位权威所包含的不仅仅是权力，还有使权力能够发挥其效能的知识储备和能力支撑。此外，科层制还为组织内部提供了制度化的权力。但是科层制不是保障文化行政管理领导活动圆满成功的唯一结构，那种单纯依赖权力这一资源而导致文化行政管理领导失败的案例已屡见不鲜。因此，文化行政管理领导活动的成功不是单纯依赖科层制结构所能达到的。文化行政管理领导的权威并不仅仅是建立在职位之上的，在职位之外还有"人格"这一凝聚性因素。依靠职位权威只能使人"口服"，而依靠人格权威才能使人口服心服。所以文化行政管理领导者必须成为职权权威和人格权威的统一体，只有这样其权威才能转化为一种建设性的力量。职权权威是由上级主管部门赋予的，而人格权威是渗透在组织内部的一种人文力量，其影响力是建立在文化行政管理领导者人格力量的扩展和下属对这一人格力量的认同这两个基础之上的。因此，科层制仅仅是领导活动的正式结构，而文化行政管理领导活动还必须依赖对非正式资源的开发，在非正式结构中，才能达到理想的效果。

二、非正式结构

　　对领导者来说，既存在着正式领导者，也存在着非正式的领导者。正式领导者与非正式领导者的区别在于，正式组织中的领导职位并不因为某一领导的去职而消失，这一职位可以由其他人替补；而在非正式结构中，非正式领导者的离去很可能导致整个非正式组织的解体。对于正式领导来说，其领导活动不是仅仅依赖正式结构就能实现的。正式结构是按照规章制度所形成的权力、职能配置体系，它为领导活动的运作提供了一种固定的制度化保障。由于领导活动实际上是一种激发下属积极性、将组织目标转化为个人目标的艺术，因此它必须依赖正式结构之外的情感空间才能有效地激发起下属的动力和主动性。一般来说，非正式结构是以信任、尊重、爱护等一系列人文因素所构筑起来的感情、精神空间作为其载体的。

非正式领导者不拥有正式的职位、权力和地位，而其地位的取得主要是因为其具有某种过人的才能，例如关心他人，或技术高超、学术渊博、为人正直等，其权威来自本人的魅力。非正式领导总是按照人们的需要进行活动，以满足人们情感和精神需求为宗旨，比如帮助解决私人问题、协调各种关系、提供有关信息、承担某些责任等。

在现实文化行政管理领域，正式领导者与非正式领导者常常发生背离。究其原因，主要是某些正式领导者并不具有权威，这就使得非正式领导的作用和影响力得到凸显。由于正式领导者是组织指定的，非正式领导者是组织内部自发选择的，这一指定和选择在实际生活中往往发生偏离而不能统一。加之正式领导者个人能力和品行的原因，在这种情况下，比较易于适应组织和环境的非正式领导就脱颖而出。一个成功的文化行政管理领导者，应该集正式领导与非正式领导于一身。根据非正式组织理论，非正式领导是一把双刃剑，运用或处理得当，可以为实现组织目标做出贡献；如果运用和处理不当，也有可能妨碍和破坏组织目标的实现。正是非正式组织的这两个特点，决定了文化行政管理领导所赖以展开的结构不能单纯依靠正式的、权威的体制结构，也不能将非正式结构推至无限扩展的境地，使其侵蚀组织目标的达成，而应该充分发掘非正式组织的建设性作用，将其凝聚性力量纳入组织运作的轨道上来。因此，一个明智的文化行政管理领导在发挥其正式领导作用的同时，会十分重视发挥非正式领导者的作用和功能，即尽可能地满足下属人员的精神方面的需要，提升他们的自尊和自我归属感，充分注意人的价值，这样就能更好地行使其领导者的职能。

对文化行政管理领导者来说，不仅要把那些德才兼备的非正式领导者吸纳到正式结构中来，而且要注意改善正式领导的方式，消除潜伏在等级体制中的对抗性因素。如果一个文化行政管理领导者注意培养自己的开明领导作风，注意在追求组织目标的同时也满足组织成员的需要，这对于上下等级关系的协调和融洽、发挥成员的积极性，从而完成组织目标都会带来积极的帮助。由此可见，文化行政管理领导活动在依赖正式结构为其创造合法性基础的同时，也必须注意如何在非正式结构中展示其领导活动的真正魅力。对于独立于正式组织之外的非正式组织，也要因势利导，使其成为有利于组织目标实现的建设性力量，成为与正式结构互为补充的重要一环。[①]

第三节　文化行政管理领导过程

一、文化行政管理领导过程的含义

按照文化行政管理领导活动所依赖的资源及其内在特点，可以把文化行政管理领导过程分为两个：一是科学化过程，二是艺术化过程。

（一）科学化过程

所谓科学化过程是指文化行政领导在其计划制定、控制与监督等方面，要尽可能地依赖科学管理和科学领导的知识资源和体制资源，使领导活动在一种规范的状态中展开。因为领导科学产生的首要标志就是使决策和计划工作从日常事务管理中独立出来。正是决策和计划工作的专门化，才导致了从经验型领导到科学领导的转变。领导活动的科学化过程体现为文化行政领导者如何依靠科学的原则和程序制定决策和行动计划，以便使文化行政管理领导能够成为受管理规律所支配的一种特殊活动，并使失误减少到最低限度。

科学化涵盖文化行政领导活动的整个过程，但是领导者要保障领导活动效能能够完美展现，使得组织目标顺利达到，首先就要把自己的决策和计划制定、监控和监督等活动纳入科学的规范之中，否则文化行政领导活动便失去科学化的依据。一般来说，文化行政管理领导活动的科学化过程表现在两个方面：一是领导者进行决策和制定计划必须按照科学的原则进行，即遵循科学的原则、程序，依靠科学的方法和技术进行决策和计划活动。领导者必须建立科学的决策和计划体制，注重集体共同决策；决策过程中特别注意依靠各种智囊组织，注重与各种专家的横向联系，形成合理的人才结构，共同完成决策与计划的制定；同时，要将决策与计划的制定

建立在科学分析的基础之上，从传统的凭经验进行决策，转变为依靠科学分析进行决策，尽可能运用新兴科学方法和先进知识，将定性分析与定量分析结合起来确保决策和计划的正确性和可靠性。二是领导者对整个组织活动的控制以及对下属的监督、考核必须纳入科学化的规范体系中来，确保组织目标的实现。尽管领导活动并非都在体制性的正式结构中展开的，但是没有正式结构的权威笼罩和包含，任何一个组织在当今社会都无从立足，包括文化行政管理组织。因此文化行政领导者要制定科学的控制体系、监督手段和考核指标，为文化行政管理领导活动的质量提供量化的检测指标。

（二）艺术化过程

所谓艺术化过程是指文化行政管理领导活动仅仅依靠科学的原则和程序并不能最终实现组织的目标，而必须辅之以各种有效的激励机制，才能将组织目标转化为个体目标，使其为整个组织主动地贡献自己的才智。而以激励为核心的领导过程就具有明显的艺术化特征。文化行政管理领导行为与其领导目的具有间接性的关系，即制定和规划目标的领导人并不是目标的实现者，其必须调动下属的积极性使目标得以实现。因此，领导活动的这一特征就集中体现为以如何用人为核心的艺术化过程。

二、文化行政管理过程中的领导艺术

领导艺术具有经验性和非模式化的特点，即领导艺术一方面是领导者的经历、气质、学识、能力、个性等因素互相作用所构成的聚合状态，另一方面，它又因时、因地、因人而异，没有统一的模式。但是，我们可以从这些丰富多彩的艺术化的过程中抽象出它们所赖以存在的理论规定和类型划分。领导艺术的内容非常丰富，与文化行政管理领导联系比较多的是权力运用与权威接受的艺术、授权的艺术、用人的艺术三个方面。

（一）权力运用与权威接受的艺术

尽管领导者占有某个特定的职位，但不是每个占据职位的领导者都能够拥有权威。因为职权本身只有在灵活、巧妙的运用过程中才能产生权威并为下属所接受。领导权威有三种类型，即：依靠个人才智、天赋来行使领导的魅力型权威；依靠传统和习惯来行使权威的传统型领导；依靠法律和规章制度来行使权威的法理型权威。而权威之所以被接受，是因为：一是下级信任行使权威的人，这种信任可以建立在领导者的地位、能力或领导魅力的基础之上；二是下级接受并鉴别其他领导者的态度建议；三是下级担心如不接受会遭到惩罚；四是在权威被接受之前，下级往往感到必须这样做。

领导者拥有的权力，并不是赋予其社会优势地位的资源，本质上这个权力来源于民众，领导者的身份从根本上说就是服务者，而不是一个高高在上的指挥者和命令者。权力作为一种现实性的力量，它的来源和构成必须依赖于法律和规章制度、个人威望、多数人的支持与拥护等资源的支撑和巩固，否则权力只能是静止的，而不是扩展和增值的。强制性权力对文化行政领导来说是一种权力运用的消极形式，它只能是保障领导活动能够顺利开展的最后一道防线，而如何使下属接受领导者的权威，则是文化行政管理领导活动艺术化过程中的一个重要组成部分。从领导者自身的行为方式来说，使其权威顺利地为下属所接受的方式大致有三种：说服、示范和命令。

说服是权力运用中的一种常见形式，也是最符合领导之本质规定的权力运用形式。文化行政管理领导者在与外界和组织的互动过程中以及在领导集体内部的交往中，更多是采用说服的形式。说服的成功与否在很大程度上取决于一个文化行政领导所掌握的信息、技巧以及他的声誉和声望。谈判是说服的一种形式，它实际上是在文化行政管理领导者和被领导者沟通的基础上界定双方的权利和义务的过程，因此以恳谈、对话、协商等作为外在表现形式的权力运用方式，其成功与否有赖于双方的需求和要求在沟通过程中能否获得满足。如果达到了目的，说明说服是有效的。说服的艺术是文化行政管理领导者运用权力的一个基本要求。有效说服的一个重要方法，是将自己的某些提议与看法同组织目标联系起来，以表示即将采取的行动是理性的、正当的，合乎组织内众人愿望的。要尽可能把将采取的行动同组织成员的个人利益联系起来，使他们感到在完成组织目标的同时，也能够满足个人利益。示范是一种静止性的权力运作方式，它不具有说服所具备的扩展性。而命令则是一种强制性的权力运用方式，是不得不采取的一种形式。一般来说，说服的效果比命令要好。命令是一种体制性的结果，而说服更具有艺术化的特点。

从被领导者和所承受的结果而言，可以分为奖赏、惩罚两种。奖赏是对文化行政组织目标的达成有贡献者所给予的一种物质和精神回报，它实际上是领导权力运作过程中的一种激励机制。在物质和精神奖赏之外，晋升逐渐成为一种最富有激励功能的奖赏，它是文化行政管理领导者权力运用的一种积极形式。但是奖赏不可过多，也不能随意给予，否则就会失去其激励的作用，因为奖赏泛滥的话，会导致这一形式失去其价值。奖赏体现的是领导者价值追求的取向，随意给予会打破组织的程序化运作，引导人们把精力投向领导者认可和赞许的方向上去，从而引发群体成员之间的矛盾和冲突。惩罚作为一种权力运用的消极形式，是文化行政管理领导者说服失败后所采取的一种补救性领导方法，这是对阻碍完成组织目标的一种回报。惩罚同样也不宜滥用，更不能随时采用，因为惩罚会给人带来物质上的损失和精神上的痛苦。惩罚和奖励一样，它也是领导过程中的一种激励措施，它具有逆反激励的某些特点，即通过惩罚提醒人们防止阻碍组织目标实现的恶性行为的出现。

（二）授权的艺术

授权对文化行政管理领导者来说是一种常用的领导艺术，这是因为，一是领导活动大多具有领导行为与领导目标的间接性特点，这就决定了文化行政管理领导者必须依靠授权调动下属积极性，才能完成组织目标。二是当代文化行政管理活动大多具有多样性和专业化的特点，任何一个文化行政管理领导者都不可能是穷尽所有信息、具有完满的知识结构和专业才能的全才，所以必须通过某些领域的授权，依靠那些具有管理能力的专才，去完成文化行政管理组织目标。三是现代文化行政管理领导不是以领导者为原点的垄断活动，而是下属与领导者融为一体的参与性活动，下属正是通过参与和有效的管理，获得一种自我归属感和主体价值的实现，因而，将制定决策和执行决策有效地联为一体，就成为现代文化行政管理领导活动的一个重要特征。

授权的类型有四种形式：① 刚性授权，即对所授权力、责任、完成任务的要则、时间，都有明确规定与交代，被授权人必须严格遵守，不得有任何逾越。对一些重大文化事项宜采取这种授权方式。② 柔性授权，即只指示一个大纲或轮廓，被授权人有较大的自由做随机应变的处理。这种方法适宜于事情复杂多变、领导对情况也不是很清楚，而被授权人精明强干的情况。③ 惰性授权，即领导者将自己不愿也不必处理的繁杂事务，交由下属处理，其中包括领导者本人也不知道如何处理的事务。④ 模糊授权，这种方式与柔性授权有些相似，只是给予被授权人的权力限度和权力容量比较模糊。

文化行政管理领导者授权的原则：① 因事择人，视能授权。授权并没有特定的法规和规章可循，完全是凭借文化行政管理领导者对被授权人的认识和判断而展开的一种领导艺术，因此要将权力授予何人，必须要有所选择和权衡。择人的标准必须是他的能力与完成任务相匹配。授权不是晋升职务，而是一种权力委托行为。文化行政管理领导者只有在对被授权人的能力、性格、身体条件以及影响力进行综合判断的基础上，才能使授权获得令人满意的效果。② 明确权责，适度授权。所谓明确权责就是文化行政管理领导者必须向被授权人讲清所授予的权力的大小和责任范围以及执行该项任务要达到的具体目标。所谓适度授权，就是要分层授权，只向直接下属授权，而不越级授权，即不是将领导权力的全部授予某人，而是将有关事项适当授予若干适合的被授权人；授权也不能超出范围，不属于自己权力范围的事情，无权授权；此外，一般情况是一事一授，任务完成后，权力就应收回。③ 授权留责，监督控制。文化行政管理领导者给下属授权，但不授予责任。授权的目的是充分发挥被授权人的积极性，而不是将权力和责任一起交出去，授权后责任后果由授权者承担。授权留责是指领导授权后不能处于一个被动的位置，而是必须担当起对被授权人必要的监督的职责，以免出现权力被滥用的情况。④ 防止反向授权。文化行政管理领导者在承担责任的同时，也要防止下级把什么事情都推到领导身上，以致发生领导者难以应对的尴尬情况。这种反向授权背离了授权艺术的主旨，是组织结构不健全、授权艺术失败的必然结果。

（三）用人的艺术

为政之要在于用人。文化行政管理领导者只有依靠用人才能有效促成组织目标的达成。用人并没有统一的规则和程序可以遵循，这是体现领导艺术真谛的奥秘所在。对文化行政管理领导者来说，首先要有人人可用的理念，这样才能摒弃主观臆断将若干人排除在用人体系之外，其次要知人善任，选贤任能。所谓选贤任能就是要按照德才兼备、任人唯贤的原则，把那些思想品德好、业务能力强、文化水平高、身体素质好，且具有实事求是和开拓精神的人选拔、安排到合适的岗位上去，力求使人员和任务相匹配。所谓知人善任，就是要细心考察干部，确切了解下属，精心选派，合理使用，认真培养。要用人所长，扬长避短。任何人都有优缺点，不同类型的人才也有不同的专长和不足。对人才的考察、培养和使用，一定要客观、公正、全面，要善于发挥下属的长处，用人所长，扬长避短，以便做到人尽其才，才尽其用。此外，作为文化行政管理领导者，一定要胸怀宽阔，善于团结不同观点的人一道工作。

三、文化行政管理过程中的协调与沟通

（一）文化行政管理协调

文化行政管理过程中的协调既是一项重要的管理职能，又是一门重要的领导艺术，目的是在文化行政管理过程中引导组织之间、人员之间建立相互协作和主动配合的良好关系，有效利用各种资源，以共同实现预期目标。文化行政过程中的协调是一个动态过程，文化行政管理机构及其人员作为行政协调的主体，即文化行政管理协调行为的承担者，是协调的核心。文化行政管理协调者根据国家机构的授权或者其法定地位所拥有的权力，以国家强制力为后盾，发挥自己的领导艺术，对非对抗性矛盾进行协调。

文化行政管理过程中的协调是按照一定的模式进行的。所谓文化行政管理协调模式是指文化行政管理协调主体针对协调问题选择不同的协调途径和方式。在文化行政管理活动中，大致面临的主要问题有以下三类：目标与利益的不协调、思想与行为的不协调、公共政策与规章制度的不协调。因此，文化行政管理协调模式也可以分为以下三种：

1. 目标与利益协调模式

在文化行政管理组织中，文化行政管理人员通过达成一定的组织目标

来获得特定的利益，如个人的经济收入、兴趣爱好、荣誉和成就等。个人目标与组织目标的关系历来是管理的重点，也是文化行政管理领导行为中需要经常注意的事情。传统的文化行政管理领导行为通常表现为压制个人目标，使组织目标凌驾于个人目标之上。现代领导行为强调人才是管理的目的，这就要求作为协调主体的文化行政管理领导在其领导活动中，要充分重视下属的作用，尊重他们的价值，并通过促进下属需求的满足来调动其积极性、主动性和创造性。

要激发下属的积极性，利益协调是一种重要方式。文化行政管理协调者要把组织视为一个利益共同体，满足人们在物质和精神上的双重利益。在协调过程中，能否激发并维持下属的积极性，不仅取决于组织成员对获得利益绝对量的认识，更重要的是取决于他们对组织利益分配关系所持的态度，即组织与个人、个人与个人之间的利益分配是否公平、合理。文化行政管理组织与其工作人员之间利益协调的原则应该是在确保组织按照既定方向、速度、规模发展并实现目标的情况下，以积极激励的方式如工作保障、良好的工作环境、晋升的机会、发挥才能的机会、合理的待遇等，满足个人利益需求，调动组织和人员两方面的积极性。除了注重利益协调外，还必须尊重下属的人格。文化行政管理组织中的人员地位有高低、权力有大小、待遇有多寡，但所有人员在人格上是平等的。只有相互尊重人格，才能在上下之间进行平等的意见交流，才能增强组织成员参与管理的意识，才能产生合作精神及集体意识，才能使组织成员自觉将个人目标与组织目标相协调。

2. 思想与行动协调模式

在文化行政管理组织中，为了提高文化行政管理效率，实现文化行政管理目标，就必须保持工作人员的思想和行为的协调一致，否则就会处于一盘散沙的状态。思想是行为的先导，工作人员的行为协调必然以其思想的统一为前提。但是在文化行政管理实践中，文化行政管理人员的思想认识常常难以统一，甚至发生矛盾和冲突。之所以会造成这种状况，既有工作人员的思想觉悟和认识水平的问题，也有文化行政管理组织工作力度不够以及受整个社会风气影响的问题。解决思想问题需要用思想教育的方式来提高工作人员的觉悟和认识问题的能力，只有这样，才能为行为协调打下基础。

3. 公共政策与规章制度协调模式

公共政策与规章制度是文化行政管理的依据和标准，公共政策与规章制度的存在和落实是实现文化行政管理协调的重要条件。在日常的文化行政管理活动中，公共政策与规章制度的不协调主要表现在：一是有些文化行政管理部门在某方面公共政策与规章制度出现空缺的情况下自行制定政策，与公共政策与规章制度产生不协调。二是有些文化行政管理部门对公共政策与规章制度的理解不同，导致了各种文化行政管理行为的不协调。三是新旧政策和规章制度之间存在着冲突。解决公共政策与规章制度不协调问题要从两个方面入手：一方面是完善公共政策与规章制度，通过文化公共政策规划和行政决策来协调公共政策的统一性、连续性和稳定性，从而消除政出多门、政令不一等问题；另一方面是要完善决策协调机制，实现决策系统权力清楚、责任明确、运转协调、灵活高效。

（二）文化行政管理沟通

与文化行政管理协调相关的另外一个概念是文化行政管理沟通。文化行政管理沟通是指文化行政管理系统在其内部以及行政系统内外之间，凭借一定的传播媒介交流和传递思想、观点、情感、信息，以达到相互理解、协同合作的一种管理行为和过程。文化行政管理系统的不协调，其主要原因在于文化行政管理组织之间、工作人员之间缺乏对事物的共识。文化行政管理沟通的目的，就是要谋求系统中思想、感情上的共识和理解，促进关系和谐，以实现行动上的协调一致。从一定程度上讲，文化行政管理沟通是文化行政管理协调的关键途径，而文化行政管理协调是文化行政管理沟通的结果。

根据沟通渠道可以分为正式沟通和非正式沟通。正式沟通是通过正式组织渠道所进行的信息交流与传递，如文化行政管理机关召开的各种会议，发布的命令、指示、通告、布告和通知，颁布的各种法令、规章、规则和章程等，以及请示、汇报和建议等。非正式沟通是通过正式组织以外的渠道进行的沟通，如通过个人信件等渠道进行的信息交流，小道消息和留言也属于这一类。根据沟通的方向可以分为下行沟通、上行沟通和平行沟通。根据沟通有无反馈，可以分为双向沟通和单项沟通。

影响沟通的障碍主要来自沟通的主体、沟通的对象和沟通的渠道。沟通主体的障碍主要有表达不清、惰性、时间问题和对沟通对象的不了解或不信任等。沟通对象的障碍主要有，忽视信息、理解有误和拒绝接受信息等。沟通渠道的障碍主要有沟通主体选择的沟通媒介不合适，几种媒介相互冲突，组织结构不合理、传递层次过多，信息在传递过程中受到扭曲而失真等。

解决沟通障碍的办法很多，最主要的是一个合格的文化行政管理工作人员应当具有良好的注意力，即需要有能按照预定目的在特定的时间把心理活动指向特定对象的能力。就文化行政管理领导而言，要做到言必行、行必果，不能出尔反尔，更不能宽以待己、严以待人。只有这样，才能在下属心目中树立领导者的威信，从而克服沟通障碍，改善沟通效果。对因为组织结构不合理而造成的沟通障碍，则需要完善文化行政管理沟通体制，合理设置机构，加强办公室（厅）的沟通桥梁和纽带作用；健全各职能部门之间、上下级之间、各类工作人员之间有效沟通的保障制度，如申诉制度、对话制度、民主生活会制度、听证制度等，定期不定期地交流，增进了解，以改善沟通的效果。

第四节　文化行政管理领导类型

一、文化行政管理领导方式

按照不同的标准，可以将领导方式划分为不同的种类。

（一）以文化行政管理领导的主体为轴心进行划分，文化行政管理领导的方式可以分为首长负责制和合议制

这两种方式的区别在于权力分配不同。首长负责制是指最高决策权掌握在一人手里，而合议制则是由两人或两人以上掌握。由于文化行政领导是一种追求效率和速度的活动，因此文化行政管理机关一般采用首长负责制的领导方式。它主要包含以下的规定性：① 文化行政管理首长对于本单位、本部门乃至本层级的领导和决策具有最高的领导权和最终的决定权，

负有主要的或全部的行政责任。② 个人负责制建立在一定的民主讨论基础上，它要受制于各种民主化的规则。③ 首长负责制是以分工的方式开展的。

文化行政管理首长是文化行政管理领导活动能够顺利开展的关键所在，其特点：一是全局性，即具有提出文化战略思想的能力。二是超前性，即具有能够预测本系统所潜伏的危机、面临的挑战以及确立未来发展优势的能力。三是超然性，即从根本上、宏观上把握文化行政领导活动的过程，不局限于某一群体或派系之中，对那些组织起来的群体以及没有能力组织起来的人员的需要，都能统筹兼顾。

领导集体的作用是不可以小视的。按照系统理论的观点，整体功能应大于个体功能的简单相加。领导集体之所以能够构成领导活动的延伸力量，关键在于集体能量远远大于领导者个人的能量。领导活动从其功能上来讲，是一种通过资源组合谋求效果最大化的艺术。这种组合需要把握以下要求：① 高水平的文化知识结构。文化行政领导集体成员在知识水平、专业方面的合理组合可以使领导集体能够有效面对各种新情况、处理各种新问题，使其知识组合产生一种整体效应。② 老中青结合的年龄结构。文化行政领导集体年龄结构的理想状态是老中青相结合的梯次结构。不同的年龄阶段的领导者判断力、记忆力、反应力等均有所差异。老中青年龄结构，不但可以使领导集体相互取长补短，而且可以提高领导集体的整体效能。③ 领导集体的全面能力结构。即采取人数比例恰当、能力相互补充、专业分布合理的原则，建立一个具备全面能力结构的领导集体。④ 协调互助的性格气质结构。每一个领导者均具有特殊的性格气质。一般来说，领导集体的性格气质结构应符合互补性和相容性的特点，以避免因性格气质差异而引发的冲突和内耗。

文化行政管理首长负责制和集体领导的关系是：① 集体领导不能代替首长负责制。集体领导并不是说文化行政决策权掌握在集体手中，也不意味着决定的作出改由集体以少数服从多数的表决方式进行，不能借口集体领导而剥夺文化行政管理首长应有的权力。当然，文化行政管理首长也不可借集体领导而推卸责任。② 文化行政管理首长负责制是一种组织领导制度，而领导集体的分工负责只是一种运作方式。领导集体的个人分工包括两层含义：第一层是对分工领域的工作负责，这一责任通常是来自文化行政首长往下授予的权力，是一种工作层面的负责。第二层是对文化行政管理首长负责，即终极意义上的负责。领导集体成员无非是在执行文化行政管理首长作出的决定，所以无论从逻辑上还是从道义上来说，他们都必须向文化行政管理首长负责，而文化行政管理首长也必然是所有重大责任的承担者。

（二）以文化行政管理领导的取向为轴心进行划分，可以将文化行政管理领导方式划分为任务取向和人员取向两类

任务取向的领导方式主要关注组织效率，重视组织设计，明确职责关系，确定工作目标和任务。由于这种领导方式过于关注任务的完成，因而容易忽视人的因素、忽视人的情感和需要，使下属变成机器。人员取向的领导方式表现为尊重下属的情感和需要，营造相互信任的气氛。在现实生活中，文化行政领导者只有将任务取向和人员取向的领导方式有机结合，才能保证领导目标的达成。任何偏重单一方面的领导方式都只能导致领导的失败。

二、文化行政管理领导类型

每个文化行政管理首长在行使其领导职能时，都会产生自己特有的领导行为和领导风格。这一行为和风格的形成，有赖于组织结构、人员素质、组织目的和环境等客观因素，也有赖于个人气质、经历、学识、价值偏好等主观因素。大体而言，文化行政首长的领导类型大致有以下三种：

（一）独断型的领导行为模式

采用这一领导方式的文化行政管理领导者注重正式组织的结构、组织的规章制度，以及组织内正式的沟通程序，并以大权独揽的方式对下级进行领导，将决策高度集中在自己手中，下属完全处于被动的地位。这一领导模式的优点是领导者行事效率高；缺点是由于缺乏感情交流，下级通常是被动地服从命令和指挥，主动性和积极性不易发挥，因而下级满意程度低。

（二）放任型的领导行为模式

采用这一领导模式的文化行政管理领导者通常不把持决策权，对下属采取自由放任的态度，是一种弹性和自由度较大的领导方式。与第一种领导模式不同，这一类型的文化行政领导注重情感交流，关心下级的需求。由于这一模式不强调领导者本身的权力运用，因而往往导致实际上无人领导，工作经常处于无秩序甚至混乱的状态。尽管这种模式工作效率较低，但是领导人的满意度则大大超过第一种模式。

（三）参与型的领导行为模式

这种模式也叫民主型模式，是介于第一种和第二种之间的一种领导行为模式。采取这种领导方式的文化行政管理领导者既注重正式组织结构的作用，又不完全大权独揽，在某种程度上使下属参与一些决策，善于在决策中发挥下属的作用。

当然，现实生活中的文化行政领导者极少有人与上述三种行为模式完全吻合，较多的情况是兼而有之。一个文化行政领导究竟采用何种模式，是各种复杂因素制约下的一个综合结果。任何一种领导行为模式一旦被采用，就成为塑造文化组织内特定气氛的主导力量。由此，文化行政管理领导行为模式的选择决定了一个文化组织内部的精神气质。

第五节　文化行政管理领导活动内容

一、计划活动

中国有句古语，凡事预则立，不预则废。计划是文化管理组织活动过程的起点与归宿。计划活动包括决定目标以及先后次序、预测未来、确定行动方案和组织落实、评价和修正计划。计划活动在文化行政领导过程中具有不可替代的重要作用。它能集中组织内所有成员对组织目标的关注，将他们的活动与这一目标协调起来，而且可以减少未来不确定因素对组织活动的干扰，并提供对实际工作成果进行衡量的标准，作为一个可以参照的依据，为展开组织监督活动提供基础。

二、组织活动

组织活动的作用就在于保持完成计划所需要的活动的连贯性和步调一致，保证执行系统内部过程发展的平衡并在必要时加以调整。组织活动包括人员的组织、财力和物力的组织、时间的组织以及信息的组织。

三、指挥活动

指挥活动是文化行政管理领导者通过与文化行政组织层级相一致的权力线或指挥链实施上级对下级组织和个人的领导。指挥活动有两种形式：一是行政命令，它以强制力为后盾，要求下级部门或下属按程序完成其工作任务，体现一种命令和服从的关系；二是行政指导，包括战略指导和策略指导，不具有强制性。

四、控制与监督活动

文化行政管理控制和监督的对象是系统和人。所以，行政控制包括按照行政法规和规章所进行的规范控制，即：对组织活动过程中的问题和缺陷加以纠正的组织行为控制、以定期考核和奖惩作为表现形式的个人行为控制，以及通过感情沟通所进行的非正式组织控制。

五、协调活动

文化行政管理领导者的协调与调整活动是由文化行政管理工作的专业化所决定的。由于分工越来越细，由此产生的协调活动越来越多。文化行政领导者协调职能主要体现在两个方面：一是组织方面的协调，使与文化行政管理组织的目标相关的所有活动协调一致，以避免事权冲突，工作重复，造成无效劳动。二是人员方面的协调，使个人的活动在组织的目标下高效进行，不至于人浮于事、责权不分和职责不明。文化行政领导的协调活动主要通过三个途径来完成：一是通过政策与目标达到组织活动的协调，目的在于使整个组织的成员了解组织目标，并以此作为行动的指南和依据，作为衡量工作的标准。二是通过文化行政管理组织的层级结构获得协调，目的在于消除领导成员或监督人员之间的冲突与摩擦，保证整个组织的领导体系顺利运转。三是通过正式沟通与非正式沟通获得协调，目的是使组织上下团结和谐，一致行动，消除组织内可能存在的猜疑、矛盾、流言或"窝里斗"等有碍组织顺利运转的消极因素。

第八章
文化行政的人事管理

文化行政管理活动的主体是人。人在整个文化行政管理活动中是最活跃、最根本的因素。如果没有人，就没有文化行政管理组织，也没有文化行政管理活动。任何文化行政管理组织为了更好地实现组织目标，都必须建立起一支素质较高的人员队伍，以此达成组织的目的。因此，任何文化活动，首先是文化行政管理组织对人员的选聘、管理和监督。唯此，才有了文化行政管理活动的基础。研究文化行政的人事管理的目的在于使人尽其才，事尽其功，努力提高文化行政管理活动的效率。

第一节 概 述

一、文化行政的人事管理概念

在现代管理科学中，人事是指在社会劳动中的人和他们完成工作所要做的事，以及人与事、人与人之间的相互关系。也就是说，人事所包含的基本要素是四个：一是人；二是事，或者叫工作；三是人与人的关系；四是人与事的关系。这四个要素构成了人事活动的内容。在此基础上，可以将文化行政人事管理这样定义：文化行政管理部门为了最大限度地罗致所需人才、发挥所属成员的作用，努力实现所担负的文化行政管理任务，而在文化行政管理人员的选拔、任用、奖惩、权益等方面所制定和形成的一整套规章制度的总和；或者是指文化行政管理机关为达成其职能、推行其工作，通过一定的人事机关及相应的法规、制度、方法和手段等，对其所任用的国家工作人员进行选拔、任用、培训、奖惩、考核、调配、工资福利、退职退休等方面的管理活动。通常而言，就是指文化行政管理机关以科学的方法，制定一整套文化行政管理人员选拔、任用、培训、考核、奖惩、工资、福利等制度与措施，以使文化行政人员积极工作，奉公守法，发挥最大的潜能，以提高文化行政管理活动的效率。

人事管理与人事制度是两个不同的概念。人事制度是指社会组织对其工作人员的管理问题所做的种种系统化、规范化的规定，对政府来说，包括法律、法规、行政命令、政策等。人事管理通常指人事行政制度、政策的具体执行和实际应用，一般可以理解为是人事行政所使用的行政技术方法和具体执行程序等。广义上的人事管理，是指对各类机构和组织中的人和事，以及人与事、人与人之间关系的管理，在狭义上，是指对特定部分的人和事，以及人与事、人与人之间关系的管理。

为了进一步把握这个概念，还可以对文化行政的人事管理的内涵进行分析：首先，文化行政的人事管理的内容主要体现为行政管理机关的人事管理机构通过相应的人事行政制度，对文化行政的人事管理问题所做的规划、决策、组织、指挥、协调、调控等管理活动。其次，文化行政的人事管理的总体目标是力求文化行政机关中"人"与"事"的协调，以使文化行政管理机关中的人力资源得到充分利用，达到适才适用，人尽其才，事竞其功。最后，文化行政的人事管理的核心是文化行政管理人才的管理问题，包括取才、用才、育才和留才等环节。

二、文化行政的人事管理的作用

文化行政的人事管理是文化行政管理职能中的首要职能，因此在文化行政管理中处于核心和关键地位。所有文化行政管理活动，包括文化行政领导、文化行政决策、文化行政执行、文化行政监督、文化行政方法、文化行政行为、文化财政行政、文化体制改革等，都要通过人的活动来实现。因此，能否科学地选人、用人是文化行政管理成功与否的关键。为了保证整个文化行政管理系统的有效运作，就必须建立一支精干、高效、廉洁、优化的公务员队伍。有了这支队伍，才能有效地制定和实施各项政策、法规。文化行政的人事管理就是要按照"因事择人、因人任用、事得其人、人尽其才"的总要求，使文化行政管理中的人、财、物、信息等行政资源得到最佳组合和充分利用，以期提高文化行政管理的效率。文化行政的人事管理的具体作用表现在以下方面。

（一）文化行政的人事管理是推动文化、经济、社会发展不可或缺的一个因素

人的创新能力是推动社会向前发展的根本动力。人类社会的发展，包括文化、经济、政治、社会各个方面的发展，只有通过一定的组织形式把人们组织起来，才可能使人们采取有效的共同行动，以实现预期的目的。文化行政人事就是通过科学的、合理的人事行政，有效地调动文化行政人员的积极性和创造性，以实现文化、经济和社会发展的目标。

（二）文化行政的人事管理是开发利用文化行政人力资源、加强文化干部队伍建设的重要保证

文化行政的人事管理通过对文化行政管理机关的公务员的录用、考核、任用、工资保险福利等制度的具体实施，可以确保一大批优秀的人才进入公务员队伍，优化公务员队伍结构，提高文化行政管理机关工作效率；文化行政的人事管理也可以通过对公务员职务的升降、任免以及交流等具体规定的实施，不断地调整文化行政管理机关中人与事的结合关系，尽可能地使大多数人与他们所做的事、所在岗位处于适应的状态；文化行政的人事管理还可以通过公务员的培训制度的实施，有计划、有步骤地对公务员的知识结构进行更新和补充，以适应社会转型期复杂的工作需要，进一步加强公务员队伍的建设；此外，文化行政的人事管理还可以通过国家宏观调控的方式，按照公开、平等、竞争、择优的原则对人力资源进行充分开发利用，以实现人力资源的优化配置。

三、文化行政的人事管理的原则

（一）选贤任能的原则

选拔人才，任用能人，这是人事行政必须坚持的首要原则。文化行政

人事要把那些品德优良、具有真才实学、符合任职条件的人选到不同的工作岗位上来，必须坚持德才兼备的标准。由于各种不同的文化行政岗位承担着行使公共权力的重要使命，因此，要把品德作为选人的首要条件，要把公道正派的人选上来；其次要看其履行职责的能力，在社会文化转型时期，特别要注重选拔那些懂得现代科学知识和管理知识的复合型人才，要重用具有改革与创新精神的开拓型人才。

（二）坚持程序的原则

要把德才兼备的人选出来，是一件比较困难的事情。韩愈在《马说》中说："世有伯乐，然后有千里马。千里马常有，而伯乐不常有。"当今最好的伯乐就是人才选拔的程序。文化行政的人事管理要把程序到位作为重要的准则。只有程序到位，才能有效防范来自各个方面的干扰，杜绝不符合标准的人混进文化行政机关。程序本身具有公开性、稳定性和有效的约束性，是选人用人法律制度化的表现。有了程序，一切照章办事，按步骤进行，讲规则、重秩序，文化行政人事才能真正实现法制化管理。

（三）公平竞争的原则

公平竞争原则的根本目的就在于促进优秀人才脱颖而出，做到人尽其才，事得其人，各得其所，最大限度地调动文化行政管理人员的积极性和创造性。首先要坚持公开原则。要公开所有的文化行政的人事管理的法律法规和政策（需要保密的除外），要公开文化行政的人事管理的录用、考核、职务升降、奖惩、工资保险福利等制度的原则、标准、程序、结果等，将以上内容自觉地置于广泛的社会监督之下。其次，要坚持平等原则。每个公民都具有平等竞争的权利和机会，不因家庭出身、民族、宗教信仰、性别等的不同而受到歧视或享有特权。最后，坚持竞争原则。所有参与竞聘文化行政岗位的人员，不管来自哪种背景，都要在同一起点上参与竞争。此外，行政机关中的一个通病就是论资排辈，文化行政管理机构也不例外，最终导致墨守成规，机关人浮于事，失去创新活力。要使文化行政管理机关保持活力，就要把竞争机制引进到文化行政的人事管理中来，形成优胜劣汰、优升劣降的用人环境。

（四）注重实绩的原则

文化行政的人事管理应当运用激励机制，把工作人员的录用、升降、奖惩和工资待遇等与为本单位、本部门所做的贡献联系起来，以最大限度地提高文化行政人员的工作积极性。工作实绩是一个人的业务水平、工作能力和工作态度的综合反映，是检验文化行政人员是否优秀的一个重要标准。以功绩作为考核、评价的标准，有利于对文化行政人员作出客观的、实事求是的评价；有利于激励文化行政人员努力工作，提高工作效率；有利于强化文化行政人事中的竞争机制，克服平均主义、论资排辈的弊端，真正做到"有功者上，无功者下"；有利于防止人员使用中的不正之风，最大限度地调动公务员的积极性。

（五）人尽其才的原则

把不同的人才用在适当的职位和岗位上，大才大用，中才中用、小才小用，才能使每个人都能各遂其志，各得其所，各尽其才，各立其功。每个人的禀赋、经历、学识都有所不同，因而造就了不同类型、不同层次的人才。以挑剔的眼光选人、用人，无人可用；以欣赏的眼光选人、用人，人皆可用。文化行政的人事管理就是要一方面熟知各种不同的职位所需要的资格与条件，另一方面又要熟知每个人的专长、志向、性格、能力等，真正做到职与能相称，人与事相适，做到"人尽其才，才尽其用"。此外，还要善于做到不同人才的整体合理配置，也就是要使一个单位、一个部门发挥更好的效能，必须合理搭配各种工作人员，组成一种最佳的组织结构，使各种人员在智力、能力、技术、性格、年龄、体力等方面既互相补充、互相配合，又取长补短，团结协作，发挥团队优势，共同完成目标。

（六）熟悉专业的原则

文化艺术是一个特殊的领域，文化艺术的发展也有其自身的特殊性。因此，不能绝对套用政治管理、经济管理和社会管理的手段和办法来管理文化艺术。一些市场经济发达国家的做法是：政府对文化艺术的管理实行"一臂间距"的原则，政府不直接参与文化艺术具体事务的管理，而是委托一个专业性很强的中介组织具体负责文化艺术的具体事务，而这个中介机构则主要依靠专家团队来确定究竟支持哪些文化艺术作者以及哪些文化艺术项目。所以，对文化艺术的管理首先要弄清楚其自身的规律性，其次是要由那些熟悉文化艺术规律的懂行人去管理。文化行政人事就是要把对懂行人的选拔、培训、使用作为一项重要的原则。

第二节　人事行政管理制度的发展

文化行政的人事管理是现代人事行政管理制度的一个组成部分。现代人事行政管理的主要趋向表现在：① 人事行政管理中出现政务官与业务官在结构和功能上的分化，对这两种官员开始实行分类管理。政务官是指以政党选举成败和政策成败为进退标准的政府官员，主要包括政府首脑和政府各部门的行政首长，政务官主要由国家有关的政治制度（如选举法）来管理；业务官是指政府中除政务官以外的其他常任的职业公务人员，亦即文官（civil servant），也称公务员，业务官主要由公务员制度来管理。② 由以恩赐官僚制和分赃制为核心的赡恩徇私式的人事行政，向以人才主义和功绩制为基础的现代人事行政的演化。③ 从随意性、或然性很强的人治式人事行政，发展到系统化、规范化的法治式人事行政。④ 人事行政的范围日益扩大，出现了许多旧的人事行政所没有的业务内容，如考任、培训、职位分类、保险、抚恤等。⑤ 在管理方法上，从非科学的经验管理发展到崇尚理性和效率的科学管理，许多科学的管理理论和方法被逐渐引入到实际人事行政过程中，如职位分类方法、激励理论和计算机管理等。⑥ 人事行政由以往只重视通才，后来发展为通才与专才并重。日益精细的政府事务，需要大量的行政专才来参与管理，行政通才多集中于政府上层，中、低级政府官员中行政专才所占比例越来越大，发展到今天，有所谓"专家行政盛行"之说。

现代人事行政管理的特征主要表现在：一是公平性，即人员进退、赏罚和升降以客观的法定的人才主义和功绩原则为标准。二是公开性，即人事行政的全过程向民众公开，打破以前的暗箱操作。三是超然性，即人事任免和其他事宜，均以法规制度为依据。四是适应性，即具有相当的灵活性和适应性。①

一、中国人事行政管理制度的传统

我国的人事行政管理制度不但历史悠久，而且有很完备的内容体系。

---

① 张国庆. 公共行政学［M］. 北京：北京大学出版社，2007.

从原始公社时期的"选贤任能",到西周的"世卿世禄制""军功爵制",汉朝的"察举征辟制",魏晋南北朝的"九品中正制",再到隋朝开始实行的"科举制",经历了从贤能制到禅让制,从禅让制到世袭制,从世袭制到不分门第限制、择优选官的科举制,反映了我国人事制度的巨大变迁。

尤其是延续长达 1 300 多年的科举制度,对巩固以中央集权制为特征的封建统治起了重要作用。这种通过考试择优录用的选官方式后来被介绍到英美等西方国家,为西方文官制度的创立提供了典范。辛亥革命后,孙中山先生制定了五权宪法,把国家权力分为立法、行政、司法、监察、考试,并相应建立五个机构,其中的考试院为最高人事管理机构,主管行政官员的考试、任用、升迁、退休等事项,为民国政府公务员制度的实行建立了中枢管理机关。①

公元前 21 世纪以前,中国处于原始公社时期。由于没有国家机构,部落酋长和其他管理人员由氏族部落全体人员或部落联盟会议民主选举产生,那些在部落中享有较高威望的、具有一定才能的贤德之士往往被选中,这就是原始的贤能制时代。后来这种贤能制又进一步发展成为以贤能为标准,通过让贤的方式来产生首领继承人的禅让制,传说中的尧传舜、舜传禹的禅让方式就是例证。到了夏代奴隶制社会,我国的人事行政开始实行以宗法血亲关系为特征的世袭制,即世卿世禄,而王位继承则实行父子继承制,以嫡长子继承为主,兄弟继承为辅。从夏商至春秋战国各个朝代都设有中央行政机构,而在这些行政机构中最为重要的机构是管理官吏的部门,它掌管着全国的官吏,统揽朝中的政事,这一做法一直延续到清朝。

秦统一了六国后,建立了中国历史上第一个中央集权的君主专制国家。秦朝在加强中央集权的同时,对以前的人事行政制度作了大范围的修改和调整,主要表现在:实行以郡县为基础的君主集权制,废除奴隶制的封国制和官吏世袭制;破除宗法血缘的封亲制,采用立功进仕、招聘等多种方式招揽人才,选拔官吏;建立官吏的考核制度;废除食封制和世禄制,实行俸禄制;设立官学和私学,培养人才;中央设立由皇帝直接任免

---

①　孙荣,徐红.行政学原理［M］.上海:复旦大学出版社,2003.

的"三公九卿"，协助皇帝处理政治、军事、经济等事务。[①]

汉代是我国人事制度重要的奠基时期。秦国灭亡得这么快，和它的人事制度有很大的关系。秦国中央集权制度确立后需要一个文官制度来加以管理，但是秦始皇犯了一个致命的错误，他一方面建立行之有效的中央集权制度，另一方面采取"焚书坑儒"的政策。西汉时期，董仲舒建议汉武帝把儒家的思想作为治国思想，公孙弘建议汉武帝招收博士学生，为文官制度提供源源不断的人力资源，这为汉武帝开创当政者与文化阶层合作的新体制打下了基础。皇朝与其说需要儒学，倒不如说需要通过儒学来收买知识分子，皇帝与知识分子在儒学上达成了共识。这是一个重大的转折，政治与文化阶层达成了妥协，文化阶层与政治权力取得了一种平衡。

从两汉到南北朝，选官制度最主要的有以下几种：① 察举，又称荐举或乡举里选，指由皇帝每年下诏征求人才，诏书规定所需人才的种类、数量和要求。这是一种大规模、经常性、制度化的自下而上的推荐人才的方式。② 征辟，指由中央高级官吏和地方官直接征聘人才，将其作为自己官府的属吏或向皇帝推荐。征辟作为一种非制度化的辅助方式，有助于"不拘一格降人才"。③ 九品中正制，始于魏朝，延续至南北朝。具体做法是：在各州郡设置大、小中正官负责选拔官吏，"由小中正品第人才，以上大中正；大中正核实，以上司徒；司徒再核，然后付尚书"选用。中正官必须由本地人充任，负责将本地人评为上上、上中、上下、中上、中中、中下、下上、下中、下下九个品级，以此作为选拔官吏的依据。但由于魏晋南北朝时期盛行门阀士族政治，中正之权尽被士族独占，对人才选拔标准不再是德才，而是门第的高低，以致出现了"上品无寒门，下品无世族"的奇怪现象。

九品中正制的弊端，到南北朝时期已暴露无遗。隋朝建立以后，隋文帝决定废除九品中正制，设秀才科，在隋炀帝大业二年（606 年）又设进士科，通过考试选拔官吏，科举制度正式建立。科举制即分科举士之意，它通过分门别类的考试来确定官吏的选拔和任用，考试成绩是主要的标准。科举制在唐朝得到长足的发展，分为常科和制科两类。常科即每年由

---

① 竺乾威. 公共行政学［M］. 上海：复旦大学出版社，2008.

礼部定期举行的科举考试，科目有"秀才""明经""俊士""进士""明法"等十几种；制科则是由皇帝不定期下诏举行的考试。明清时期科举考试大体分为四级，即童试、乡试、会试和殿试。童试为初级考试，通过者取得生员资格，参加乡试；乡试为省一级考试，三年一次，通过者为举人；举人参加会试，这是中央一级考试，由礼部主持，三年一次，通过者为贡士，取得参加殿试资格；殿试为最高一级考试，由皇帝亲自主持，录取的名次为三甲，即：一甲取三人，状元、榜眼、探花，赐进士及第，二甲取 1/3 左右，赐进士出身；余者为三甲，赐同进士出身，并按照不同的情况分别授官。科举制为中国各个朝代的封建政权收罗了大量人才，发挥了很大的积极作用，但到了明清时代，科举制步入了八股文的歧途，日趋僵化，产生了严重的消极影响。

我国古代的人事行政制度在人才选拔与培养制度、考核奖惩制度以及人事行政管理机构的设置与完善等方面取得了很大的成绩，例如：在人才的选拔与培养上，坚持走公开考试、择优录用的科举考试之路，并通过举办官学和私学来培养人才；在人事行政管理机构的设置上，唐朝以后，各个朝代都正式设立了主管人事行政的机构，如吏部负责掌管全国文职官吏的任免、考核、升降、奖惩以及制定中央和地方各级政府机构文职官吏的编制等，礼部负责管理科举考试以及官学和学官，御史台（明、清为都察院）负责掌管对各级官吏的监察重任。[①]

二、西方文官制度的特征

（一）西方文官制度的概念

文官，也称为公务员，英文名称为"civil servant"（单称）或"civil service"（总称），在美国另称为 government employee（政府雇员），是指经过公开考试，被政府部门择优录用，在中央及地方行政机构中长期固定地担任文职工作，并具有一定等级的工作人员。西方国家的政府工作人员由两大类组成：一为政务官，是经选举或由任命而产生的官员，其任期有

---

① 竺乾威. 公共行政学［M］. 上海：复旦大学出版社，2008.

一定的期限，一般随政府的进退而进退；二为事务官，也就是文官，是由考试产生的职业官员，他们的去留不受政府更替的影响，择优录用，只要无重大过失，就可长期任职。

一般情况下，西方文官是指通过非选举程序而被任命担任政府职务的国家工作人员。它包括三层含义：第一层，文官都是按照国家的正式规定，通过一定法定程序而任用的人员，他们与国家的关系不是契约关系，根本不同于私营单位与雇员的关系；第二层，文官都是执行国家公务的人员，其服务对象是国家，因而区别于其他社会职业；第三层，文官行使国家行政权力，在执行公务时代表国家，因而必须依法办事。而文官制度，是指由法律规定的关于政府文职官员的考试、任用、考核、监督、升降、薪金、奖惩、免职、退休等一整套管理制度的总称。①

（二）西方文官制度的形成

西方国家的文官制度并不是从来就有的。最早在欧洲的封建制国家中实行的是"恩赐官职制"，即国王和大臣根据自己的喜好把官职赐予手下人。美国独立后，最早实行的是"个人徇私制"，就是当权者按个人关系的亲疏好坏来任用官员。在两党制出现后，西方国家形成了有名的"政党分赃制"，就是把政府的所有官职当成战利品，竞选得胜的政党首脑有权把官职作为奖赏分给有功之臣。

19 世纪中叶，公务员制度首先在当时资本主义最发达的英国得到确立。1855 年，英国政府颁布了第一个有关文官制度的命令，即《关于录用王国政府文官的枢密院命令》，决定成立三人委员会，负责文官的考试录用等事宜。1870 年，英国政府又颁布了第二号枢密院令，对文官的考试、录用、等级结构等重要原则作了进一步的确定和完善。世界上第一个现代文官制度在英国得以正式确立。

1883 年，《彭德尔顿法》的颁布，奠定了美国公务员制度的基础。该法确立的原则主要有：用功绩制取代分赃制；公务员实行公开竞争考试制度，择优录用；公务员为职业官员，不犯错误不得解雇；公务员不得参与政治活动，在政党政治中必须保持中立；依法成立公务员委员会，负责联

---

① 孙荣，徐红. 行政学原理 [M]. 上海：复旦大学出版社，2003.

邦公务员的统一管理活动。该法的出台，标志着美国现代公务员制度形成。

与英、美不同，德国、法国是中央集权官僚体制。这两个国家在第二次世界大战后，相继建立了文官制度。1946 年，法国颁布了统一的公务员法，将文官的管理纳入法治化的轨道。联邦德国于 1949 年通过了《德意志联邦共和国基本法》，对官吏制度进行了一系列改革，确立了"考试用人""机会均等""文官常任"等原则；1950 年又颁布了《德意志联邦共和国公务员法》，并相应地制定了公务员的有关条例，也建立起了一套比较完善的现代公务员制度。迄今为止，绝大多数西方国家都实行了国家公务员制度。

（三）西方文官制度的特征

西方国家公务员制度具有以下基本特征：

（1）实行职业常任。把公务员从事的公务工作当作一种职业性工作，不随政党选举的更迭而进退，无过失即可长期任职，不得被随意辞退。

（2）公共权力依附于公务职位。公务员的权力大小是由公务员所在职位决定的，权力不随人走，公务员只能利用所在职位赋予的权力来完成本职工作。

（3）贯彻用人唯贤原则。用人根据才能，而不是依据个人背景和人际关系，保证人们具有均等的任官机会，公开竞争考试，按考试成绩择优录用。

（4）实行功绩考核制。严格按照工作任务等较为客观的标准来确定公务员的工作成效，并以此作为决定公务员升降和奖惩的依据。

（5）对公务员进行统一管理。由全国统一的公务员人事管理机构，依据全国统一的公务员法律和政策，对各部门的公务员实行直接或间接的综合管理。

（6）注重专业技术人才。把是否具有现代公务职位所需要的专门知识和技能作为录用公务员的重要标准。

（7）讲究职业道德。要求公务员培养团结合作精神，增强荣誉感和责任心，要忠于国家、廉洁奉公、严守机密、克制言行、不参加任何经商营利活动等。

西方国家公务员制度得以确立的标志之一是常任的职业公务员制的建立，第二个标志是公开考试、择优录用制的建立。考任制是西方各国公务员制度得到确立的最显著、最关键的标志。[①]

三、我国公务员制度的建立

现代人事行政管理制度的核心是国家公务员制度。我国公务员制度的建立经历了一个探索的过程。公务员制度的前身是新中国的干部人事制度。这一制度是在民主革命时期解放区的人民军队干部人事制度的基础上建立和发展起来的，主要通过对各类人员进行集中统一的管理，建设一支精干的干部队伍，充分发挥这支队伍的群体优势，从组织上确保党和国家在各个历史时期的政治、经济和文化任务的完成，确保党的政治路线的贯彻实施。这一制度的弊端明显：缺乏科学分类；管理权限过于集中；管人与管事脱节；管理方式单一；阻碍人才成长，优秀人才难以脱颖而出；用人问题上的不正之风；等等。

20世纪80年代的人事管理体制改革，为我国的公务员制度奠定了基础。这次改革的主要内容包括：确立干部的"四化"方针；建立正常的离退休制度，废除干部职务终身制，实现新老干部的交替；改革干部管理体制，由下管两级改为下管一级，同时向企事业单位下放了更多的用人自主权；改革具体的管理制度，改变了单一的干部用人制度，实行选任、考任、聘任与委任兼行的多种形式；按照机关、企业、事业单位的不同特点和工作人员成长的不同规律，实行分类管理；在干部人事管理中引入了竞争机制，推行考试录用、辞职、辞退等制度。在此基础上，1993年《国家公务员暂行条例》颁布施行，随后又陆续颁布了《国家公务员辞职辞退暂行规定》《国家公务员培训暂行规定》《国家公务员奖励暂行规定》《国家公务员职务升降暂行规定》，为在全国范围内广泛建立国家公务员管理体制做好法律上的准备。2005年，第十届全国人大常委会第十五次会议审议通过了《中华人民共和国公务员法》，标志着我国干部人事管理方面第一

① 张国庆. 公共行政学［M］. 北京：北京大学出版社，2007.

部总章程性质的法律正式出台，在我国五十多年来干部人事制度历史上具有里程碑的意义。

第三节　我国公务员的管理制度

《国家公务员暂行条例》规定，我国国家公务员是指各级国家行政机关中除工勤人员以外的工作人员。《公务员法》规定，公务员是指依法履行公职、纳入国家行政编制、由国家财政负担工资福利的工作人员。按照《公务员法》的规定，我国公务员的范围主要由以下七类机关工作人员构成：中国共产党机关的工作人员；人大机关的工作人员；行政机关的工作人员；政协机关的工作人员；审判机关的工作人员；检察机关的工作人员；民主党派机关的工作人员。

文化行政人事包含在公务员管理制度之中。我国公务员管理制度，是各级政府人事部门依法对国家公务员实施管理的各项管理活动与管理制度的总称，涉及公务员的选拔、任用、调配、分类、培训、考试、交流、奖惩、工资、福利和退休等。主要有以下几种基本制度。

一、录用制度

录用国家机关工作人员是人事行政的初始环节，也是国家公务员管理体制的核心内容。公务员录用制度是关于公务员录用的各种行为规范和准则的总称，它包括录用的原则、标准、资格条件、方法、程序和录用的组织权限等内容。公务员录用制度是公务员制度的基本特征和标志。录用担任主任科员以下及其他相当职务层次的非领导职务公务员，采取公开考试、严格考察、平等竞争、择优录取的办法。公务员的录用必须坚持德才兼备的标准，即决定报考者是否录用，要从德和才两个方面全面衡量。"德"是指政治思想表现和道德品质，主要内容包括：拥护并贯彻执行党的基本路线和各项方针政策；有较强的事业心和责任感；廉洁奉公；遵纪守法；作风正派；全心全意为人民服务等。"才"是指本领，包括文化水平、业务知识和工作能力。

报考公务员的资格条件，一般包括基本条件和报考职位条件。基本条件包括权利条件、品质条件和能力条件。权利条件，是指在法律上享有公民权利的资格，如国籍、公民的政治权利等；品质条件，是指道德品质，如是否忠诚廉洁、作风是否正派、有无不良的行为和习惯等；能力条件，是指依法行使权力、执行公务的基本能力，如身体健康状况、文化水平、年龄等。报考职位的资格条件，是指报考某种职位所要求的条件，如专业知识、专业技能和实践经验等。《公务员法》还对报考公务员的限制性条件进行了规定，如下三种人员不得被录用为公务员：曾因犯罪受过刑事处罚的；曾被开除公职的；有法律规定不得录用为公务员的其他情形的。

公务员的录用具体程序为：编制录用计划、发布招考公告、进行资格审查、进行考试（包括笔试和面试）、对考试合格者进行考察、实行体检、确定人选、建立法定关系等。对新录用的公务员要进行一年的试用，试用期满合格的，予以任职；不合格的，取消录用。此外，招录机关和录用主管部门对公务员的录用，必须在规定的编制限额内，并在有相应的职位空缺的情况下。

二、培训制度

公务员的培训是指国家行政机关根据经济和社会发展的需要以及职位的要求，通过多种形式，有计划、有组织地对公务员进行政治理论、业务知识等方面的培养和训练。由于行政管理内容不断更新和拓展的需要，对公务员实行更新知识、开发潜能、提升能力的制度化培训十分必要。《公务员法》第四条明确规定：公务员有参加培训的权利。公务员培训一般采取理论联系实际、学用一致、按需施教、讲求实效的原则。国家公务员培训一般分为政治理论和业务知识两种培训，具体有四种类型：一是初任培训。培训对象是机关新录用人员，即经过考试录用进入机关，担任主任科员及其他相当职务层次的非领导职务的公务员。初任培训在使用期内进行。二是任职培训。机关对晋升领导职务的公务员，按照晋升职位的要求进行相应的培训。任职培训在任职前或者任职后一年内进行。三是专门业务培训。机关为公务员从事专项工作而提供所需知识和技能的培训，培训内容、时间和方式应视专项工作需要确定。四是在职培训。机关有计划地对在职的公务员进行的以更新知识、提高工作能力为主要目的的常规性全员培训。对有专业技术职务的公务员的在职培训，按照专业技术人员继续教育的要求，进行专业技术培训。此外，《公务员法》还规定，国家要有计划地加强对后备领导人员的培训。公务员的培训实行登记管理，公务员培训情况、学习成绩作为公务员考核的内容和任职、晋升的依据之一。

三、考核制度

公务员的考核是指国家行政机关按照法定管理权限，根据国家公务员法和其他有关规定所确定的考核内容、原则、方法、形式和程序，对所属公务员进行的考察和评价制度，它既包括对公务员的综合性、制度化的考核，也包括对公务员的各类单项考核。对公务员实行考核，一是为了全面了解公务员的基本素质、才能与贡献，便于从中发现和选拔优秀人才；二是对公务员的德才表现和工作情况作出公平合理的评价，为调整公务员的职务、级别和工作以及公务员的录用、晋升、奖惩、培训、辞退等管理工作提供客观全面的依据；三是通过考核，实现对公务员的有效监督，做到恪尽职守、廉洁奉公。

公务员的考核类型分为平时考核和定期考核两种。对非领导职务公务员的定期考核采取年度考核的方式，一般先由个人按照职位职责和有关要求进行总结，主管领导在听取群众意见后，提出考核等建议，由本机关负责人或者授权的考核评定小组确定考核等次。对领导成员的定期考核，由主管机关按照有关规定办理。目前我国对非领导成员公务员一般采取年度考核的方式，对领导成员一般采取届中、届末考核的方式。公务员定期考核的结果分为优秀、称职、基本称职、不称职四个等次。定期考核的结果应当以书面形式通知公务员本人。定期考核的结果作为调整公务员职务级别、工资以及奖励、培训、辞退的依据，考核结果的法律效力使考核作用得以保证。

公务员的考核内容包括德、能、勤、绩、廉五个方面，其中考绩为考核的主要方面。德，主要指公务员的政治品德、遵守职业道德和社会公德的情况以及个人品德。能，主要指业务知识和工作能力。业务知识是指公务员的政策理论水平、文化程度、专业知识水平；工作能力是指公务员认识问题、分析问题和解决问题的能力，主要包括理解判断能力、规划预测能力、组织协调能力、领导管理能力、科学决策能力、调研综合能力、团结协作能力、开拓创新能力等。勤，是指公务员的事业心、工作态度和勤奋精神。绩，主要指公务员的工作实绩，包括完成工作的数量、质量，所产生的效率。廉，是指廉洁自律情况。

四、奖惩制度

机关通过积极和消极两个方面来建立公务员的激励机制。积极方面是建立完善的公务员奖励制度，消极方面是严格规定公务员的纪律并规定违纪处分制度。公务员奖励制度，是机关依照法律、法规的规定，对工作表现突出、有显著工作业绩或者有其他突出事迹的公务员或者公务员集体，给予一定荣誉或者物质利益以示鼓励的制度。公务员奖励制度是组织管理公务员的一种激励机制和手段。对公务员奖励坚持精神奖励和物质奖励相结合、以精神奖励为主的原则。公务员集体的奖励适用于按照编制序列设置的机构或者为完成专项任务组成的工作集体。公务员的奖励种类分为五种：嘉奖、记三等功、记二等功、记一等功、授予荣誉称号。对受奖励的公务员或者公务员集体予以表彰，并给予一次性奖金或者其他待遇。

《公务员法》还规定了严格的纪律惩戒，针对公务员的职责和地位规定不得有下列行为：散布有损国家声誉的言论；组织或参加旨在反对国家的集会、游行和示威等活动；组织或参加非法组织；组织或参加罢工；玩忽职守，贻误工作；拒绝执行上级依法作出的决定和命令；压制批评，打击报复；弄虚作假，误导、欺骗领导和公众；贪污、行贿、受贿，利用职务之便为自己或他人牟取私利；违反财经纪律，浪费国家资财；滥用职权，侵害公民、法人或其他组织的合法权益；泄露国家秘密或者工作秘密；在对外交往中损害国家荣誉和利益；参与或者支持色情、吸毒、赌博、迷信等活动；违反职业道德、社会公德；从事或者参与营利性活动，在企业或者其他营利性组织中兼任职务；旷工或者因公外出、请假期满无正当理由逾期不归；违反纪律的其他行为。

为了惩罚违法违纪行为，《公务员法》规定了六种处分形式：警告、记过、记大过、降级、撤职、开除。对公务员进行处分时，应当坚持事实清楚、证据确凿、定性准确、处理恰当、程序合法、手续完备的原则。此外，《公务员法》还对公务员处分的程序、法律后果以及处分期间的有关事项进行了具体规定，如：处分决定机关拟对公务员给予处分时，公务员有权进行陈述和申辩；处分决定应当以书面形式通知公务员本人；公务员在受处分期间不得晋升职务和级别；公务员受开除以外的处分，在受处分期间有悔改表现，并且没有再发生违纪行为的，处分期满后，由处分决定机关解除处分并以书面形式通知本人，解除处分后，晋升工资档次、级别和职务不再受原处分的影响，但是，解除降级、撤职处分的，不视为恢复原级别、原职务。

五、工资制度

公务员的工资，是指国家以法定货币支付给公务员个人的劳动报酬，是公务员劳动创造价值的货币表现，用以保障公务员生活消费支出的需要，激励公务员更好地完成工作任务。公务员实行国家统一的职务与级别相结合的工资制度。公务员工资制度贯彻按劳分配的原则，体现工作职责、工作能力、工作实绩、资历等因素，保持不同职务、级别之间的合理工资差距。国家建立公务员工资的正常增长机制，实行公务员工资增长的制度化、正常化。公务员工资包括基本工资、津贴、补贴和奖金四个部分。公务员按照国家规定享受地区附加津贴、艰苦边远地区津贴、岗位津贴等，并按照国家规定享受住房、医疗等补贴、补助。公务员在定期考核中被确定为优秀、称职的，按照国家规定享受年终奖金。公务员工资应当按时足额发放。

公务员的福利，是指国家和单位为解决公务员生活方面的共同需要和特殊需要，对公务员在经济上的帮助和生活上的照顾。公务员福利待遇是公务员工资收入分配的重要组成部分。《公务员法》规定，公务员按照国家规定享受福利待遇；国家根据经济社会发展水平提高公务员的福利待遇；公务员实行国家规定的工时制度；按照国家规定享受休假；公务员在法定工作日之外加班的，应当给予相应的补休。

公务员的保险，是指国家对公务员在退休、患病、工伤、生育、失业等情况下提供的必要的帮助和补偿。公务员因公致残的，享受国家规定的伤残待遇。公务员因公牺牲、因公死亡或病故的，其亲属享受国家规定的抚恤和优待。公务员的保险制度主要包括生育保险制度、基本医疗保险制度、养老保险制度、失业和工伤保险制度等。

《公务员法》同时规定，任何机关不得违反国家规定自行更改公务员工资、福利、保险政策，不得擅自提高或者降低公务员的工资、福利、保险待遇。任何机关不得扣减或者拖欠公务员的工资。公务员工资、福利、保险、退休金以及录用、培训、奖励、辞退等所需经费，应当列入财政预算，予以保障。

六、交流与回避制度

公务员的交流，是指机关根据工作需要或公务员个人愿望，通过调任、转任、挂职锻炼等形式，在机关内部调整公务员的工作职位，或者将非公务员身份的公职人员调入机关担任一定层次公务员职务的管理活动。公务员的交流制分为内部交流和外部交流两种。内部交流是指公务员在本部门、本单位不同职位之间交流，也可以在不同地区、不同部门之间交流。外部交流是指公务员与国有企业事业单位、人民团体和群众团体中从事公务的人员的交流。公务员交流的方式包括调任、转任和挂职锻炼。调任，是指公务员与公务员队伍以外的其他从事公务的人员的交流。《公务员法》规定国有企业事业单位、人民团体和群众团体中从事公务的人员可以调入机关担任领导职务或者副调研员以上及其他相当职务层次的非领导职务。转任是指公务员因为工作的需要或者其他的正当理由而在机关内部进行交流的方式。《公务员法》规定，公务员在不同职位之间转任应当具备拟任职位所要求的资格条件，在规定的编制限额和职数内进行；对省部级正职以下的领导成员，应当有计划、有重点地实行跨地区、跨部门转任；对担任机关内设机构领导职务和工作性质特殊的非领导职务的公务员，应当在本机关内转任。挂职锻炼，是指机关根据培养锻炼的需要公派公务员到下级机关或者上级机关、其他地区以及国有企业事业单位担任一定职务的管理活动。公务员挂职锻炼期间，不改变与原机关的人事关系。

公务员回避，是指为了防止公务员利用职务之便为亲朋好友徇私舞弊而对其任职和执行公务等方面作出的事前限制性规定。《公务员法》对公务员回避的种类、回避的亲属范围作出了具体规定。回避的种类分为：职务回避、公务回避和地域回避。职务回避，是指有一定亲属关系的公务员，在担任某些与其关系比较密切的职务时，要进行回避。公务员之间有夫妻关系、直系血亲关系、三代以内旁系血亲以及近姻亲关系的，不得在同一机关担任双方直接隶属于同一领导人员的职务或者有直接上下级领导关系的职务，也不得在其中一方担任领导职务的机关从事组织、人事、纪检、监察、审计和财务工作。公务回避，是指公务员在执行公务时，涉及本人利害关系、涉及与本人有亲属关系人员的利害关系的、其他可能影响公正执行公务的，必须回避。地域回避，是指在一定级别的机关中担任一定领导职务的公务员要进行籍贯回避。《公务员法》规定，公务员担任乡级机关、县级机关及其有关部门主要领导职务的，应当实行地域回避，法律另有规定的除外。

七、人事分类制度

人事分类制度有两种：一是以人为对象进行分类，叫品位分类。其具体分类的依据是公务员个人所具备的条件，如资历、学历和身份等；二是以职位为对象进行分类，叫职位分类。其分类依据是职位的工作性质、难易程度、责任轻重及所需资格条件等。两种分类方法各有利弊。我国的职位分类制度，是在吸收和借鉴职位分类和品位分类优点的基础上，根据我国的国情制定的人事分类制度。在职位设置、职位调查、职位评价、类别划分以及编制职位说明书等方面，主要采取职位分类的原则和方法；在列等归级方面则主要采取品位分类的原则和方法。

过去，对于行政机关的公务员，一般内部不分类别，所有公务员都使用一种管理方式，不论什么职位，仅区分领导职务和非领导职务，一些专业性强的职位和一些基层执法职位，在管理上不同于其他行政管理职位，而按照统一的晋升工资待遇方式，不利于调动公务员的积极性和实施科学化管理。特别是《公务员法》扩大公务员的范围后，更加需要采取新的管理方式。根据职位职责的不同以及职位特点分为综合管理类、专业技术类、行政执法类等职位类别，各个类别采取不同的管理方法。其中，专业技术类职位的设置，为从事专业技术工作的公务员提供了职业发展阶梯，以便吸引和稳定机关中不可缺少的专业技术人才，激励他们立足本职岗位，成为本职工作单位的专家。行政执法类职位的设置，体现了向基层执法机关倾斜的指导思想，解决基层执法队伍职业发展的空间狭小、职务晋升困难的突出问题，激励一线的执法公务员更好地做好本职工作，同时也有利于一线公务员的科学化管理。此外，《公务员法》还规定，国务院对于具有职位特殊性、需要单独管理的，可以增设其他职位类别，为以后的改革和完善制度预留了接口。①

我国公务员的职务分为领导职务和非领导职务两大类型。领导职务是指在各级机关中具有组织、管理、决策、指挥职能的职务。领导职务层次分为：国家级正职、国家级副职，省部级正职、省部级副职，厅局级正职、厅局级副职，县处级正职、县处级副职，乡科级正职、乡科级副职。我国公务员的领导职务从国家级正职到乡科级副职一共十个领导层次。综合管理类领导职务的职务层次是统一的，并根据宪法、有关法律、职务层次和机构规格确定。非领导职务是实职，不是虚职，但不具有行政领导职责。其中，较高层次的非领导职务，可协助同级领导职务工作，经授权可以负责或协调某一方面的工作。《公务员法》规定了非领导职务层次与领导职务层次对应的最高上限，即非领导职务层次在厅局以下设置。综合管理类非领导职务分为：巡视员、副巡视员、调研员、副调研员、主任科员、副主任科员、科员、办事员八个职务层次。根据《公务员法》规定，巡视员以下、副主任科员以上六个综合管理类非领导职务层次，与厅局级正职以下、乡科级副职以上六个领导职务层次一一对应。

① 竺乾威. 公共行政学［M］. 上海：复旦大学出版社，2008.

《公务员法》还规定，各机关必须按照确定的机关职能、机关的建制规格、人员编制限额、领导职务与非领导职务职数和结构比例要求，设置本机关的具体的职位，并确定各职位的工作职责和任职资格条件。这个规定有利于明确各机关的编制和职位要求，改变以往存在的因人设事和人浮于事的状况，明确公务员的职责，提高机关的工作效率。

公务员的职务对应相应的级别。公务员的职务与级别是确定公务员工资及其他待遇的依据。公务员的级别根据所任职务及其德才表现、工作实绩和公务员本人的资历而确定。《公务员法》设置与公务员职务相对应的级别，根据公务员范围的扩大和职位分类管理的需要，适当增加公务员职务的级别数量。在实行新的职务级别制度后，公务员因工作需要虽然长期稳定在某一职务上工作，但可以按照国家规定晋升级别，提高政治和经济待遇。

八、职务制度

职务制度包括职务任免与职务升降。职务任免，包含任职和免职。职务任免是指任免机关按照管理权限，依据有关法律法规，通过法定程序，任命或免除公务员担任某一职务。公务员任职一般有四种形式：一是选任制，即通过选举产生的方式来确定任用对象的任用方式。选任制公务员，是指按照法律和有关章程规定选举担任公务员职务的公务员，具体包括中国共产党机关、人大机关、行政机关、审判机关、检察机关、政协机关、民主党派机关等属于领导成员的公务员。二是委任制，即由任免机关在其任免权限范围内直接委派工作人员担任一定职务的任用方式。我国公务员的任用方式以委任制为主。三是考任制，即通过公开竞争考试，择优录用公务员的任用方式。如《公务员法》规定录用担任主任科员以下及其他相当职务层次的非领导职务公务员，采取凡进必考的任用方式。此外，《公务员法》还规定，机关内设机构厅局级正职以下领导职务出现空缺时，也可以在本机关或者本系统内通过竞争上岗的方式，产生任职人选；厅局级以下领导职务或者副调研员以上及其他相当职级层次的非领导职务出现空缺，可以面向社会公开选拔，产生任职人选。四是聘任制，即机关与所聘公务员按照平等自愿、协商一致的原则，通过签订聘任合同来任用公务员的一种任职方式。

公务员免职可以分为两种类型：一是程序性免职，即在任用公务员担任新的职务之前必须办理的手续，免除原有的职务，目的是为了任用其担任新职务。例如，当公务员转任、轮换、挂职锻炼、晋升或降低职务时，或因其他原因职务发生变动时，需要免除该公务员原有职务，以确认新的职务关系，重新任用。二是单纯性免职，即以免除公务员职务为目的的免职。这种免职是由于公务员实际不能履行职务，或不再履行职务，如长时间离职学习、身体健康状况欠佳、辞职、退休等原因。

职务升降包括升职和降职两个方面。升职是根据机关工作需要和公务员本人的工作表现，提高公务员原有的职务，由较低层次的职务升任至较高层次的职务。降职是对不称职公务员，依照一定程序，降低其原有的职务，由较高层次的职务改任较低层次的职务。公务员晋升职务，应当具备拟担任职务所要求的思想政治素质、工作能力、文化程度和任职经历等方面的条件和资格。公务员职务晋升要坚持任人唯贤、德才兼备、注重工作实绩和逐级晋升的原则。对于特别优秀的或者工作特殊需要的，可以按照规定破格或者越一级晋升职务。《公务员法》规定，公务员晋升领导职务，按照一定的程序办理，同时应当按照有关规定实行任职前公示制度和任职试用期制度。公务员降职是机关合理任用公务员的又一种形式，是对机关人与事不符、不宜的情况作出的任用调整。《公务员法》规定，公务员在定期考核中被确定为不称职的，按照规定程序降低一个职务层次任职。降职当然不是一种行政处分，也不是一种惩戒手段，但降职直接关系公务员的名誉、地位、待遇以及才能的发挥。因此，必须深入细致地做好思想政治工作，从关心爱护的角度出发，合理安排降职人员，充分调动其工作积极性。

九、辞职与退休制度

公务员的辞职是指公务员根据本人意愿提出，并经过任免机关批准，依法解除其与机关的职务关系，或者担任领导职务的公务员依照法律规定的条件和程序辞去所担任的领导职务。前者称为辞去公职，其直接结果是取消公务员身份，机关与公务员的任用关系归于消失；后者称为辞去现职，其直接结果是公务员丧失原来担任的领导职务，但公务员身份仍然存续。《公务员法》对公务员辞去公职作出了程序性的规定：公务员辞去公职，应当向任免机关提交书面申请；任免机关应当自接到申请之日起30日内予以审批，其中对领导成员辞去公职的申请，应当自接到申请之日起90日内予以审批。《公务员法》还对公务员辞去公职的限制性条件进行了规定，即公务员有下列情形之一的不得辞去公职：未满国家规定的最低服务年限的；在涉及国家秘密等特殊职位任职或者离开上述职位不满国家规定的脱密期限的；重要公务尚未处理完毕，且须由本人继续完成处理的；正在接受审计、纪律审查，或者涉嫌犯罪，司法程序尚未终结的；法律、行政法规规定的其他不得辞去公职的情形。

《公务员法》还规定了担任领导职务的公务员的因公辞职、自愿辞职、引咎辞职、责令辞职等制度，如：因工作变动依照法律规定需要辞去现任职务的，应当履行辞职手续；因个人或者其他原因，可以自愿提出辞去领导职务；领导成员因工作严重失误、失职造成重大损失或者恶劣社会影响的，或者对重大事故负有领导责任的，应当引咎辞去领导职务；领导成员应当引咎辞职或者因其他原因不再适合担任现任领导职务，本人不提出辞职的，应当责令其辞去领导职务。

公务员的辞退是指机关依照法律规定的条件，通过一定的法律程序，在法定的管理权限内作出的解除公务员全部职务关系的行政行为，这种行为的直接结果是解除了机关与公务员的任用关系。根据《公务员法》的规定，公务员有下列情形之一的，予以辞退：① 在年度考核中，连续两年被确定为不称职的；② 不胜任现职工作，又不接受其他安排的；③ 因所在机关调整、撤销、合并或者缩减编制员额需要调整工作，本人拒绝合理安排的；④ 不履行公务员义务，不遵守公务员纪律，经教育仍无转变，不适合继续在机关工作，又不宜给予开除处分的；⑤ 旷工或者因公外出、请假期满无正当理由逾期不归连续超过15天，或者一年内累计超过30天的。《公务员法》还对不得辞退公务员的情形进行了规定：① 因公致残，被确认丧失或者部分丧失工作能力的；② 患病或者负伤，在规定的医疗期内的；③ 女性公务员在孕期、产假、哺乳期内的；④ 法律、行政法规规定的其他不得辞退的情形。辞退公务员，按照管理权限决定。辞退决定应当以书面形式通知被辞退的公务员，被辞退的公务员可以领取辞退费或者根据国家有关规定享受失业保险。

公务员的退休是指公务员符合法定条件时，离开工作岗位，领取退休金，安度晚年。退休是国家安置老弱病残公务员的基本方法，也是社会保障工作的重要内容。退休制度是公务员更新机制的重要组成部分，也是对公务员老有所养权利的重要保障，有利于形成有效的保障机制。公务员退休分为两种，一种是应当退休，又称义务退休，包括年龄条件和身体条件两个方面，即公务员达到国家规定的退休年龄或者完全丧失工作能力的，应当退休。另一种是提前退休，又称自愿退休，凡符合下列条件之一的，本人自愿提出申请，经任免机关批准，可以提前退休：① 工作年限满 30年的；② 距国家规定的退休年龄不足 5 年，且工作年限满 20 年的；③ 符合国家规定的可以提前退休的其他情形。公务员退休后，享受国家规定的退休金和其他待遇，国家为其生活和健康提供必要的服务和帮助，鼓励发挥个人专长，参与社会发展。

十、申诉与控告制度

《公务员法》对涉及公务员对本人的人事处理不服进行申诉的和对侵害公务员合法权益的机关及其领导人进行控告的都做出了明确规定，目的是为公务员维护其合法权益提供救济渠道。《公务员法》规定，公务员对涉及本人的人事处理不服的，可以自知道该人事处理之日起 30 日内向原处理机关申请复核；对复核结果不服的，可以自接到复核决定之日起 15 日内，按照规定向同级公务员主管部门或作出该人事处理的机关的上一级机关提出申诉；也可以不经复核，自知道该人事处理之日起 30 日内直接提出申诉。行政机关公务员对处分不服向行政监察机关申诉的，按照《行政监察法》的规定办理。原处理机关应当自接到复核申请书后的 30 日内作出复核决定。受理公务员申诉的机关应当自受理之日起 60 日内作出处理决定；案情复杂的，可以适当延长，但是延长时间不得超过 30 日。复核、申诉期间不停止对人事处理的执行。公务员申诉的受理机关审查决定人事处理有错误的，原处理机关应当及时予以纠正。为了维护公务员的合法权益，《公务员法》规定公务员享有控告的权利。公务员认为机关及其领导人员侵犯其合法权益的，可以依法向上级机关或有关的专责机关提出控告。受理控告的机关应当按照规定及时处理。

　　文化行政的人事管理应严格按照公务员管理制度的要求进行工作。

第九章

文化行政的财务管理

文化行政管理各方面的活动都需要适当的资金收支作为财力基础，因此，任何文化行政管理机构行政管理工作，都包含对资金收支的管理，而资金收支是否合理，最终需要由文化行政管理各方面活动的效果来检验。文化行政的财务管理的内容主要包括收支管理、国有文化资产管理和财务管理。

第一节　概　　述

一、文化行政的财务管理的特征

文化行政的财务管理是行政主体对文化行政管理单位微观管理中的资金收支的管理活动，是行政主体行使与法定的事权相配套的财权，规范和监督资金的收入、保存和支出，支持和保障文化行政管理各项职能的运行，从而实现文化行政管理目标，是关于行政主体依法生财、聚财、理财和用财的活动。文化行政的财务管理具有以下特点。

（一）公共性

文化行政的财务管理要解决公共文化问题，实现公共目的，满足社会对文化的需求。我国正处于社会经济转型期，过去政府包办一切的做法正在得到改变。在市场经济条件下，政府与市场应该有明确的分工，政府文化管理的主要职能就是向社会提供公共文化产品和公共文化服务，以满足社会的共同需要。这一管理职能的转变，必然形成一种新型的资源配置关系以及与市场经济相适应的财政管理方式，这种新型的管理方式就是公共文化财政。由于资源配置方式出现根本性的转变，这就迫切需要政府遵循市场规则，从过去包揽整个社会生活的各个方面（包括文化生活）转向主要在市场有缺位的领域发挥自身的作用，即文化行政管理职能应为社会提供高效、优质的公共文化产品和公共文化服务。

（二）公益性

文化行政的财务管理的公益性，是指社会效益优先。文化行政的财务管理以满足社会公共文化需求为己任，追求公益目标，一般不直接从事市场活动和追求利润。如果文化行政的财务管理追求利润目标，这就可能凭借其拥有的特殊政治地位而凌驾于其他经济主体之上，就可能运用自己在具体的经营领域的特权影响公平竞争，直接干扰市场经济秩序，打乱市场与政府分工的基本规则。此外，其资金也会因用于获得利润项目而使公共文化领域投入不足。公共文化财政的收入，是为了满足社会公共文化需求而筹措资金；公共文化财政的支出，应当以满足社会公共文化需求和追求公共文化利益为宗旨，不能以营利为目的。

（三）保障性

文化行政的财务管理的保障性，是指从财力上支持符合规章制度的文化管理活动的开支，这是文化财务行政责无旁贷的义务。文化行政的财务管理的保障性受制于文化行政管理的目的性。文化行政管理的各种活动，可归类为几种基本功能，而各种功能的运行，都要围绕和服务于实现文化行政管理的目标。各种功能和目标都需要财力的支持，如果没有或者缺乏资金保障，它们就难以开展，目标就不能实现。行政首长有职责维护和改善财务与决策、计划、组织、控制等文化行政管理基本职能之间的协调性。财务行政管理部门有职责服务于行使其他基本职能的部门的文化行政管理活动。

（四）法治性

文化行政的财务管理要把公共管理的原则贯穿于财政工作的始终，以法治为基础，管理要规范和透明。一方面文化行政管理机关的财务活动必须在法律法规的规范下进行；另一方面依靠法律法规的强制性保障手段，使社会公众得以真正决定、约束、规范和监督文化财政活动，确保其符合公众的根本利益。具体而言，获得财政收入的方式、数量和财政支出的取向、规模等理财行为必须建立在法治基础之上，不能想收什么就收什么，想收多少就收多少，或者想怎么花就怎么花，要依法理财，依法行政。

（五）纪律性

文化行政的财务管理的纪律性，是指各种文化行政管理组织及其工作人员、财务行政部门及其工作人员都必须自觉遵守、坚决维护有关财务行政活动的法律、法规和规章。构成文化财务的资金来源主体是国家的资金和财产，各种规章制度的制定和执行，都是为了保证国家资金和财产用于实现公共整体利益和长远利益，防止用于谋取个人或小团体的利益，规章制度严明不能开支的，就不得开支。

二、文化行政的财务管理的职能

文化行政的财务管理在文化的宏观管理方面发挥作用，有赖于各单位在微观管理方面认真履行以下职能。

（一）从资金上保障中心任务和重点工作的完成

每个时期，文化行政管理部门都有其阶段性的中心任务和重点工作，这些工作决定着全局性的工作，并带动其他各项工作。因此，在资金有限和偏紧的情况下，必须优先保证中心任务和重点工作的资金使用，同时要处理好与一般任务和重点工作的关系。

（二）主动从财政上支持单位的日常管理工作

每个文化行政管理部门的日常管理工作都是其管理活动不可或缺的组成部分，如果日常工作不能正常运转，就会引起连锁反应，最终影响管理的全局。各部门符合规章制度的开支，财务部门有职责同意支出。财务行政部门还应主动地介绍财务收支情况，了解各部门的工作计划，与各部门的管理人员协商，使各部门的工作需要与财务收支更好地结合起来。

（三）把增收节支作为经常性的管理工作

文化行政的财务管理的工作重点，就是在日常管理制度化的基础上，努力把增收节支作为经常性的管理工作。对文化行政部门来说，节支与增收同样重要。要求节约使用每一项支出，同时减少一般性支出，支持和适当增加重点支出，以适应文化行政单位管理的新发展。

（四）严格执行财务行政的法律、法规和规章

财务行政的法律、法规和规章，体现了文化行政管理机关对有利于文化发展必要支出的支持和保障，对谋求小团体利益、铺张浪费等支出的限制。财务行政部门的人员要出于公心，敢于坚持原则，支持符合规章制度的支出，防范违反规章制度的支出。文化行政管理机构的领导有职责保障财务行政部门及其工作人员维护规章制度的行为。

（五）为文化行政管理机构的管理当好参谋

文化财务行政管理部门是文化行政管理机构的综合职能部门之一，不能把其职能局限于当好账房先生。要通过分析各部门使用资金的情况，发现各部门的工作成绩、问题及解决的办法。财务行政部门有职责就改善资金的使用以及各部门的工作，向文化行政管理机构的领导提出意见和建议。

三、文化行政的财务管理的作用

（一）从文化行政管理部门角度来看，通过文化行政的财务管理可以促进文化事业的发展

当前，经济发展和人民生活水平的不断提高，迫切需要加快文化事业的发展。与此同时，随着社会主义市场经济体制的建立，文化行政机关遇到了许多新情况、新问题，这些给文化事业的发展提供了机遇，同时也带来了挑战。文化行政机关一方面需要管好用好财政拨款，另一方面要遵守财务规章，切实改善服务。

（二）从文化国有资产管理角度看，要实现其保值增值，发挥国有文化资产在文化事业发展中的作用

国有文化资产管理是文化行政管理的重要组成部分，它涉及对国有文化财产和资金的管理，应该列为文化行政管理学中文化行政的财务管理的研究范畴。通过研究国有文化资产的行政管理体制，进一步厘清文化行政

管理机关的职能、中介机构的运作职能和文化企业单位的经营职能之间的分工合作关系；通过研究对国有文化资产的评估，防止国有文化资产的流失，评定国有文化资产的经营状况；通过研究国有文化资产的股权和债权管理，实现国有文化资产的保值和增值；通过研究国有文化资产的经营管理和融资管理，促进国有文化资产与其他经济成分的结合；通过研究国有文化资产的财务报告和财务分析，改善国有文化资产的经营和管理；等等。

（三）从资金管理角度来看，通过审计管理监督，保障预算资金不受损害，发挥应有的作用

政府的审计部门和财政部门都负有监督文化行政部门的财政收支的职责。审计部门监督文化行政管理部门的财政收支的职责主要是，监督文化行政机关的财务部门预算内和预算外的收入和支出情况；此外，文化行政部门自身也负有对本单位、本系统的财务行政监察的职责。

第二节　公共文化财政支出

一、公共文化财政支出的含义

（一）公共文化财政支出概念

公共文化财政支出是以文化行政职能机构为主体，以公共财政的事权为依据进行的一种财政资金分配活动，集中反映了文化行政职能活动的范围及其所造成的损耗。究其实质而言，公共文化财政支出就是满足社会公共文化需求的社会资源配置活动，是文化行政职能机构通过财政收入将集中起来的财政资金有计划地分配，以满足社会公共文化需求和文化再生产的资金需要。

公共文化财政支出的项目繁多，各种支出的性质也不尽相同，比如有基本建设支出、日常运行支出、流动资金等，但是按照经济性质划分可以分成两大类：一是购买性支出；二是转移性支出。购买性支出也称为消费性支出，是文化行政职能机构购进并消耗商品和劳务过程中所产生的支

出，包括用于文化行政机构购买进行日常政务活动所需要的商品和劳务支出。财政一手付出资金，另一手相应地获得了履行文化行政职能所需的商品和劳务。在购买性支出中，文化行政职能机构与其他经济主体一样，从事等价交换活动。购买性支出反映了文化行政职能机构在履行文化行政职能的过程中对社会经济资源的需求。转移性支出表现为资金无偿的、单方面的转移，主要用于中西部和经济欠发达地区在公共文化投入等方面的支出。这项支出的特点是，文化行政职能机构付出了资金，却无任何商品和劳务所得，不存在任何交易问题。转移性支出并不反映文化行政职能机构占用社会经济资源的要求，只是文化经济资源在社会成员之间的再分配，文化行政职能机构只是充当再分配的中介，因此转移性支出对社会公平具有重要的影响和作用。

(二) 公共文化财政支出原则

公共文化财政支出的内容非常广泛，涉及文化活动的方方面面，在安排支出的过程中，会遇到各种复杂的矛盾，如支出与收入的矛盾、支出中各项目之间的矛盾，以及支出中如何实现支出效益的问题等。要正确处理这些矛盾，必须遵循一定的准则。这些原则是文化行政职能机构在安排和组织文化财务支出过程中应该遵守的基本原则，是财政规律在文化支出中的具体化与系统化。一般来讲，公共文化财政支出原则要考虑两个前提条件：一是这些原则能否使公共文化财政支出促进文化事业的发展；二是这些原则能否覆盖公共文化财政支出的全过程，能否缓解公共文化财政支出中的主要矛盾。

1. 量入为出原则

市场经济条件下，社会对资源的供给相对于需求来说，总是稀缺的，因而社会对文化行政职能机构的公共需求是无限的，但是文化行政职能机构所能支配的财政收入又是有限的，两者之间存在的收支矛盾是资源稀缺状态的客观结果。这就决定了克服这个矛盾的唯一方法是实行量入为出的原则，把公共文化财政支出限定在公共收入总量允许的范围内，以公共收入来控制公共支出，其基本含义是：文化行政职能机构根据一年时间内的收入总量来安排支出，力争做到财政收支平衡。这一原则反映了一国经济发展水平对文化财政支出的制约。

2. 效益原则

公共文化财政支出的效益原则是指每笔支出所获得社会效益应当超过社会总成本，即应当超过政府通过税收或其他方式取得财政收入而使社会付出的代价。具体包括两个方面：一是使社会资源在文化行政职能机构和微观经济主体之间得到最合理的配置，以达到国家通过文化财政支出给社会带来的利益，应大于因为政府课税，或用于其他方式取得的收入使社会付出的代价的目的；二是要运用成本效益分析等方法对文化行政职能机构的每项财政支出进行预测，找到每一方案所耗费的经济资源与其所产生的社会效益的对比关系，以此来决定是否安排这项支出，或安排多少支出，使得以最小的财政支出取得最大的社会效益。

3. 公平原则

公平原则的要求是，使每一个社会成员的基本文化需求有相对的文化产品和文化服务来满足，这是保证社会稳定和发展的重要条件。因此，公平原则更多是政府通过公共文化财政支出结构和对象的调整来改善公众对文化产品和服务的占有份额，使文化产品和服务分配得相对合理。

4. 统筹兼顾原则

统筹兼顾原则是指文化行政职能机构公共支出结构的安排，必须从全局出发，通盘规划，区分轻重缓急与主次先后，适当照顾各方面的需要，以保证文化行政职能的全面实现。一方面安排支出时要做到统筹兼顾与突出重点相结合，应将资金集中于重点职能的实现上，以避免出现资金平均分配的现象；另一方面按照科学的支出顺序来安排财政资金的使用，做到先维持再发展。[①]

二、公共文化财政支出结构调整和优化

（一）我国公共文化财政支出结构分析

所谓公共文化财政支出结构就是公共文化财政支出的内部比例关系。这里的公共文化是指投入公益性的文化事业那一部分，不包括对经营性的

---

① 杨寅，王辉. 公共行政学［M］. 北京：北京大学出版社，2009.

文化产业那一部分的投入。改革开放后,我国公共文化财政支出呈现以下特点:

1. 我国公共文化服务财政投入的基本状况

(1)公共文化服务财政投入总量逐年递增。改革开放以来,我国文化事业费投入总量呈现稳步增长态势,从 2000 年的 63.16 亿元,增长到 2017 年的 855.80 亿元,增长了 13.5 倍;人均文化事业费从 2000 年的 5.11 元,增长到 2016 年的 61.57 元,增长了 12.0 倍。

(2)公共文化服务财政支出结构不断优化。一方面,财政支出向基层倾斜,转移支付力度逐渐增强。总体而言,中央对地方文化项目补助资金总量呈现总体上升趋势,即从 2006 年的 2.49 亿元增长至 2016 年的 61.03 亿元,10 年增长了 24.5 倍。2007 年经费呈现爆发式增长,增幅为 258.63%,之后增幅逐年下降,到 2011 年到达低点(-1.59%);2012 年和 2013 年恢复增长,2014 年又出现负增长(-3.79%),2015 年略微恢复增长;2016 年政府加大了该项目的投入力度,成为 2010 年以来增幅最高的年度,增幅达到 27.68%。从全国文化事业费的城乡分布投入总量来看,县及县以下投入经费与县以上投入经费差距总体呈现缩小趋势,并最终于 2016 年实现反超。1995~2016 年,县以上投入经费总量从 24.44 亿元增长至 371 亿元,增长了 15.18 倍,县及县以下投入经费总量从 8.95 亿元增长至 399.68 亿元,增长了 44.66 倍;县以上投入经费总量比重从 73.2% 下降到 48.1%,县及县以下投入经费总量比重从 26.8% 上升到 51.9%。从全国文化事业费区域分布投入总量来看,1995~2016 年,东部、中部、西部地区投入经费分别从 13.43 亿元、9.54 亿元、8.30 亿元增长到 333.62 亿元、184.8 亿元、218.17 亿元,分别增长了 24.84 倍、19.37 倍、26.29 倍,西部地区增幅最大,中部地区增幅最小;东部、中部、西部地区投入经费所占比重从 40.2%、28.6%、24.9%调整为 43.3%、24%、28.3%,东部地区领先优势进一步加大,由于国家政策的额外扶持导致西部地区反超中部地区。[①]

---

① 吴高,韦楠华. 公共文化财政投入现状、问题及对策研究 [J]. 图书与情报,2018,2:55-57.

（3）公共文化服务财政投入效果明显提高。以"十一五"期间为例，中央对地方文化建设共补助经费 100.24 亿，是"十五"期间的 11.4 倍，地方重点文化项目稳步推进，"村村通"等农村文化工程基本完成；同时，财政支出向西部倾斜，区域间差距有所缓解。2010 年，西部地区公共文化事业费达到 85.78 亿元，占全国的 26.6%，比 2006 年提高了 4.9%。"十一五"期末，我国基本建成覆盖城乡的公共文化服务体系，各项文化事业获得快速发展。截至 2020 年底，我国共有公共图书馆 3 212 个，博物馆 5 452 个，各类艺术表演团体 17 581 个……①

2. 我国公共文化服务财政投入存在的主要问题

（1）公共文化服务财政投入总量仍显不足。目前我国公共文化投入占财政支出比重较少，与财政支出涨幅不相匹配。1980 年以来，全国文化事业费占财政总支出比重超过 0.5% 的有 1991 年、1992 年、1994 年和 1997 年，1992 年以来一段时间，全国文化事业费占财政总支出比重总体呈现下降趋势；2001～2015 年比重一直在 0.36%～0.40% 徘徊，2016 年终于突破 0.40%，比重达到 0.41%。从 2007 年开始，文化投入所占国家财政支出的比重逐年下降，2010 年比 2006 年回落了 0.07 个百分点。根据国际货币基金组织的政府财政统计（GFS）数据，以"文化、娱乐与宗教支出"为统计指标，2012～2015 年间法国政府文化投入占财政支出比重分别为 2.53%、2.56%、2.45%、2.33%，瑞典为 2.16%、2.17%、2.22%、2.20%，德国为 1.70%、2.29%、2.33%、2.31%，瑞士为 2.53%、2.43%、2.49%、2.48%，澳大利亚为 2.45%、2.43%、2.33%、2.37%，南非为 2.26%、2.55%、2.14%、1.87%，英国为 1.87%、1.64%、1.52%、1.52%，这说明我国政府文化投入还有较大增长空间。2000 至 2015 年全国财政收入年均增长 17.59%，高于同期文化投入总量年均增长 0.81%，文化投入占财政收入比从 2.24% 下降至 2.02%，降幅达 9.87%；除了青海、北京、辽宁、吉林外，其余 27 个省份，文化投入增长均落后于财政收入增长。②

① 中华人民共和国文化和旅游部 2020 年文化和旅游发展统计公报［R］. 文化和旅游部官网，2021 - 7 - 5.

② 吴高，韦楠华. 公共文化财政投入现状、问题及对策研究［J］. 图书与情报，2018（2）：57 - 58.

（2）公共文化服务财政投入结构相对失衡，均等化程度不高。一是公共文化投入的城乡差距较大。受到城乡经济发展水平、文化服务半径、政府投入和居住集中度等因素的影响，我国农村地区实际享受到的公共文化服务质量远低于城市。例如 2015 年主要服务于农村的 1 988 家县图书馆图书总藏量为 23 027 万册，只占全国图书馆总藏量的 27.5%。二是公共文化投入存在着严重的区域性不平衡，中西部省份人均财政投入较低。1995～2016 年东部地区文化事业费所占比例从 40.2%提升为 43.3%，中部地区从 28.6%下降为 24%，西部地区从 24.9%提升至 28.3%，可见东部地区领先优势进一步加大，西部地区得益于中央财政的大力扶持，增幅最快，而中部地区增幅最小，形成了公共文化投入上的"中部塌陷"。此外，从全国文化事业费省域人均投入来看，2015 年全国人均文化事业费为 49.68 元，排名前 5 位的省域分别为：西藏（178.46 元）、上海（151.34 元）、北京（127.08 元）、青海（111.13 元）、天津（99.39 元），排名后 5 位的省域分别为：河南（21.73 元）、安徽（23.81 元）、河北（24.96 元）、江西（27.84 元）、湖南（28.57 元）。河南省人均文化事业费是全国平均水平的 43.74%；西藏、青海由于地广人稀，加上国家额外扶持，故人均文化事业费较高。

（3）公共文化服务财政投融资体系单一。首先，我国公共文化投入方式存在行政化、部门化和条块分割问题，适应性和整体性不强，公共文化财政投入效率偏低，重复建设和资源浪费现象普遍；其次，公共文化财政投入绩效考核机制不健全，特别是地方政府对基本公共文化服务考核权重微小；最后，民间资本的准入机制操作性不强，文化政策大多停留于文件上，没有减免税收、财政补贴和人力支持等有效的具体实施细则，社会力量投资公共文化服务建设的积极性没有充分激发出来。[①]

（二）公共文化财政支出结构低度化的影响

公共文化财政支出结构低度化直接影响文化的发展，具体表现在：

（1）人文发展指数低。文化发展水平与快速发展的经济水平很不相称，

---

① 方堃，姜庆志. 基本公共文化服务均等化趋势下财政投入机制研究［J］. 武陵学报，2012（1）：22-32.

使我国人文发展指数排名落后。以菲律宾为例，尽管我国人均国内生产总值更高，但由于公共文化财政支出不足，人文发展指数排名其后。

（2）文化发展地区差距明显。文化财政投入的地区不均衡，导致文化事业发展的地区差距拉大，各地的艺术表演机构数量悬殊。比如东部沿海地区和西部地区的艺术表演团体数量相差较大，而各地艺术表演的场次、场所差异也颇大。同样的情况也出现在其他领域（如图书馆）。

（三）公共文化财政支出结构的优化

随着我国财政状况从吃饭型财政向公共财政的转型，公共财政将承担更多的公共文化的投入。鉴于我国文化发展还相对落后，财政对文化发展的管理职能必须强化。

（1）要建立财政对文化投入的长效机制，提高公共文化财政支出的比重。财政性文化经费占 GDP 的比重，是国际公认的评价各国文化投入的主要指标，能够准确地反映文化在国家发展战略中的位置。要通过立法规定预算内文化经费占财政支出的比例逐年提高，以保障公共文化财政支出。

（2）要优化公共文化财政的支出结构，加大对中西部的文化财政投入。中央财政要承担起中西部地区推动文化发展所需的必要资金，加大对中西部公共图书馆和其他文化场所建设经费的投入，并提高公共图书馆和其他文化场所的维修改造资金。中西部无论是城市社区还是农村地区，都是我国公共文化的最薄弱地区。除了加大文化财政的投入外，还要发挥财政的经济杠杆作用，积极引导社会资本投入公共文化事业。[1]

三、公共文化财政支出的效益评估

公共文化财政支出实际上就是将资源集中到文化行政职能机构的手中并由它们来支配使用。随着经济的发展，公共文化投资项目将越来越多，人们也越来越注意到公共支出的效益问题，以期通过最小的成本支出，取

---

① 王广深，王金秀. 我国文化事业财政支出结构的优化分析 [J]. 华东经济管理，2008 (5)：48-51.

得较大的效益，从而实现资源的优化配置。

运用成本效益分析法选择最优的公共文化支出项目，一般经过以下几个步骤：一是文化行政职能机构确定备选项目和备选方案。文化行政职能部门根据文化发展的情况，选择若干个行动目标，根据这些目标确定备选项目，然后针对每一个项目，组织专家制定备选方案。二是文化行政职能机构选择方案和项目的过程。要详细列出各个备选方案的成本与效益，并运用贴现方法将这些成本和效益折成现值，然后在备选方案中为每一个项目选择一个最佳实施方案，再根据业已确定的公共文化支出规模，在备选方案中选择一个最佳组合，最后对这个项目组合做机会成本分析，最终将支出确定下来。一般来说，这些效益和成本可以划分成五类：

（1）实际成本效益和金融成本效益。实际成本是指由于建设该项目而实际耗费的人力和物力，以及对社会、经济和人民生活造成的实际损失。实际成本效益是指由于该项目建设而更多地生产出的社会财富。金融成本效益，是指由于该项目的建设，社会经济文化的某些方面受到影响，价格上升或下降，从而使某些单位和个人增加了收入或减少了收入。但是这一部分人的得或失，正好是另一部分人的失或得，整个社会的总成本与总效益的对比没有变化，所以，此种成本和效益又称为虚假成本和效益。

（2）直接成本效益与间接成本效益。直接成本包括建设、管理和维护该项目而投入的人力和物力的价值；直接成本效益指该项目直接增加的商品量和劳务量，以及使社会成本得以降低的价值。间接成本又称次级成本，主要指由于该项目的建设而附带产生的人力和物力的耗费；间接成本效益也称次级效益，主要包括与该项目相关联部门产量的增加以及得到的其他社会福利。

（3）有形成本效益与无形成本效益。有形成本效益指可以用市场价格计算的且按惯例应记入会计账目的一切成本和效益；无形成本效益指不能经由市场估价的，因而也不能入账的一切成本和效益。

（4）内部成本效益和外部成本效益。内部成本效益指包括一切在建设项目实施区域内所产生的成本与效益；外部成本效益指包括一切在建的项目实施区域以外所产生的成本与效益。

（5）中间成本效益与最终成本效益。中间成本效益指在建设项目成为最终产品之前加入的其他活动所产生的一切成本和效益；最终成本效益指建设项目作为最终产品所产生的一切成本与效益。

第三节　国有文化资产管理

一、国有文化资产的概念

国有文化资产是指在从事文化产品生产经营、提供文化服务的文化企业和公益性文化事业单位中，国有独资、国有控股（含绝对控股、相对控股）和其他混合所有制经济中的国有经济成分，包括有形资产和无形资产、经营性资产和非经营性资产、固定资产和流动资产。

国有文化资产主要是由国家财政以各种形式向文化企事业单位拨款投入的资金，及其转化的有形资产积累和无形文化资产沉淀而形成的。国有文化资产包括政府享有所有权和追溯权的政府投资及其收益；由政府拨款维持的社会团体长期存在所形成的文化品牌、文化产品版权等无形资产。

从文化经济学角度来看，国有文化资产有广义和狭义之分。广义的国有文化资产包括文化事业单位和国有文化企业的国有财产及文化版权；狭义的国有文化资产主要指增值型或经营性的国有文化企业的各类资产。

从行业角度而言，国有文化资产主要分布于第三产业，部分涉及第二产业，具有意识形态属性和商品属性，因而不同于通常意义的国有资产，国有文化资产分为经营性和非经营性的两类。经营性国有文化资产主要分布于出版发行业、新闻广播影视业、文化旅游业、网络服务业、广告业、艺术创作业、演出业、文化娱乐业、教育培训业、体育业、文化产品制造业、文化用品印刷包装设计业、文化信息传输服务业、会展文化服务业、文化产品出租与拍卖行业等。非经营性（非营利性）国有文化资产主要分布于博物馆、图书馆、主题公园、文化馆（站）、部分新闻出版广播电视等。经营性和非经营性国有文化资产是相对的概念，因为尚有一些行业目前还不能用这种方法进行分类。

国有文化资产管理体制是指国家关于国有文化资产管理的出资人机构设置、职责划分及职能体系，有关国有文化资产的社会关系的规范以及国有文化资产管理的方式方法、规章制度的总称。国有文化资产管理体制的基本内容包括：国有文化资产管理机构的性质、机构设置和职能配置；国有文化资产管理机构与营运主体的关系；国有文化资产管理机构与国家经济管理一般机构的关系；政府职能和文化企事业单位的关系；文化事业单位与国有文化企业的关系；政治利益、意识形态与文化产业的相互关系；中央与地方国有文化资产管理机构的权责划分及管理机构内部各部门之间的权责划分及相关关系；国有文化企业所有权和经营权的产权界定；国有文化资产所有者权能的实现方式，即国家实施国有资本运作，对国有文化企业实行业绩考核、管理监督的制度；等等。①

二、国有文化资产的特点

国有文化资产是国有资产的重要组成部分。随着改革开放的不断推进，我国国有资产管理体制改革也不断取得进展。1988 年成立了国有资产管理局，开始对国有资产进行界定、评估和登记等工作，归口财政部管理。1998 年该局撤销，并入财政部，由政府多个部门分别行使出资人的职权。2003 年国务院组建正部级的国有资产监督委员会（简称国资委），作为其直属部门。其间，各种国有资产管理办法也相继出台。1995 年国有资产管理局出台了《行政事业单位国有资产管理办法》和《行政事业单位国有资产产权登记实施办法》，2003 年国务院颁布了《企业国有资产监督管理暂行条例》，2006 年财政部出台了《行政单位国有资产管理办法》和《事业单位国有资产监督管理暂行条例》，2008 年全国人大颁布了《企业国有资产法》。通过这些法律规范，我国国有资产被赋予了作为公共投入生产社会公共产品和作为一般资本参与市场活动的双重职能。

---

① 靳柯，刘从水. 国有文化资产管理问题的成因分析及对策 [J]. 经济问题探索，2007 (10)：16 - 21.

我国国有文化资产承载着宣传文化教育功能，是确保党对意识形态领域影响力、控制力以及维护国家文化安全的重要载体，因而具有不同于一般国有资产管理的特殊性和复杂性。这种特殊性和复杂性表现为：

（一）对公益性文化事业单位和经营性文化产业单位的理论划分遭遇技术操作难题

我国文化事业单位脱胎于计划经济体制，文化事业单位的原初功能设计与社会主义市场经济体制特别是提出公共文化服务概念后，出现了对接上的功能性紊乱。由此，在对事业单位的划分上需要有清晰的标准，但在实践中对于介于两者之间单位的划分，显得比较困难。

（二）财政部门的监管幅度和能力难以适应基于社会主义市场经济体制的国有文化资产监督管理的艰巨要求

长期以来，财政部门对国有文化资产的管理参照事业单位和国有企业的资产管理办法，这个管理方法对国有文化资产不能完全适用。

（三）国资委对企业国有资产的监管制度尚不完全适用于国有文化企业资产的监管

文化产品和服务的内容属性决定其必须坚持把社会效益放在首位以及维护国家文化安全等方面的需要，因此尽管国资委可以对文化企业的保值增值履行其职能，但对其社会责任特别是在复杂国际政治环境和国内政治经济制度下的意识形态、文化安全却无法保证。①

三、国有文化资产管理的实践

随着文化体制改革的推进，许多地方对国有文化资产管理方法进行了积极的探索。这些探索围绕国有文化资产授权经营为主要内容，但路径有所不同，形成了各自不同的特点。

（一）以"控股公司"为特征

重庆市政府 2003 年底批准成立了设在市委宣传部的"重庆市文化国

---

① 孔建华. 我国国有文化资产管理体制的历史回顾与战略思考［J］. 中国文化产业评论，2010（11）：177 - 193.

有资产配置重组办公室"，专门负责文化体制改革试点期间国有文化资产的配置重组以及授权经营工作。在明确政府作为国有文化资产出资人的前提下，2005 年组建了"重庆市国有文化资产经营管理有限责任公司"。该公司是由市政府出资组建并授权经营，由市委宣传部主管，市财政局监管，以公司的方式行使国有文化资产出资人职责的国有独资公司。通过授权经营，该公司代表市政府对市级新闻出版、广播电视、文化系统企事业单位的国有资产履行出资人职责，对授权范围内所属国有文化资产拥有完整的"法人财产权"。其主要职责体现在"管人""管事""管资产"三个方面。重庆市的这种尝试是通过在监管层和实体操作层之间设立文化资产管理公司的做法，来建立一个有完整法人财产权的控股公司。其意义在于：一是通过控股公司层的制度设计以及控股公司的授权经营，解决了国有文化资产长期以来所有者缺位的状况；二是由文化资产管理公司负责文化资产的监管、投资方向的调控、重大投融资计划的审定问题，解决了原来监管机构只有权力，没有责任和风险的弊端；三是文化资产管理公司"管人""管事""管资产"职能的确立，使得"政企分开""政事分开"和"政资分开"迈出了实质性的一步；四是宣传部门作为文化资产管理公司的主管单位，其在文化领域的意识形态安全得到了保证。但是由于这一尝试对实体层各文化单位是否具有法人财产权的界定依然模糊，所以具有事业和企业双重属性的文化单位能否真正成为有竞争力的市场主体依然不能确定。

（二）以"联席会议"和"委托管理"为特征

2004 年上海市国资委通过委托的方式，向市委宣传部授权，明确市委宣传部作为上海市文化领域国有资产委托监管主体，并在其下设"上海市文化领域国有资产监督管理办公室"，直接负责国有文化资产的监管工作。其运行机制是，首先，建立了一个由宣传部、国资委、发改委、财政局共同组成的联席会议，作为国有文化资产管理的战略性领导部门，共同对国有文化资产的监管进行决策；其次，在操作层面的授权经营上，建立了一个由国资委授权委托，由宣传部具体承担委托监管职责的国有文化资产管理框架。这种做法对意识形态的安全性比较有保障，但是通过层层委托，增加了管理的难度，降低了权力效力，同时对传媒集团等文化实体独立市场地位的确立的推动作用也非常有限。

（三）以"不完全授权"为特征

深圳市同样也通过由国资委与宣传部签订委托书，将深圳报业集团、深圳广电集团、深圳发行集团委托给市委宣传部进行管理。与上海做法稍有不同的是，深圳市委宣传部是配合国资委对托管的三个文化集团的国有资产进行监管。宣传部就三个文化集团的薪酬方案、限额以及产权变动、投融资、抵押担保等事项出具审查意见，而三家文化集团需要分别与国资委签订国有资产保值增值的责任书。这是一种不完全委托，即对文化资产运营单位进行授权的直接委托者仍由国资委担当，而国资委对宣传部的委托只是一种要求配合监管的委托。这种做法实际上是直接对国有文化资产单位进行授权，受托者是文化经营单位实体，通过授权而拥有法人财产权，这对于解放文化单位的生产力有实质性的意义。

（四）以"双重授权"结构为特征

2007年湖北省政府决定，由省财政厅监督，湖北日报报业集团将国有资产授权给其下属的湖北日报楚天传媒有限责任公司经营。实际上，省政府通过批准湖北日报社将所持有的全部经营性国有资产授权给湖北日报楚天传媒有限责任公司，即承认了湖北日报社（事业单位）对其经营性国有资产的完整经营权。这种做法在法律形式上还不够健全，因而不利于长远发展。

（五）以"联合监管"和"精确考核"为特征

2004年宁波市政府将宁波日报报业集团列为"国有资产授权经营单位"。其做法是，在出资人职责上，由国资委担当委托人；在运营主体上，由实体运营机构"宁波日报报业集团"担当受托人；在监管层面上，建立了由国资委、宣传部、组织部及文广局联合监管及考核的准董事会机制；在授权内容上，出资者授予报业集团资产的产权转让权、资产担保权、收益处分权和投资决策权，权利明确，职责清晰；在考核机制上，将对集团的考核与对集团主要经营者的考核相结合。①

---

① 鞠红磊. 我国国有文化资产授权经营主要模式研究［C］//2008年中国文化产业发展报告. 北京：社会科学文献出版社，2008.

第四节 文化财务会计管理

一、文化财务会计管理的含义

文化财务会计管理作为文化行政职能机构管理工作的组成部分，指依法对有关单位和本单位的会计组织、会计制度和会计工作进行管理的活动，目的是规范单位的会计事务，使财务功能与文化行政管理的其他功能相协调。会计管理的基本要求是：

（一）保障会计组织对行政首长的相对独立性

会计工作必须遵守国家有关法律、法规和本单位有关的规章制度。国家有关的法律、法规体现了公众在会计事务方面的利益和维护经济秩序的要求，文化行政机构的规章制度反映了集体利益和会计业务对各方面活动的制约。文化行政机构领导人首先必须遵守国家的法律、法规和本单位的规章制度，并有权制定会计业务的有关具体规定。会计组织负责人以及工作人员既要遵守会计方面的国家法律、法规和本单位的规章制度，也有职责执行本单位行政领导人的指示。当两者一致时，应当积极、主动地支持单位行政领导人的工作；当两者出现矛盾时，应当坚持法律、法规，抵制行政领导人的错误指示。这是会计组织对文化行政首长具有相对独立性的依据。为了保障这种相对独立性，文化行政领导人在任免会计组织的负责人时，必须征得国家有关组织的同意。

（二）文化行政机构需要配备高素质的会计人员

会计工作的重要性和复杂性，决定了对会计人员的素质要求较高。一要有较高的政治思想素质。会计人员要有法治观念，要自觉成为执行国家法律、法规的典范。二要有较高的道德素质。会计人员要能经得起物质诱惑，不贪污受贿；坚持实事求是，不做假账；敢于抵制违反财务规章的行为。三要有较高的业务素质。会计工作时时与数字打交道，需要有较强的记忆力；财务管理服务于文化行政管理工作，需要有较强的分析能力。因此，会计人员不仅要熟悉会计知识，而且要懂得一些经济学、管理学、文化学、法律学和心理学等知识，不仅要有理论知识，还应掌握调查、写作、公关、外语等应用性技能。

（三）监督会计记录的真实性

会计的意义在于真实。会计的职责是维护资金和财产所有者的权益，对单位投入产出进行会计核算，对各部门的收支活动实行会计监督，分析资金使用和管理工作的效益等。真实地做好会计记录，是履行各项会计职责的基础。会计记录的真实性，表现在原始凭证、记账凭证、账簿记录、会计报表和会计报告等环节上。会计实践中，存在着干扰会计记录真实性的各种因素，如挪用支出、掩盖违章的支出、虚报支出、挪用公款等。会计管理监督会计记录的真实性，通常做法是通过财务部门和审计部门监督和检查会计业务；表彰坚持会计记录真实性的会计机构和人员，对违反会计真实记录的负责人和会计人员，给以处分，直至追究刑事责任。

（四）倡导会计工作的服务性

会计工作既要严格监督有关部门和单位遵守会计管理的规章制度，又要努力为文化行政机关和文化单位的工作服务。这种监督性和服务性的关系，是会计工作的基本矛盾。这种矛盾的实质是公共利益与局部利益、长远利益与眼前利益之间的矛盾。会计管理在处理这些矛盾时所依据的原则是：在监督部门和单位遵守会计工作规章制度的前提下，努力为文化部门和文化单位工作服务。

根据我国《会计法》的规定：国务院财政部门管理全国的会计工作。地方各级政府的财政部门管理本地区的会计工作。各单位根据会计业务的需要设置会计机构。文化行政单位的会计机构必须接受政府财政部门依法进行的监督。文化行政部门按照国家统一的会计制度的规定，根据账簿记录编制会计报表上报。

二、文化财务会计管理的内容

各级政府的财政部门对本级文化行政部门实行会计管理的基础内容包括：

（一）健全并监督执行会计管理的法律体系

我国会计管理的法律体系有三个层次：第一个层次是《会计法》及会

计管理的行政法规。《会计法》主要规定了会计管理的工作原则、组织制度和基本规范，会计管理的其他法律、法规和规章，都受到《会计法》的指导和约束。第二个层次是会计准则。它依据《会计法》及会计管理的行政法规而制定，是《会计法》的具体化；同时直接指导和规范各个部门的会计核算工作。第三个层次是各个部门的会计核算制度。文化行政机关根据《会计法》和会计准则的规定，结合本单位的实际情况，可以制定适用于本单位的会计管理制度，它是会计准则在文化行政单位的具体化。

（二）指导和监督文化行政单位的会计机构和会计人员履行职责

会计机构和会计人员的职责包括：按照《会计法》的规定进行会计核算；按照《会计法》的规定进行会计监督；拟定本单位办理会计事务的具体事项；参与拟定业务计划，考核、分析预算、财务会计的执行情况等。

（三）指导和审核文化行政单位的会计报表和财务报告

财政部门在审核这些会计报表和财务报告后，如发现有违反法律或者规章的问题，应予以制止；对遵守法律或法规的行为，应予肯定和表彰，并可提出改进会计管理的建议。

（四）对文化行政单位进行财务检查

财政部门有权依法对文化行政单位的会计工作进行检查。文化行政单位必须接受检查，如实提供会计凭证、会计账簿、会计报表和其他会计资料，不得拒绝、隐匿和谎报。

（五）组织会计专业资格考试，指导文化行政部门的会计师职称评定工作

财政部门成立专门的会计职称评定领导小组，制定会计师职称评定工作计划，掌握评定标准，部署评定工作，处理评定工作中的违纪行为。此外，还负责领导在职会计人员的培训工作。

（六）参与文化行政单位会计干部的组织人事管理工作

各级政府的财政部门对同级文化行政部门的会计机构负责人、会计主管人员的任免，有同意权；对他们的考核、晋级和奖惩等，有权提出意见和建议。

第十章
文化行政立法

立法是由专门行使立法权的机关制定、颁布法律的行为。根据我国宪法、法律的有关规定，行政机关在某些情况下，对某些特定的管理领域，依照法定的程序，也可以制定某些规范性法律文件。行政职能机关的这种在一定范围内依法制定抽象性行为规则的活动，就是行政立法。文化行政立法是行政立法的一种，它对整个文化行政管理领域和相对人权利的保护都有着重要的影响。

第一节 概　　述

一、文化行政立法的含义

文化行政立法是指文化行政职能机关依照法律规定的权限和程序，制定行政法规和行政规章的活动。文化行政立法既具有行政的性质，是一种抽象行政行为，又具有立法的性质，是一种准立法行为。

文化行政立法的行政性质主要表现在：① 文化行政立法的主体是国家文化行政职能机关；② 文化行政立法所调整的对象主要是文化行政管理事务以及与文化行政管理密切关联的事务；③ 文化行政立法的根本目的是实施和执行权力机关制定的法律，履行文化行政管理职能。

文化行政立法的立法性质主要表现在：① 文化行政立法是有权力的文化行政职能机关代表国家并以国家名义制定文化行政法律规范的活动；

② 文化行政立法所制定的行为规则属于法的范畴，具有法的基本特征，即普遍性、规范性和强制性；③ 文化行政立法必须遵循相应的立法程序。文化行政职能机关制定行政法规、行政规章必须经过起草、征求意见、会议审议、通过、签署、公布等法定程序。

二、文化行政立法的特点

与权力机关的立法活动及具体行政行为相比，文化行政立法具有如下特征：

（一）文化行政立法的主体是特定的国家文化行政职能机关

权力机关的立法主体是享有立法权的全国人民代表大会及其常务委员会，而行政立法的主体是文化行政职能机关，并且只能是特定的文化行政职能机关。

（二）文化行政立法是从属性立法

文化行政职能机关与权力机关之间存在隶属关系，文化行政职能机关进行的行政立法必然地从属于权力机关的立法，是权力机关立法的延伸和具体化。

（三）文化行政立法具有很强的适用性和针对性

通过制定行政规范和规则，为作出具体行政行为提供依据，是文化行政立法的主要任务之所在。因此，针对社会文化生活中的一般事务制定的文化行政法，对其效力范围内的人和事具有普遍约束力，对同一类型的人和事可以多次反复适用。

（四）文化行政立法具有多样性和灵活性

文化行政管理事务的广泛性，决定了文化行政立法的灵活性和多样性。文化行政职能机关可以在其职权范围内或基于权力机关的授权，根据国家文化行政管理的需要，采取灵活、多样的形式制定行政法规或规章。

三、文化行政立法的类型

（一）根据文化行政立法依据其权力来源不同，可以分为职权立法与授权立法

职权立法是指文化行政职能机关直接依照《宪法》和有关组织法规定

的职权制定行政法规和行政规章的活动。我国《宪法》第89条规定，国务院可以根据宪法和法律，规定行政措施，制定行政法规，发布决定和命令。《宪法》第90条第2款又规定：国务院各部，各委员会根据法律和国务院的行政法规、决定、命令，在本部门的权限内，发布指令、指示和规章。根据2015年修正的《立法法》第72条的规定：省、自治区、直辖市的人民代表大会及其常务委员会根据本行政区域的具体情况和实际需要，在不同宪法、法律、行政法规相抵触的前提下，可以制定地方性法规。

授权立法是指依据特定法律、法规授权或者依据国家权力机关或上级国家行政机关通过专门决议的授权，制定规范性法律文件的行为。根据授权的来源不同，又可将授权立法分为以下三类：一是替代法律的授权立法。根据《立法法》第9条的规定，应当由全国人大及其常务委员会制定的法律事项，在尚未制定法律前，全国人大及其常委会可授权国务院根据实际需要，对其中的部分事项先制定行政法规，但是有关犯罪和刑罚、对公民政治权利的剥夺和限制人身自由的强制措施和处罚、司法制度等事项除外。二是特别授权立法。例如《第七届全国人民代表大会第二次会议关于国务院提请审议授权深圳市制定深圳经济特区法规和规章的议案的决定》。三是法条授权，即在制定的法律中专设一条规定，国务院可以就有关问题制定行政法规。例如，全国人大常委会通过的《中华人民共和国治安管理处罚条例》第44条规定的"对违反交通管理行为处罚的实施办法，由国务院另行制定"，属权力机关对行政机关的立法授权；国务院发布的《耕地占用税暂行条例》第15条规定，本条例"实施办法，由各省、自治区、直辖市人民政府根据本条例的规定，结合本地区的实际情况制定，并报财政部备案"，属上级行政机关对下级行政机关的立法授权。

（二）根据文化行政立法依据行使行政立法权的主体不同，可分为中央文化行政立法和地方文化行政立法

国务院制定文化行政法规和国务院有关部门制定部门规章的活动称为中央文化行政立法。中央文化行政立法调整全国范围内的普遍性问题和须由中央作出统一规定的重大问题。中央文化行政立法所制定的文化行政法规和文化行政规章在全国范围内有法律效力。

地方文化行政立法是指一定层级以上的地方人民政府制定文化行政

规章的活动。在我国，目前有权进行地方文化行政立法的机关包括省、自治区、直辖市的人民政府，以及省、自治区的人民政府所在地的市和国务院批准的较大的市的人民政府。地方文化行政立法要一方面根据地方的实际情况，将中央行政立法的规定具体化，确定实施细则和实施办法；另一方面对有关地方的特殊问题作出具体规定，以调整区域性的特殊社会关系。

（三）依据文化行政立法内容、目的和功能的不同，可以将文化行政立法分为执行性文化立法与创制性文化立法

执行性文化立法是指文化行政职能机关为了执行法律或地方性法规以及上级行政机关发布的规范性文件所作出的具体规定。执行性文化立法所制定的文化行政法规和规章一般称为"实施条例""实施细则"或"实施办法"。

创制性文化立法是指行政机关为了填补法律法规的空白或者变通法律、法规的个别规定，以实现文化行政职能而进行的立法。[①]

四、文化行政立法的原则

文化行政立法的原则可分为两大类：一类是应遵循的一般原则，另一类是应遵循的特殊原则。

（一）一般原则

文化行政立法所遵循的一般原则是依照立法的原则来体现国家的政治立场与原则，以及社会公共生活的基本准则。这些原则在《宪法》和《立法法（2015年修正）》中有规定。我国《立法法（2015年修正）》明确规定："立法应当遵循宪法的基本原则，以经济建设为中心，坚持社会主义道路，坚持人民民主专政、坚持中国共产党的领导、坚持马克思列宁主义毛泽东思想邓小平理论，坚持改革开放"（第3条）；"立法应当依照法定的权限和程序，从国家整体利益出发，维护社会主义法制的统一和尊严"（第4条）；"立法应当体现人民的意志，发扬社会主义民主，保障人民

---

① 胡锦光. 行政法与行政诉讼法 [M]. 北京：高等教育出版社，2007.

通过多种途径参与立法活动"（第 5 条）；"立法应当从实际出发，科学合理地规定公民、法人和其他组织的权利与义务、国家机关的权力与责任"（第 6 条）。在《行政法规制定程序条例》（第 3 条）和《规章制定程序条例》（第 3 条）中，都明确规定了"制定行政法规和规章应当遵循立法法确定的立法原则"。

（二）特殊原则

文化行政立法的特殊原则是文化行政立法主体在立法过程中须遵循的具体准则。文化行政立法的具体准则因立法主体的位阶不同而有所差异，总的规则是位阶越低准则越具体。具体而言，文化行政职能机关在文化行政立法过程中遵循的特殊原则，主要有合法性原则、权限相符原则和相对人参与原则。

（1）合法性原则。这包括实体合法和程序合法。前者是指制定的文化行政法律文件必须符合宪法和法律，下位法符合上位法；后者指文化行政活动的程序，包括文化行政法律文件草案的提出、起草、讨论、审议、通过、批准和颁布等必须合法。为了维护法制统一性和文化行政体系的法理性权威，文化行政立法必须恪守合法性原则。

（2）权限相符的原则。首先，有权制定文化行政法律文件的文化行政职能机关，必须在职权范围内对自身文化行政管理的内容进行立法，如果在制定文化行政法律文件时，超过了本部门的职责权限，必须经同级权力机构或上级权力机构的授权，否则就构成了越权无效。其次，由于文化行政职能机关是层级制体系，这就决定了文化行政法律文件的效力与制定机关的权限相符合，上级文化行政职能机关制定的文化行政法律文件比下级文化行政职能机关制定的文化行政法律文件的效力高，适用范围广。

（3）相对人参与原则。文化行政职能机关在进行文化行政立法过程中，应通过法定方式和途径，充分听取各方面的意见，保证处于行政相对人位置的广大公众、法人和其他组织，参与到立法中来。每一项具体的文化行政立法，都是为了文化行政职能机关能够对该事项范围的管理活动提供具体的法律依据，进而加强或完善对该领域文化行政事务的有效管理。但在立法内容涉及公众的民主权利和其他权利时，必须让公众有时间发表对该项立法的意见，文化行政职能机关要向社会公布对立法意见的处理结果，不能不当甚至违法限制乃至剥夺公众的合法权益。

我国的文化行政立法从数量上看，最多的是国务院文化行政职能部门和地方政府制定的文化行政规章。为此，《规章制定程序条例》对制定规章的具体准则提出了更为具体的要求，包括：制定规章应当遵循《立法法》确定的立法原则，符合宪法、法律、行政法规和其他上位法的规定；应当切实保障公民、法人和其他组织的合法权益，在规定其应当履行的义务的同时，应当规定其相应的权利和保障权利实现的途径；应当体现行政机关的职权与责任相统一的原则，在赋予有关行政机关必要的职权的同时，应当规定行使职权的条件、程序和应承担的责任；应当体现改革精神，科学规范行政行为，促进政府职能向经济调节、社会管理和公共服务转变；应当符合精简、统一、效能的原则，相同或相近的职能应当由一个行政机关承担，简化行政管理手续；规章用语应当准确、简洁，条文内容应当明确、具体，具有可操作性；法律、法规已经明确规定的内容，规章原则上不做重复规定；等等。

五、文化行政立法的作用

（一）立法性作用

文化行政立法是宪法和法律规定在文化领域的具体化和必要补充，它把《宪法》和法律规定的目标、任务、原则与具体执行的步骤、方法、方式、程序等结合起来，制定出规范性文件，也就是对权利和义务的再次配置，从而使宪法和法律规定得到有效实施；同时，文化行政立法作为国家立法的一个延伸部分，可以健全国家立法体制，完善法制，弥补立法机关的不足。

（二）行政性作用

现代文化行政有三个基本要求，即科学化和法制化，以期达到高效化。文化行政立法的行政作用表现在：文化行政立法为文化行政管理活动确立了准则和程序，为文化行政管理提供法律依据；文化行政立法有利于提高文化行政效率，同时将文化行政管理纳入依法管理的轨道；有利于对文化行政职能部门实施监督，防止其滥用职权。

第二节　文化行政立法主体

文化行政立法主体是指依法取得文化行政立法权，可以制定具有法律意义的规范性文化行政文件的文化行政职能机关或文化行政首长。在我国可分为两种情况：一是在内地，文化行政立法权主要由文化行政职能机关这类主体来承担，文化行政首长不具有独立的立法权，尽管其拥有法案提议权、审议权、签署发布权，但其不具备文化行政立法主体的资格。二是在香港、澳门特别行政区，根据其基本法的规定，虽然行政长官没有法律审议和通过权，但有权不签署不公布，双方争议无法解决时，行政长官征询行政议会的意见，可以解散立法会。

根据我国《宪法》《组织法》和《立法法》以及有关法律的规定，我国实际上拥有文化行政立法权的主体有两类：一是拥有文化行政法规立法权的主体；二是拥有文化行政规章立法权的主体。

（一）拥有文化行政法规立法权的主体

拥有文化行政法规立法权的主体是国务院。国务院在文化行政立法主体中地位最高，不仅具有依职权制定行政法规的权力，即《宪法》第89条的事项权，而且具有通过最高权力机关的法律和决定的授权，行使受托立法的权力；还可以为执行法律而制定行政法规，有权撤销与行政法规相冲突的部门规章和地方政府规章。

（二）拥有文化行政规章立法权的主体

这又分为两类：一类是拥有文化行政部门规章立法权的国务院各部、各委员会、中国人民银行和审计署。根据《立法法》第71条的规定，国务院各部、委员会、中国人民银行、审计署和具有行政管理职能的直属机构，可以根据法律和国务院的行政法规、决定、命令，在本部门的权限范围内，制定规章，但部门规章规定的事项，应当属于执行法律或者国务院的行政法规、决定、命令的事项。另一类是拥有文化行政地方立法权的省、自治区、直辖市人民政府和较大市的人民政府。根据我国《立法法》第73条的规定，省、自治区、直辖市人民政府和较大市的人民政府可以依据法律、行政法规和本省、自治区、直辖市的地方性法规，制定规章。其中较大市是指省、自治区的人民政府所在地的市，经济特区所在地的市和经国务院批准的较大的市。地方政府规章可以就下列事项作出规定：为执行法律、行政法规、地方性法规的规定需要制定规章的事项；属于本行政区域的具体行政管理事项。

第三节　文化行政立法效力

文化行政立法效力主要是指文化行政立法对于个人、组织的拘束力、强制执行力，以及对于人民法院审判活动的适用力。文化行政立法属于法的范畴，只要有效成立，就具有一般行政行为的确定力、拘束力和执行力。文化行政立法有效成立的一般条件有三项：文化行政立法的内容不与《宪法》、法律和上级行政立法相抵触；不超越文化行政立法机关享有的行政立法权；遵循法定的程序，符合法律规定的行政立法形式。

一、文化行政立法的效力等级

文化行政立法的效力等级是指文化行政法规和文化行政规章在我国的法律规范体系中所处的地位。在我国的法律规范体系中，《宪法》具有最高的效力；法律的效力仅次于《宪法》，高于行政法规和规章；行政法规的效力高于地方性法规和规章；地方性法规的效力高于本级和下级地方政府规章。省、自治区的人民政府制定的规章效力高于本行政区域内的较大的市的人民政府制定的规章。部门规章之间、部门规章和地方政府规章之间具有同等效力，在各自的权限范围内施行。

二、文化行政立法的效力范围

（一）时间效力

文化行政立法的时间效力范围包括文化行政立法的生效时间和失效时间。文化行政立法的生效时间一般有两种情况：文化行政立法自发布之日起生效，这是最通用的一种生效方式；文化行政立法另定生效日期。文化行政立法的失效时间一般有四种情况：新法废除旧法；授权法规定的授权时效届满；文化行政立法因规定的社会文化事实已消灭或效果已达成而失效；在法规清理中宣布文化行政法规和规章的废止。

（二）地域效力

中央行政机关的文化行政立法与地方文化行政立法的地域效力完全不同。一般情况下，中央行政机关制定的文化行政法规或者规章，在全国范围内都有约束力，但是地方文化行政规章仅在本行政区域有效。

（三）对人的效力

文化行政立法对人的效力是指文化行政法规和文化行政规章适用于哪些人，即对哪些人发生效力的问题。这包括两个方面：一是对国家机关的拘束力，二是对相对人的拘束力，包括对企事业组织、社会团体和个人的效力。一般而言，国务院制定的文化行政法规和国务院各部委制定的文化行政规章，除了行政机关本身应当受该法规或规章的约束外，对中华人民共和国境内的所有公民、法人和其他组织以及在我国境内的外国公民、企业、组织和无国籍人都发生法律效力，但有特别规定的除外。省、自治区、直辖市的人民政府，省、自治区人民政府所在地的市以及经国务院批准的较大的市的人民政府制定颁布的规章，只对其管辖区内的组织、个人有效。

第四节　文化行政立法程序

文化行政立法程序，是指文化行政立法主体依法定权限制定文化行政法规和文化行政规章所应遵循的步骤、方式和顺序，具体指行政机关依照法律规定，制定、修改、废止文化行政法规和文化行政规章的活动程序。1987年国务院办公厅颁布了《行政法规制定程序暂行条例》，这是我国文化行政立法的程序法依据，是国务院文化行政法规立法程序的最主要、最直接的程序规定。《立法法》实施以后，国务院于2001年制定并通过了《行政法规制定程序条例》和《规章制定程序条例》。这样，我国的文化行政立法就有了比较完整的、统一的程序法依据。根据这两个条例，文化行政立法的程序主要由以下几个步骤构成：

一、立项

立项是文化行政立法的准备阶段。立项一般由三个过程组成：一是立法提议，即拥有立法提议权的主体，主要是拥有文化行政职能的机关和部门以及其他机构提议立法。根据《行政法规制定程序条例》，国务院有关部门认为需要制定行政法规的，应当于每年年初编制国务院年度立法工作计划之前，向国务院报请立项。二是立法计划，即由政府法制部门对立法申请进行汇总研究，突出重点，统筹兼顾，拟定本级政府和部门的年度立法计划。三是审批立项，即国务院审批文化行政法规的年度立法计划，有立法权的国务院部门和地方人民政府审批文化行政规章的年度立法计划。

二、起草

起草是指对列入规划的需要制定的文化行政法规和规章，由人民政府各主管部门分别草拟法案，文化行政法规和规章的起草一般有两种：一是较为重要的行政法规和规章，其主要内容涉及几个具体部门业务的，由政府法制机构或主要的部门负责，组成由有关部门参加的起草小组进行起草；二是文化行政法规和规章的主要内容不涉及其他部门业务的，由主管部门负责起草。

三、征求意见

文化行政立法最具有实质意义的程序是征求意见。在起草文化行政法规、规章的过程中，应当广泛听取有关机关、公民和社会组织的意见。听取意见可以采取座谈会、论证会、听证会等多种形式。根据《立法法》关于听证制度的规定，起草的法规、规章直接涉及公民、法人和其他组织的切身利益，有关机关、组织或公民对其有重大意见分歧的，应当向社会公布，征求社会各界的意见，起草单位也可以举行听证会。听证制度的目的是赋予当事人了解制定法律规范的依据和理由，并为自己辩护的权利，以保障行政活动的公正性。因此，听证制度被认为是一种特别有利于公众参与、防止行政偏私和权力滥用、保证行政公正和反映相对人利益的制度。

四、审查

审查是指文化行政法规和规章草案拟定之后，送交政府主管机构进行审议、核查的制度。承担文化行政法规和规章审查职能的是政府法制机构。政府法制机构对文化行政法规和规章草案审查的主要内容有：制定文化行政法规和规章的必要性和可行性；是否符合党和国家的方针、政策以及上一层级规范性文件的规定；是否在本机关的权限范围内，是否有越权或滥用职权的现象；文化行政法规和规章草案的结构、文字等立法技术是否规范；是否符合上报手续，以及有关的资料、说明是否齐备等。政府法制机构审查后，写出审查报告，提出是否提交讨论通过的建议。若需讨论通过，应将法规、规章草案的上报稿和修改稿一并呈送。

五、通过

通过是指文化行政法规和规章在起草、审查完毕后，交由主管机关的正式会议讨论表决的制度。通常国务院制定的文化行政法规，要经过国务院全体会议或常务会议审议通过；有关部委制定的文化行政规章，要提交部委常务会议审议通过；地方政府制定的地方文化行政规章，要提交地方政府常务会议或办公会议审议通过。国务院常务会议审议通过行政法规，是制定行政法规的通常方式。在审议过程中，如对文化行政法规草案中的重大问题有意见分歧，则留待下次常务会议审议；如对个别细节问题有意见，则原则性通过草案，由国务院法制办会同有关部门按照常务会议的意见进行修改，再送总理审批决定；如果对文化行政法规草案没有不同意见，则审定通过。

六、签署

文化行政法规和规章通过后，还须经制定机关的行政首长签署。国务院发布的文化行政法规，应由国务院总理签署；有关部委发布的文化行政规章，应由部长或委员会主任签署；地方人民政府发布的文化行政规章，应由省长、自治区主席或市长签署。

七、发布

发布是文化行政法规和规章生效的必经程序和必要条件。凡是未经发布的文化行政法规和规章都不能认为已产生效力。文化行政法规和规章一般均须通过政府公报或者通过报纸、杂志、电台、电视等新闻传媒公开发布。文化行政法规由总理签署，以国务院令的形式发布，并应及时在《国务院公报》和全国范围内发行的报纸上刊登并以在此刊登的行政法规文本为标准文本。文化行政规章由部门首长签署命令公布，并应及时在《国务院公报》和在全国范围内发行的报纸上刊登。地方文化行政规章由省长、自治区主席、市长签署命令公布，并应及时在本级人民政府公报和本行政区域范围内发行的报纸上刊登。

八、备案

备案是指将已经发布的文化行政法规和规章上报法定的机关，使其知晓，并在必要时备查的程序。备案本身只是立法程序的一个后续阶段，而不是立法本身。根据《立法法》的规定，文化行政法规和规章应当在公布后的 30 日内依照下列程序报有关机关备案：行政法规报全国人大常委会备案；部门规章和地方人民政府规章报国务院备案，地方政府规章还应当同时报本级人大常委会备案；较大的市的人民政府制定的规章应当同时报省、自治区的人大常委会和人民政府备案。

第五节　文化行政立法监督

根据监督机关的不同，可将对文化行政立法的监督分为立法机关监督、司法机关监督和行政机关监督三种：

一、立法机关监督

我国对文化行政法规和规章的立法监督，大致有以下几条途径：

（一）撤销

《宪法》第 67 条第 6 项规定全国人民代表大会常务委员会监督国务院的工作；第 67 条第 7 项规定全国人民代表大会常务委员会可以撤销国务院制定的同《宪法》、法律相抵触的行政法规、决定和命令。

（二）备案

根据《立法法》，行政法规公布 30 日内，报全国人民代表大会常务委员会备案；地方政府规章应同时报本级人民代表大会常务委员会备案；较大的市的人民政府制定的规章应当同时报省、自治区的人民代表大会常务委员会和人民政府备案。

（三）质询

2021 年修订的《全国人民代表大会组织法》第 30 条规定："常务委员会会议期间，常务委员会组成人员十人以上联名，可以向常务委员会书面提出对国务院以及国务院各部门、国家监察委员会、最高人民法院、最高人民检察院的质询案。"据此，全国人大常委会可以就文化行政法规、文化行政规章的内容和实施情况对这些部门进行质询。

二、司法机关监督

根据 2017 年颁布的《行政诉讼法》第 63 的规定，除了法律，行政法规、地方性法规也是人民法院审理行政案件的依据。第 53 条规定："公民、法人或者其他组织认为行政行为所依据的国务院部门和地方人民政府及其部门制定的规范性文件不合法，在对行政行为提出诉讼时，可以一并请求对该规范性文件进行审查。"据此，司法系统可以对文化行政规章进行立法监督。

三、对行政立法的行政监督

（一）改变或撤销

2015 年修正的《立法法》第 97 条第 3 项规定："国务院有权改变或者撤销不适当的部门规章和地方政府规章。"第 97 条第 6 项则规定："省、自治区的人民政府有权改变或者撤销下一级人民政府制定的不适当的规章。"

（二）备案

2015 年修正的《立法法》第 98 条第 2 项规定："省、自治区、直辖市的人民代表大会及其常务委员会制定的地方性法规，报全国人民代表大会常务委员会和国务院备案；设区的市、自治州的人民代表大会及其常务委员会制定的地方性法规，由省、自治区的人民代表大会常务委员会报全国人民代表大会常务委员会和国务院备案。"据此，上级文化行政职能机关可以对下级文化行政职能机关进行立法监督。

第六节　我国文化行政立法状况

一、文化立法的基本线索

我国的文化立法走过了一条曲折的发展道路，大体可以分为四个时期：

第一个时期：从中华人民共和国成立初期到 20 世纪 50 年代末。这一阶段的立法工作主要是围绕如何建设新中国的人民文艺而进行的，制定的法规性文件总计 150 多个，不仅涉及面广，而且非常注重原则性和灵活性

的统一。其中由政务院发布的《关于戏曲改革工作的指示》、文化部发布
的《关于书籍、杂志使用字体的原则规定》等至今仍在执行，这些法规的
制定是政府依法管理文化的开始。

第二个时期：20 世纪 60 年代初到"文化大革命"前。这一阶段立法工
作取得了较大进展，制定的法规趋于完整、系统和统一。文化工作的许多
重要法规都是在这一时期起草或制定的。例如《剧院（团）工作条例》
《关于集体经营戏曲剧团的若干规定》《表演单位相互借用导演、演员、设
计、制作人员的费用支付办法》以及《电影放映单位技术操作规程》《电
影剧本与影片审查的规定》《关于文学和社会科学书籍稿酬的暂行规定》
等。但是，由于受"反右"扩大化和"大跃进"的影响，立法工作反复性
较大，尤其涉及文艺工作者的创作自由与智力成果权的保护，出现了较大
的曲折。比如，文化部于 1956 年颁发《国营剧团试行付给戏剧作者上演报
酬的办法》，1958 年颁发的《文学和社会科学书籍稿酬制度》，可以说是我
国实行版权保护制度的开端，但在实行几年之后就被取消了。受计划经济
体制的制约，这一时期的法规强调"管住"，忽视"搞活"。

第三个时期："文化大革命"期间。这个时期，国家立法机关和行政
管理机关受到严重冲击，文化法规的制定工作几乎停滞，以往出台的法规
实际上大多废除，整个社会文化生活依照各种文件或指示进行，文化立法
工作受到严重破坏。

第四个时期："文化大革命"结束至今。"文化大革命"结束以后，我
国的文化立法进入了重要的转折和发展时期。通过对历史经验教训的总结
和对社会文化生活的反思，我国政府深化了对制定和完善文化事业法制的
重大意义的认识，在文化立法实践上开始纠正和克服简单化和片面性，力
求立法的科学性、系统性和规范性，出台了一系列新的文化法律、法规、
规章和法规性文件。这些法律文件主要为文化体制改革服务，在调整政府
与公民、法人之间，公民之间，法人之间以及公民与法人之间的权利与义
务关系、划分政府部门之间管理权限等方面取得了明显进展。立法程序和
立法技术趋于完善，法规清理和汇编出版工作进入正常轨道。这一时期的
立法工作也存在一些问题，如面对社会文化生活中出现的各种问题，法制
工作不够及时和有力等。

二、文化立法的体系

我国的文化立法体系是以《宪法》为核心，以文化法为主要内容，横跨行政法、民法、商法、经济法、社会法、刑法和诉讼法等多部门多层次的规范体系，它在结构上包括以下四个部分：

（一）《宪法》

《宪法》是国家的根本大法，具有至高无上的地位。《宪法》关于国家基本制度和发展文化事业及保障公民享有从事文化活动的权利的规定为文化事业法制建设提供了基本原则。《宪法》规定："国家发展为人民服务、为社会主义服务的文学艺术事业、新闻广播电视事业、出版发行事业、图书馆博物馆文化馆和其他文化事业，开展群众性的文化活动""国家保护名胜古迹、珍贵文物和其他重要历史文化遗产"。宪法保障公民享有进行科学研究、文学艺术创作和其他文化活动的权利，保障公民享有言论、出版、集会、结社、游行、示威的自由和宗教信仰的自由。《宪法》的这些规定既是建立文化法律体系的依据和基础，又是文化法律体系的一部分。

（二）文化法

文化法是根据《宪法》制定的调整国家文化管理和社会文化生活中发生的各种社会关系的法律规范的总称。1982 年 11 月 19 日，第五届全国人大常务委员会第 25 次会议通过的《文物保护法》是我国最重要的文化法律之一，它对文物的保护、利用和研究做了全面的规定。2002 年 10 月 28 日，第九届全国人大常委会第 30 次会议对《文物保护法》进行了修订。1990 年 9 月 7 日第七届全国人大常委会第 15 次会议审议通过了《著作权法》，并于 1991 年 6 月 1 日正式实施。2001 年 10 月 27 日第九届全国人大会常委会第 24 次会议通过了《关于修改〈中华人民共和国著作权法〉的决定》，对《著作权法》进行了修正。2016 年 11 月 7 日第十二届全国人大常委会第 24 次会议通过了《电影产业促进法》，2017 年 3 月 1 日施行，它是我国为促进电影产业健康繁荣发展、弘扬社会主义核心价值观、规范电影市场秩序、丰富人民群众精神文化生活而制定的第一部文化产业发展的法律。

（三）其他相关法律

其他与文化事业有关的法律主要包括民法、商法、经济法、社会法、刑法和诉讼法。其中民法关于市场主体资格、市场主体的权利、义务和行为的一般原则的规定，为文化产品交换的存在和运作奠定了法律基础。目前，国家已经制定的适用于文化产品交换的民事法律规范主要有民法通则、经济合同法、涉外经济合同法、技术合同法、著作权法等。商法中的公司法、保险法等对文化市场具有较普遍的约束力。经济法是国家从社会整体利益出发的市场干预和调控所产生的社会经济关系的法律规范的总称。文化产品交换与一般商品的交换相比，有其特殊性，它以追求社会效益为首要目标。因此，许多重要的经济法是保障文化产品正常流通的法律调控手段，如反不正当竞争法可维护竞争秩序，制止对知识产权的侵权。社会法调整因维护劳动权利、救助待业者而产生的各种社会关系，它在保障文化从业者的劳动权利和社会权利方面，具有十分重要的作用。刑法和诉讼法对传播精神垃圾等违法犯罪活动加以控制，对于政府管理部门非法侵犯公民、法人的合法文化权利的具体行政行为，公民、法人可以通过诉讼途径得到法律救济。

（四）文化行政法

与文化有关的行政法是国家有关行政职能机关依照法律规定的权限和程序而制定的行政法规和行政规章。在文化立法的体制中，文化行政法在日常的文化管理活动中具有重要地位，而其中文化行政法规起着极其重要的作用。目前，在演出、电影、广播、电视、出版等许多方面，国务院都制定了单项的行政法规，它们对保障公民享有言论、出版、表达等民主权利等方面都有重要的影响。[①]

三、几部重要的文化行政法规和规章

（一）《出版管理条例》

2001 年 12 月 12 日国务院第 50 次常务会议通过的《出版管理条例》，于 2001 年 12 月 25 日以国务院令第 343 号颁布，2002 年 2 月 1 日施

---

① 孙萍. 文化管理学［M］. 北京：中国人民大学出版社，2006.

行。1997 年 1 月 2 日国务院发布的《出版管理条例》同时废止。该条例共 7 章 68 条。2011 年 3 月 16 日国务院第 147 次常务会议通过了《国务院关于修改〈出版管理条例〉的决定》，2011 年 3 月 19 日公布，自公布之日起施行。2013 年 7 月 18 日根据《国务院关于废止和修改部分行政法规的决定》，再次修订。2014 年 7 月 29 日根据《国务院关于修改部分行政法规的决定》（国务院令第 653 号）第三次修订，共计 9 章 74 条。2016 年 2 月 6 日根据《国务院关于修改部分行政法规的决定》（国务院令第 666 号）第四次修订。

该条例所称出版活动，包括出版物的出版、印刷或者复制、进口、发行等；所称出版物，是指报纸、期刊、图书、音像制品、电子出版物等；主要内容包括出版的原则和制度。

1. 出版原则

（1）社会效益优先原则。《出版管理条例》第三条规定："出版活动必须坚持为人民服务、为社会主义服务的方向，坚持以马克思列宁主义、毛泽东思想、邓小平理论和'三个代表'重要思想为指导，贯彻落实科学发展观，传播和积累有益于提高民族素质、有益于经济发展和社会进步的科学技术和文化知识，弘扬民族优秀文化，促进国际文化交流，丰富和提高人民的精神生活。"第四条规定："从事出版活动，应当将社会效益放在首位，实现社会效益与经济效益相结合。"

（2）出版自由原则。第五条规定："公民在行使出版自由的权利的时候，必须遵守宪法和法律，不得反对宪法确定的基本原则，不得损害国家的、社会的、集体的利益和其他公民的合法的自由和权利。"第二十三条规定："公民可以依照本条例规定，在出版物上自由表达自己对国家事务、经济和文化事业、社会事务的见解和意愿，自由发表自己从事科学研究、文学艺术创作和其他文化活动的成果。合法出版物受法律保护，任何组织和个人不得非法干扰、阻止、破坏出版物的出版。"

2. 出版制度

（1）出版许可证制度。第十二条规定："设立出版单位，由其主办单位向所在地省、自治区、直辖市人民政府出版行政主管部门提出申请；省、自治区、直辖市人民政府出版行政主管部门审核同意后，报国务院出版行政主管部门审批。"第十四条规定:"国务院出版行政主管部门应当自受理设立出版单位的申请之日起 60 日内,作出批准或者不批准的决定,并由省、自治区、直辖市人民政府出版行政主管部门书面通知主办单位;不批准的,应当说明理由。"第十五条规定:"设立出版单位的主办单位应当自收到批准决定之日起 60 日内,向所在地省、自治区、直辖市人民政府出版行政主管部门登记,领取出版许可证。登记事项由国务院出版行政主管部门规定。"

(2)编辑责任制度。第二十四条规定:"出版单位实行编辑责任制度,保障出版物刊载的内容符合本条例的规定。"

(3)备案制度。第二十条规定:"图书出版社、音像出版社和电子出版物出版社的年度出版计划及涉及国家安全、社会安定等方面的重大选题,应当经所在地省、自治区、直辖市人民政府出版行政主管部门审核后报国务院出版行政主管部门备案;涉及重大选题,未在出版前报备案的出版物,不得出版。"

(4)送交样本制度。第二十二条规定:"出版单位应当按照国家有关规定向国家图书馆、中国版本图书馆和国务院出版行政主管部门免费送交样本。"

(5)印刷或者复制许可制度。第三十一条规定:"从事出版物印刷或者复制业务的单位,应当向所在地省、自治区、直辖市人民政府出版行政主管部门提出申请,经审核许可,并依照国家有关规定到工商行政管理部门办理相关手续后,方可从事出版物的印刷或者复制。未经许可并办理相关手续的,不得印刷报纸、期刊、图书,不得复制音像制品、电子出版物。"

(6)定向委托印刷或者复制制度。第三十二条规定:"出版单位不得委托未取得出版物印刷或者复制许可的单位印刷或者复制出版物。出版单位委托印刷或者复制单位印刷或者复制出版物的,必须提供符合国家规定的印刷或者复制出版物的有关证明,并依法与印刷或者复制单位签订合同。印刷或者复制单位不得接受非出版单位和个人的委托印刷报纸、期刊、图书或者复制音像制品、电子出版物,不得擅自印刷、发行报纸、期刊、图书或者复制、发行音像制品、电子出版物。"

（7）境外委托印刷或者复制专审制度。第三十三条规定："境外委托印刷或者复制的出版物的内容，应当经省、自治区、直辖市人民政府出版行政主管部门审核。委托人应当持有著作权人授权书，并向著作权行政管理部门登记。"

（8）出版物销售许可制度。第三十五条规定："单位从事出版物批发业务的，须经省、自治区、直辖市人民政府出版行政主管部门审核许可，取得《出版物经营许可证》。单位和个体工商户从事出版物零售业务的，须经县级人民政府出版行政主管部门审核许可，取得《出版物经营许可证》。"

（9）出版物进口许可制度。第四十三条规定："设立出版物进口经营单位，应当向国务院出版行政主管部门提出申请，经审查批准，取得国务院出版行政主管部门核发的出版物进口经营许可证后，持证到工商行政管理部门依法领取营业执照。设立出版物进口经营单位，还应当依照对外贸易法律、行政法规的规定办理相应手续。"

（二）《电影管理条例》

《电影管理条例》经 2001 年 12 月 12 日国务院第 50 次常务会议通过，国务院令第 342 号公布，2002 年 2 月 1 日施行。1996 年 6 月 19 日国务院发布的《电影管理条例》同时废止。该条例"适用于中华人民共和国境内的故事片、纪录片、科教片、美术片、专题片等电影片的制片、进口、出口、发行和放映等活动"。《电影管理条例》实行以下基本制度：

1. 摄制电影许可证制度

《电影管理条例》规定，国家对电影摄制、进口、出口、发行、放映和电影片公映实行许可制度。未经许可，任何单位和个人不得从事电影片的摄制、进口、发行、放映活动，不得进口、出口、发行、放映未取得许可证的电影片。依照本条例发放的许可证和批准文件，不得出租、出借、出售或者以其他任何形式转让。申请设立电影制片单位，由所在地省、自治区、直辖市人民政府电影行政部门审核同意后，报国务院广播电影电视行政部门审批。国务院广播电影电视行政部门应当自收到设立电影制片单位的申请书之日起 90 日内，作出批准或者不批准的决定，并通知申请人。批准的，由国务院广播电影电视行政部门发给《摄制电影许可证》，申请人持《摄制电影许可证》到国务院工商行政管理部门办理登记手续，依法领取营业执照；不批准的，应当说明理由。

2. 中外合作摄制电影片许可证制度

第十九条规定，中外合作摄制电影片，应当由中方合作者事先向国务院广播电影电视行政部门提出立项申请。国务院广播电影电视行政部门征求有关部门的意见后，经审查符合规定的，发给申请人一次性《中外合作摄制电影片许可证》。申请人取得《中外合作摄制电影片许可证》后，应当按照国务院广播电影电视行政部门的规定签订中外合作摄制电影片合同。同时还规定境外电影制片者同中方合作者合作或者以其他形式在中华人民共和国境内摄制电影片，应当遵守中华人民共和国的法律、法规，尊重中华民族的风俗、习惯。

3. 电影审查制度

第三章规定"国家实行电影审查制度"，未经国务院广播电影电视行政部门的电影审查机构审查通过的电影片，不得发行、放映、进口、出口。电影制片单位应当在电影片摄制完成后，报请电影审查机构审查，电影进口经营单位应当在办理电影片临时进口手续后，报请电影审查机构审查。电影审查机构应当自收到报送审查的电影片之日起30日内，将审查决定书面通知送审单位。审查合格的，由国务院广播电影电视行政部门发给《电影片公映许可证》。电影制片单位和电影进口经营单位对电影片审查决定不服的，可以自收到审查决定之日起30日内向国务院广播电影电视行政部门的电影复审机构申请复审。复审合格的，由国务院广播电影电视行政部门发给《电影片公映许可证》。

4. 电影进口专营制度

《电影管理条例》规定，电影进口业务由国务院广播电影电视行政部门指定电影进口经营单位经营；未经指定，任何单位或者个人不得经营电影进口业务。进口供公映的电影片，进口前应当报送电影审查机构审查。报送电影审查机构审查的电影片，由指定的电影进口经营单位持国务院广播电影电视行政部门的临时进口批准文件到海关办理电影片临时进口手续。临时进口的电影片经电影审查机构审查合格并发给《电影片公映许可证》和进口批准文件后，由电影进口经营单位持进口批准文件到海关办理进口手续。

5. 电影发行经营许可证制度

第三十七条规定，设立电影发行单位，应当向所在地省、自治区、直辖市人民政府电影行政部门提出申请；设立跨省、自治区、直辖市的电影发行单位，应当向国务院广播电影电视行政部门提出申请。所在地省、自治区、直辖市人民政府电影行政部门或者国务院广播电影电视行政部门应当自收到申请书之日起 60 日内作出批准或者不批准的决定，并通知申请人。批准的，发给《电影发行经营许可证》，申请人应当持《电影发行经营许可证》到工商行政管理部门登记，依法领取营业执照；不批准的，应当说明理由。

6. 电影放映经营许可证制度

第三十八条规定，设立电影放映单位，应当向所在地县或者设区的市人民政府电影行政部门提出申请。所在地县或者设区的市人民政府电影行政部门应当自收到申请书之日起 60 日内作出批准或者不批准的决定，并通知申请人。批准的，发给《电影放映经营许可证》，申请人持《电影放映经营许可证》到所在地工商行政管理部门登记，依法领取营业执照；不批准的，应当说明理由。

（三）《广播电视管理条例》

《广播电视管理条例》经 1997 年 8 月 1 日国务院第 61 次常务会议通过，1997 年 8 月 11 日国务院令第 228 号发布，1997 年 9 月 1 日施行。根据 2013 年 12 月 7 日《国务院关于修改部分行政法规的决定》第一次修订。根据 2017 年 3 月 1 日《国务院关于修改和废止部分行政法规的决定》第二次修订。根据 2020 年 11 月 29 日《国务院关于修改和废止部分行政法规的决定》第三次修订。共六章五十五条。2003 年 9 月国家广播电影电视总局发布《广播电视广告播放管理暂行办法》，2003 年 11 月出台《广播电视有线数字付费频道业务管理暂行办法（试行）》和《外商投资电影院暂行规定》。此外，为了进一步完善境外卫星电视在我国的落地事宜，国家广播电影电视总局于 2003 年 12 月发布了《境外卫星电视频道落地管理办法》。《广播电视管理条例》实行以下基本制度：

1. 政府专办制度

第十条规定："广播电台、电视台由县、不设区的市以上人民政府广播电视行政部门设立，其中教育电视台可以由设区的市、自治州以上人民政府教育行政部门设立。"第十七条规定，广播电视传输覆盖网由县级以上人民政府广播电视行政部门分级开发、组建和管理。

2. 广播电台、电视台许可证制度

第十一条规定了广播电台、电视台筹建审批制度；第十二条规定"建成的广播电台、电视台，经国务院广播电视行政部门审查符合条件的，发给广播电台、电视台许可证"。

3. 频率专用指配证明制度

第十八条规定："国务院广播电视行政部门负责指配广播电视专用频段的频率，并核发频率专用指配证明。"

4. 广播电视节目制作经营许可制度

第三十一条规定，广播电台、电视台只能播放由广播电台、电视台和省级以上人民政府广播电视行政部门批准设立的广播电视节目制作经营单位制作的广播电视节目。

5. 电视剧制作许可证制度

第三十五条规定："设立电视剧制作单位，应当经国务院广播电视行政部门批准，取得电视剧制作许可证后，方可制作电视剧。"

6. 播放境外广播电视节目专审专控制度

第三十九条、第四十条、第四十一条规定了播放或者进口、转播境外广播电视节目的审批程序、播放时间比例等制度。

（四）《营业性演出管理条例》

2005年7月7日《营业性演出管理条例》以国务院令第439号公布。2008年7月22日国务院令第528号公布《国务院关于修改〈营业性演出管理条例〉的决定》，第一次修订。2013年7月18日国务院令第638号公布《国务院关于废止和修改部分行政法规的决定》，第二次修订。2016年2月6日国务院令第666号公布《国务院关于修改部分行政法规的决定》，第三次修订。根据2020年11月29日《国务院关于修改和废止部分行政法规的决定》进行了第四次修订。

《营业性演出管理条例》中所称的营业性演出，是指以营利为目的为公众举办的现场文艺表演活动。条例规定，营业性演出必须坚持为人民服务、为社会主义服务的方向，把社会效益放在首位，实现社会效益和经济效益的统一，丰富人民群众的文化生活。

《营业性演出管理条例》主要内容包括：

1. 文艺表演机构（个人）的经营许可和备案

文艺表演团体申请从事营业性演出活动，应当有与其业务相适应的专职演员和器材设备，并向县级人民政府文化主管部门提出申请；演出经纪机构申请从事营业性演出经营活动，应当有三名以上专职演出经纪人员和与其业务相适应的资金，并向省、自治区、直辖市人民政府文化主管部门提出申请。文化主管部门应当自受理申请之日起 20 日内作出决定。批准的，颁发营业性演出许可证；不批准的，应当书面通知申请人并说明理由。

设立演出场所经营单位，应当依法到工商行政管理部门办理注册登记，领取营业执照，并依照有关消防、卫生管理等法律、行政法规的规定办理审批手续。演出场所经营单位应当自领取营业执照之日起 20 日内向所在地县级人民政府文化主管部门备案。

以从事营业性演出为职业的个体演员（以下简称个体演员）和以从事营业性演出的居间、代理活动为职业的个体演出经纪人（以下简称个体演出经纪人），应当依法到工商行政管理部门办理注册登记，领取营业执照。个体演员、个体演出经纪人应当自领取营业执照之日起 20 日内向所在地县级人民政府文化主管部门备案。

外国投资者可以依法在中国境内设立演出经纪机构、演出场所经营单位；不得设立文艺表演团体。

香港特别行政区、澳门特别行政区的投资者可以在内地投资设立演出经纪机构、演出场所经营单位以及由内地方控股的文艺表演团体；香港特别行政区、澳门特别行政区的演出经纪机构可以在内地设立分支机构。台湾地区的投资者可以在内地投资设立演出经纪机构、演出场所经营单位，不得设立文艺表演团体。

2. 营业性演出规范

举办营业性演出，应当向演出所在地县级人民政府文化主管部门提出申请。县级人民政府文化主管部门应当自受理申请之日起三日内作出决定。对符合条例第二十五条规定的，发给批准文件；对不符合条例第二十五条规定的，不予批准，书面通知申请人并说明理由。

除演出经纪机构外，其他任何单位或者个人不得举办外国的或者香港特别行政区、澳门特别行政区、台湾地区的文艺表演团体、个人参加的营业性演出。但是，文艺表演团体自行举办营业性演出，可以邀请外国的或者香港特别行政区、澳门特别行政区、台湾地区的文艺表演团体、个人参加。

举办外国的文艺表演团体、个人参加的营业性演出，演出举办单位应当向演出所在地省、自治区、直辖市人民政府文化主管部门提出申请。举办香港特别行政区、澳门特别行政区的文艺表演团体、个人参加的营业性演出，演出举办单位应当向演出所在地省、自治区、直辖市人民政府文化主管部门提出申请；举办台湾地区的文艺表演团体、个人参加的营业性演出，演出举办单位应当向国务院文化主管部门会同国务院有关部门规定的审批机关提出申请。国务院文化主管部门或者省、自治区、直辖市人民政府文化主管部门应当自受理申请之日起20日内作出决定。对符合条例第二十五条规定的，发给批准文件；对不符合条例第二十五条规定的，不予批准，书面通知申请人并说明理由。

3. 监督管理

演出所在地县级人民政府文化主管部门对外国的或者香港特别行政区、澳门特别行政区、台湾地区的文艺表演团体、个人参加的营业性演出和临时搭建舞台、看台的营业性演出，应当进行实地检查；对其他营业性演出，应当进行实地抽样检查。县级以上地方人民政府文化主管部门应当充分发挥文化执法机构的作用，并可以聘请社会义务监督员对营业性演出进行监督。公安部门对其依照有关法律、行政法规和国家有关规定批准的营业性演出，应当在演出举办前对营业性演出现场的安全状况进行实地检查；发现安全隐患的，在消除安全隐患后方可允许进行营业性演出。公安部门可以对进入营业性演出现场的观众进行必要的安全检查；发现观众存在该条例第二十二条第一款禁止行为的，在消除安全隐患后方可允许其进入。公安部门可以组织警力协助演出举办单位维持营业性演出的现场秩序。

（五）《娱乐场所管理条例》

2006年1月18日《娱乐场所管理条例》由国务院常务会议审议通过，2006年3月1日施行。根据2016年2月6日国务院令第666号《国务院关于修改部分行政法规的决定》，第一次修订。根据2020年11月29日国务院令第732号《国务院关于修改和废止部分行政法规的决定》，第二次修订。《娱乐场所管理条例》中所称的娱乐场所，是指以营利为目的，并向公众开放、消费者自娱自乐的歌舞、游艺等场所。

1. 文化娱乐场所实行经营许可制度

有下列情形之一的人员，不得开办娱乐场所或者在娱乐场所内从业：曾犯有组织、强迫、引诱、容留、介绍卖淫罪，制作、贩卖、传播淫秽物品罪，走私、贩卖、运输、制造毒品罪，强奸罪，强制猥亵、侮辱妇女罪，赌博罪，洗钱罪，组织、领导、参加黑社会性质组织罪的；因犯罪曾被剥夺政治权利的；因吸食、注射毒品曾被强制戒毒的；因卖淫、嫖娼曾被处以行政拘留的。

娱乐场所不得设在下列地点：居民楼、博物馆、图书馆和被核定为文物保护单位的建筑物内；居民住宅区和学校、医院、机关周围；车站、机场等人群密集的场所；建筑物地下一层以下；与危险化学品仓库毗连的区域。娱乐场所的边界噪声，应当符合国家规定的环境噪声标准。

娱乐场所申请从事娱乐场所经营活动，应当向所在地县级人民政府文化主管部门提出申请；中外合资经营、中外合作经营的娱乐场所申请从事娱乐场所经营活动，应当向所在地省、自治区、直辖市人民政府文化主管部门提出申请。文化主管部门审批娱乐场所应当举行听证。有关听证的程序，依照《行政许可法》的规定执行。娱乐场所依法取得营业执照和相关批准文件、许可证后，应当在15日内向所在地县级公安部门备案。

2. 文化娱乐场所禁止事项

禁止娱乐活动含有下列内容：违反宪法确定的基本原则的；危害国家统一、主权或者领土完整的；危害国家安全，或者损害国家荣誉、利益的；煽动民族仇恨、民族歧视，伤害民族感情或者侵害民族风俗、习惯，破坏民族团结的；违反国家宗教政策，宣扬邪教、迷信的；宣扬淫秽、赌博、暴力以及与毒品有关的违法犯罪活动，或者教唆犯罪的；违背社会公德或者民族优秀文化传统的；侮辱、诽谤他人，侵害他人合法权益的；法律、行政法规禁止的其他内容。

娱乐场所及其从业人员不得实施下列行为，不得为进入娱乐场所的人员实施下列行为提供条件：贩卖、提供毒品，或者组织、强迫、教唆、引诱、欺骗、容留他人吸食、注射毒品；组织、强迫、引诱、容留、介绍他人卖淫、嫖娼；制作、贩卖、传播淫秽物品；提供或者从事以营利为目的的陪侍；赌博；从事邪教、迷信活动；其他违法犯罪行为。娱乐场所的从业人员不得吸食、注射毒品，不得卖淫、嫖娼；娱乐场所及其从业人员不得为进入娱乐场所的人员实施上述行为提供条件。

任何人不得非法携带枪支、弹药、管制器具或者携带爆炸性、易燃性、毒害性、放射性、腐蚀性等危险物品和传染病病原体进入娱乐场所。歌舞娱乐场所不得接纳未成年人。除国家法定节假日外，游艺娱乐场所设置的电子游戏机不得向未成年人提供。娱乐场所不得招用未成年人；招用外国人的，应当按照国家有关规定为其办理外国人就业许可证。

歌舞娱乐场所的包厢、包间内不得设置隔断，并应当安装展现室内整体环境的透明门窗。包厢、包间的门不得有内锁装置。营业期间，歌舞娱乐场所内亮度不得低于国家规定的标准。娱乐场所使用的音像制品或者电子游戏应当是依法出版、生产或者进口的产品。歌舞娱乐场所播放的曲目和屏幕画面以及游艺娱乐场所的电子游戏机内的游戏项目，不得含有本条例禁止的内容；歌舞娱乐场所使用的歌曲点播系统不得与境外的曲库连接。游艺娱乐场所不得设置具有赌博功能的电子游戏机机型、机种、电路板等游戏设施设备，不得以现金或者有价证券作为奖品，不得回购奖品。

（六）《互联网文化管理暂行规定》

2011年2月11日文化部部务会议审议通过《互联网文化管理暂行规定》，2011年4月1日起施行。2003年5月10日发布、2004年7月1日修订的《互联网文化管理暂行规定》同时废止。此外，我国还出台了《互联网上网服务营业场所管理条例》《互联网上网服务营业场所管理办法》。《互联网文化管理暂行规定》所称互联网文化产品是指通过互联网生产、传播和流通的文化产品，主要包括：专门为互联网而生产的网络音乐娱乐、网络游戏、网络演出剧（节）目、网络表演、网络艺术品、网络动漫等互联网文化产品；将音乐娱乐、游戏、演出剧（节）目、表演、艺术品、动漫等文化产品以一定的技术手段制作、复制到互联网上传播的互联网文化产品。所称互联网文化活动是指提供互联网文化产品及其服务的活动，主要包括：互联网文化产品的制作、复制、进口、发行、播放等活动；将文化产品登载在互联网上，或者通过互联网、移动通信网等信息网络发送到计算机、固定电话机、移动电话机、电视机、游戏机等用户端以及网吧等互联网上网服务营业场所，供用户浏览、欣赏、使用或者下载的在线传播行为；互联网文化产品的展览、比赛等活动。所称互联网文化单位，是指经文化行政部门和电信管理机构批准或者备案，从事互联网文化活动的互联网信息服务提供者。该行政规章包括以下主要制度：

1. 经营性互联网文化单位许可制度

《互联网文化管理暂行规定》第八条规定，申请从事经营性互联网文化活动，应当向所在地省、自治区、直辖市人民政府文化行政部门提出申请，由省、自治区、直辖市人民政府文化行政部门审核批准。第九条规定，对申请设立经营性互联网文化单位的，省、自治区、直辖市人民政府文化行政部门应当自受理申请之日起 20 日内做出批准或者不批准的决定。批准的，核发《网络文化经营许可证》，并向社会公告；不批准的，应当书面通知申请人并说明理由。

2. 非经营性互联网文化单位备案制度

第十条规定，非经营性互联网文化单位，应当自设立之日起 60 日内向所在地省、自治区、直辖市人民政府文化行政部门备案，并提交下列文件：备案表、章程、法定代表人或者主要负责人的身份证明文件、域名登记证明、依法需要提交的其他文件。

3. 互联网文化产品审查制度

第十六条规定，互联网文化单位不得提供载有以下内容的文化产品：反对宪法确定的基本原则的；危害国家统一、主权和领土完整的；泄露国家秘密、危害国家安全或者损害国家荣誉和利益的；煽动民族仇恨、民族歧视，破坏民族团结，或者侵害民族风俗、习惯的；宣扬邪教、迷信的；散布谣言，扰乱社会秩序，破坏社会稳定的；宣扬淫秽、赌博、暴力或者教唆犯罪的；侮辱或者诽谤他人，侵害他人合法权益的；危害社会公德或者民族优秀文化传统的；有法律、行政法规和国家规定禁止的其他内容的。

4. 经营进口互联网文化产品许可和审查制度

第十五条规定，经营进口互联网文化产品的活动应当由取得文化行政部门核发的《网络文化经营许可证》的经营性互联网文化单位实施，进口互联网文化产品应当报文化部进行内容审查。文化部应当自受理内容审查申请之日起 20 日内（不包括专家评审所需时间）做出批准或者不批准的决定。批准的，发给批准文件；不批准的，应当说明理由。

（七）《国家级非物质文化遗产保护与管理暂行办法》

2006 年 10 月 25 日文化部部务会议审议通过了《国家级非物质文化遗产保护与管理暂行办法》，2006 年 12 月 1 日施行。该办法中所称"国家级非物质文化遗产"是指列入国务院批准公布的国家级非物质文化遗产名录中的所有非物质文化遗产项目。该办法规定，国家级非物质文化遗产的保护，实行"保护为主、抢救第一、合理利用、传承发展"的方针，坚持真实性和整体性的保护原则。国家级非物质文化遗产项目应当确定保护单位，由其具体承担该项目的保护与传承工作。国家级非物质文化遗产项目保护单位应具备以下基本条件：一是有该项目代表性传承人或者相对完整的资料；二是有实施该项目保护计划的能力；三是有开展传承、展示活动的场所和条件。国家级非物质文化遗产项目保护单位应当履行的职责：① 全面收集该项目的实物、资料，并登记、整理、建档；② 为该项目的传承及相关活动提供必要条件；③ 有效保护该项目相关的文化场所；④ 积极开展该项目的展示活动；⑤ 向负责该项目具体保护工作的当地人民政府文化行政部门报告项目保护实施情况，并接受监督。

国家级非物质文化遗产项目保护单位根据自愿原则，提出该项目代表性传承人的推荐名单，经省级人民政府文化行政部门组织专家评议后，报国务院文化行政部门批准。国家级非物质文化遗产项目代表性传承人应当符合的条件：① 完整掌握该项目或者其特殊技能；② 具有该项目公认的代表性、权威性与影响力；③ 积极开展传承活动，培养后继人才。国务院文化行政部门统一制作国家级非物质文化遗产项目标牌，由省级人民政府文化行政部门交该项目保护单位悬挂和保存。省级人民政府文化行政部门应当对国家级非物质文化遗产项目所依存的文化场所划定保护范围，制作标识说明，进行整体性保护，并报国务院文化行政部门备案。省级人民政府文化行政部门可以选择本行政区域内的国家级非物质文化遗产项目，为申报联合国教科文组织"人类非物质文化遗产代表作"，向国务院文化行政部门提出申请。国家级非物质文化遗产项目含有国家秘密的，应当按照国家保密法律法规的规定确定密级，予以保护；含有商业秘密的，按照国家有关法律法规执行。

《国家级非物质文化遗产保护与管理暂行办法》对国家级非物质文化遗产利用作了专项规定：① 有条件的地方，应建立国家级非物质文化遗产博物馆或者展示场所。② 县级以上人民政府文化行政部门应当鼓励、支持通过节日活动、展览、培训、教育、大众传媒等手段，宣传、普及国家级非物质文化遗产知识，促进其传承和社会共享。③ 国家级非物质文化遗产项目的域名和商标注册和保护，依据相关法律法规执行。④ 利用国家级非物质文化遗产项目进行艺术创作、产品开发、旅游活动等，应当尊重其原真形式和文化内涵，防止歪曲与滥用。①

---

① 赵玉忠. 文化产业法学通论 [M]. 昆明：云南大学出版社，2009.

第十一章
文化行政管理效率

　　文化行政效率是文化行政追求的目标之一，探索提高文化行政效率途径是公共文化行政学的一个宗旨。公共文化行政学研究的目标：一是文化行政职能机关能够适当地和成功地进行什么样的工作；二是文化行政职能机关怎样才能以尽可能高的效率和在费用或资源方面用尽可能少的成本完成这些适当的工作。

第一节　概　　述

一、文化行政管理效率概念

　　所谓效率，一般认为是工作时所付的劳动与所得效益的比率，包括数量，即人力、财力、物力等方面的支出；节省时间，即相同的时间做更多的事情，或同样的事情耗时最少；工作质量，即工作质量高，富有成效。文化行政效率，主要是从效果、目标和价值三个方面来统一考察文化行政组织的整体效率，反映文化行政的客观性和规范性。因此，所谓文化行政效率实际上是文化行政管理的效果与消耗之比，是文化行政组织及其工作人员在从事文化行政管理活动中所获得的效果与所消耗掉的人力、物力、财力以及时间、信息的比率。

　　研究文化行政管理效率是由于文化行政资源具有稀缺性。这种文化行政资源是文化行政管理活动中消耗的人力、物力、财力、信息、空间和时间等各种资源的总和。如果文化行政资源是无穷无尽的，那么就没有必要关注效率这个问题。正是文化行政资源的匮乏，才使得人们有必要考虑其消耗方式，尽可能地提高其使用价值。

文化行政管理效率是质和量的统一。文化行政管理效率是将文化行政效益或行政产出（即文化行政活动所得的结果）与文化行政资源相比而得到一个数值。文化行政管理效率的高低没有绝对的好坏之分，其好与坏的判断标准取决于文化行政决策方向是否正确。如果决策方向错了，文化行政管理效率越高，文化发展遭受的损失可能越大。决策方向的正确性主要体现在决策必须有利于文化的发展，有利于社会公众的根本利益。因此，在衡量文化行政管理效率时，不能单纯地衡量投入产出比，还要看实际效果，看文化行政管理活动是否以低花费得到了好效果。如果文化行政管理活动仅仅是用低支出获得了高数量的产出，而该产出是低质量的，那么该活动就不能说是高效率的。因为低质量的产出达不到文化行政管理活动预定的目的和程度，该活动的合理性遭到质疑，文化行政管理活动就没有效率可言了。

二、文化行政管理效率的构成

文化行政管理效率的构成主要包括内部效率、整体效率和外部效率三种。

内部效率是指将文化行政管理视为文化行政管理组织的内部管理，而管理效率的获得，取决于对文化行政管理组织内部各要素的高度利用。因此，文化行政管理组织要素管理的效率，就成为文化行政效率的关键所在。一般而言，文化行政管理效率的关键在于文化行政的各部门、各成员之间的协作与合作，而处理内部的协作问题，其关键在于明确机构与人员之间的职责。

整体效率是将整体视为部分之和，认为只要各个要素的管理效率提高了，整体的文化行政效率也会提升。

外部效率也称为宏观效率。上述内部效率和整体效率虽然有所不同，但从总体上看还是将文化行政管理效率定位于文化行政管理系统本身。而外部效率从文化行政管理系统与政治、经济和社会的关系着眼，关注的是文化行政管理活动对谁有效率的问题。这一理论源于西方行政管理理论中的一个观点，即行政管理并不总是最有效的。在社会治理的众多领域中，市场或第三部门往往比政府管理更加有效。因此，外部效率的确定，关键是重新划清行政与市场有效作用的范围。只有在自己的效力所及范围内，文化行政管理活动才能真正有效率；否则不论文化行政管理多么高效，文化活动都是一种浪费。

三、影响文化行政管理效率的要素

文化行政管理效率是一个综合性、全局性的问题，它贯穿于文化行政管理的每个环节。对其有直接影响的因素涉及两个方面：外部因素和内部因素。

（一）外部因素

从外部因素看，主要包括：

（1）政治因素。一个国家的政治体制决定着文化行政管理体制。国家的政治稳定、政治生活民主化、法治化是文化行政管理活动得以正常进行的基本条件，也是文化行政管理高效化的前提。

（2）经济因素。国家的经济发展是提高文化行政管理效率的物质基础，文化行政管理体系的结构和功能要与经济发展的类型和水平相适应。在计划经济体制下，文化行政管理对文化实行计划管理体制，造成大权独揽、机构重叠、人员冗杂、效率低下的状况。在向市场经济体制转型的过程中，文化行政管理体制必须适应这个转变，才能适应市场经济条件下提高文化行政管理效率的要求。

（3）社会因素。社会团体、各种利益集团对文化行政管理效率有很大影响。社会风气对文化行政管理效率也有一定的影响。如果一个国家有良好的社会风气和优良的文化传统，那么就有健康的文化行政管理环境，这必将有助于文化行政管理效率的提高。

（4）科技因素。在现代化的文化行政管理活动中，能否较快地提高文化行政管理效率，在很大程度上取决于现代科学技术在文化行政管理活动中的运用水准。一方面可以利用科学决策的方法，比如运用决策树，提高决策者的水平，帮助决策者更快、更准确地选出最优方案；另一方面可以运用以计算机为中心的信息处理技术，逐步实现办公自动化。

（二）内部因素

从内部因素来看，影响文化行政管理效率的主要因素有：

（1）组织因素。影响文化行政管理效率的组织因素包括：一是文化行政管理机构的设置。文化行政管理机构的功能定位是否得当、机构设置是否合理，是否适应经济、社会和文化发展的客观要求；文化行政管理机构是否按照精简高效的原则设计；责权是否明确，责权划分和组合是否合理。这些都是影响文化行政管理效率的实体性因素。二是文化行政管理职位的设置。文化行政管理机构中的职位设置是否与其职能相适应，是否符合合理性的原则，是否按照法定的程序而设立。三是文化行政管理各个环节的衔接。高效的文化行政管理组织不仅要求自身设置专业化和科学化，而且要做好文化行政管理各个环节的衔接，形成各司其职、各尽其责的协调状态。文化行政管理组织的各个部门是否尽责，文化行政管理的各个环节是否紧密，关系能否顺利实现文化行政管理的总体目标，能否最大限度地减少内耗，提高效率。

（2）人员因素。在各种管理活动中，都离不开人的因素；人在各种管理要素中是最为关键的。人员因素对文化行政管理效率有直接影响，其中包括两方面内容：一是人与事的关系。能否做到人人有事做，事事有人做，是衡量文化行政效率的一个重要指标。二是人员素质。包括文化行政领导素质和一般工作人员素质。文化行政领导的素质是决定性因素，可以将组织和事业的兴衰系于一身，其政治思想水平、道德品质、决策能力、指挥能力、用人能力等，都对文化行政效率产生影响。一般工作人员是具体文化行政管理事务的执行者，其素质也是影响文化行政管理效率的重要因素。高素质的文化行政管理人员能够准确地理解和执行政策，进行科学管理，恰当地处理公共文化事务，有助于文化行政管理效率的提高。

四、文化行政管理效率的意义

（一）文化行政管理效率是文化行政管理活动追求的目标

文化行政管理效率是文化行政管理的出发点和落脚点，是文化行政管理活动追求的最终目标，它贯穿于文化行政管理的各个环节和各个层次，是文化行政管理体系中多种因素的综合反映。文化行政管理首先应确定行政目标，然后尽量少地消耗人、财、物。这种低成本、高产出的文化行政管理就是高效率。如果一个文化行政管理组织拥有丰富的资源、拔尖的人才、先进的设备，那只能表明具有了发展的一个必要条件，只有同时拥有了高效的文化行政管理，才是具有了使文化事业发展起来的充分条件。

（二）文化行政管理效率是检验文化体制改革成果的重要尺度

文化体制改革的最终目标，就是要通过对其改革，建立设置合理、运转协调、行为规范的新型文化管理体制。各项文化体制改革如职能定位、组织设置等项改革，最终目的都是为了提高文化行政管理效率。所以，能否提高文化行政管理效率，是检验文化体制改革的一个重要标志。比如，从文化行政管理组织的机构设置、责权划分是否合理、分工是否明确、层次是否适当、幅度是否适宜，就可以看出组织机构改革的成效；从文化行政管理机构工作人员队伍是否数量适中、素质是否好、能力是否强、工作是否积极、关系是否协调，就可以看出人事制度改革是否取得应有的效果。

五、文化行政管理的公平目标

效率作为文化行政管理追求的目标是毫无疑问的。文化行政管理组织通过计划、组织、指挥、协调和控制等手段，对文化事务进行管理，成本越低，产出越高，其效率也越高。文化行政管理离开效率这个目标是没有意义的。但是如果文化行政组织只有一个效率目标，也会出问题。也就是说，仅有效率还是不够的，文化行政管理必须同时注意另一个目标，就是公平的目标。

公平的意义在于公正和平等。公平的价值不是过去那种扭曲的绝对公平，即要求分配的绝对公平和结果的绝对公平，而是机会公平。公平的意义就文化而言，就是在一个国家中，不论哪个阶层的公民，其享受公共文化产品和公共文化服务的机会是平等的。要做到这一点，就是要坚持程序的公平。所谓程序公平，又称为过程公平、机会公平或者起点公平。程序公平就文化而言，就是在对文化资源进行分配时，所有有资格进行分配的人应该享有同等的参与机会，或者同等的获得文化资源的机会。文化行政管理公平对于文化行政管理是非常重要的。文化行政管理不公平会影响到文化行政机关施政的合法性。所以应该把追求文化行政管理公平与追求文化行政管理效率放在同等重要的位置上，努力实现效率与公平的双重目标。

第二节　文化行政绩效管理

一、文化行政绩效管理的含义

绩效这一概念常与生产力、质量、效果、责任等概念相互关联，一般认为，绩效是行为主体在工作和活动中所取得的积极的工作效果。因此，文化行政绩效是指文化行政组织在实施文化管理的过程中所取得的积极的工作效果。文化行政绩效管理是指运用科学的方法、标准和程序，对文化行政组织的业绩、成就和实际工作作出尽可能准确的评估，在此基础上对文化行政组织的绩效进行改善和提高。从绩效评估的本质出发，文化行政绩效管理是指文化行政组织试图在实现某种目标的过程中，按照科学的程序，依据可量化的指标对文化行政组织的工作绩效进行准确评估，以改善和提高文化行政组织工作绩效的一套体系和管理方法。具体而言：

第一，文化行政绩效管理是一个系统，是为了达到文化行政组织设定的绩效目标并最终为提高工作绩效而作出的一系列制度安排。其工作涉及文化行政组织管理的各个领域和活动环节，包括工作制度、人事制度、财务制度等。同时，需要运用不同的方法，如杠杆管理法、质量管理法等，将管理方法统一于绩效管理的体系之中，形成一个完整的运作系统，为支持高效的文化行政组织而服务。

第二，文化行政绩效管理是一个管理过程，是为了提高工作绩效而采取的一整套具体操作程序。文化行政绩效管理作为操作程序应当包括明确的文化行政组织目标、制定文化行政组织的年度计划、实施绩效评估的具体步骤等。各个环节紧密相连，相互影响，一个环节的成功与否直接影响下一个环节的实施情况；各个环节相互依存，缺一不可，任何一个环节的缺失都将导致整个管理链的断裂，使得绩效管理成效减弱或失去意义。

第三，文化行政绩效管理是一种改革的手段，是为了改变文化行政组织原有的管理模式、组织氛围、领导方式，消除那些导致组织绩效不高的因素，提供文化行政组织的发展动力，发掘文化行政组织的发展活力源泉的一种手段。文化行政绩效管理不仅仅是一种管理制度上的改变，而且是一种管理理念的改进，是改变文化行政组织精神面貌的一种有效尝试。

二、文化行政绩效评估的类型

文化行政绩效评估是绩效管理中的一个重要环节。根据不同的视角，可以将其分为不同的类型。具体说，从评估的组织形式看，可以分为正式评估和非正式评估；从评估的机构看，可以分为内部评估和外部评估；从评估的时限看，可以分为长期评估、中期评估和短期评估；从评估的层次上看，可以分为宏观评估、中观评估和微观评估；从评估的指标看，可以分为定量评估和定性评估。

（一）正式评估和非正式评估

正式评估指预先制定完整的评估方案，由确定的评估者根据严格的标准所进行的评估。正式评估具有评估方案科学化、评估过程标准化、评估结论较为全面的特点。它在文化行政组织管理绩效评估中占有主导地位，其结论可以作为评判文化行政组织绩效高低的依据。这种评估需要系统地掌握相关信息，对评估者的素质也有很高的要求。

非正式评估指对评估者、评估内容和评估程序没有严格的标准，人们只是根据自己掌握的情况对文化行政组织的绩效进行评估。其方式灵活、简便易行，有利于增强公民的参与意识，弥补正式评估的不足，但由于缺乏详尽的信息和科学的程序，难免有主观随意性的成分。

（二）内部评估和外部评估

内部评估是由文化行政组织内部完成的评估。文化行政组织内部人员熟悉组织的运作、掌握第一手信息，因此有利于评估的展开；同时评估者也可以根据评估结果对组织目标和措施做及时调整。但由于评估者可能代表了某个局部利益，因此能否做到客观公正是没有把握的。

外部评估是由文化行政组织之外的评估者所实施的评估。它可以由文化行政组织委托的研究机构或专业性咨询机构进行，也可以由媒体或民间团体进行。相对内部评估，其评估一般较为客观，其缺点是不易获得真实而全面的信息。

（三）长期评估、中期评估和短期评估

长期评估是对文化行政组织一般为五年以上的行政行为进行的评估，主要适用于需要长时间才能展现其效果的文化行政行为。

中期评估的时间一般为1～5年，在这个时间段内，大多数的文化行政组织的绩效会比较充分地表现出来，因此其应用范围比较广。

短期评估一般时间段为一年，主要适用于短期内便可以充分展现结果的项目。

（四）宏观评估、中观评估和微观评估

宏观评估是指对文化行政组织绩效进行的整体性、综合性的评估。作为一个整体性的概念，其主要是对文化行政组织在特定时期内的业绩做全局性的评价，因而其评价体系和评价指标必须具有较强的综合性。

中观评估是对文化行政组织内部各职能部门的评估，其特点是一方面为宏观评估奠定基础，另一方面又蕴含了微观评估的各项内容。

微观评估包括对文化行政组织所实施的某些项目的评估和对其成员个人实施的绩效的评估，其作用在于为宏观评估和中观评估打下基础。

（五）定量评估和定性评估

定量评估是指用量化的指标实施的评估。定量指标又称为数值分析指标，因为它具体、直观，所以这种测评方法可以使评估结论直接、明晰地展现出来。但是由于文化行政组织的绩效多半难以量化，因而定量评估的方法在文化行政组织绩效评估中受到一定的限制。

定性评估是对难以定量考核的绩效，通过概念、属性、通行惯例等项目进行描述和判断，从而显示绩效优劣的评估。其特点是具有一定的抽象性、广泛性，因此可以弥补定量评估的不足，但在实施过程中也有主观色彩的问题。

三、文化行政绩效评估的原则

文化行政绩效评估应当有贯穿于整个体系的精神主线，即评估的原则。这些原则是绩效评估的生命所在，是其价值和基本要求的体现，如果缺少这些原则，评估体系就会失去科学性和灵魂。

（一）坚持科学公正的原则

评估制度的品质在于科学与公正。评估的目的是为了了解被评估者的工作情况，以此来提高和促进被评估者的绩效。如果评估的科学性和公正性被扭曲，就不能真实地反映被评估者工作的真实状况，从而失去评估本身的价值。

（二）要坚持公开透明的原则

作为对文化行政组织的工作评估，绩效评估必须要将公众的意见纳入评估体系中。绩效评估的过程和结果都必须向公众公开。公正透明的原则还意味着评估可让被评估者跟踪和了解。如果评估的方法不透明，被评估者就看不出在检查什么样的工作，而只有当被评估者明白评估的内容，才会朝着评估导向的目标发展。文化行政组织需要有一个能够让公众明白的规则，以取得他们的理解、认同与参与。

（三）要坚持全面系统的原则

评估的公正性依赖于评估设计的系统性和全面性。所谓系统性就是要将评估作为一个整体来看，而不可将评估的各个方面隔离开来。全面性则要将文化行政组织的工作所应当有的职责都纳入评估体系，不能只将工作的某些方面作为考评内容，而对其他方面不予考虑。在实践中，有一个不好的评估设计方案，即只注重所谓的硬指标（"干货"），而忽视软环境这类内容，将会产生一定的不良后果。因此，对评估的改革要注意朝着评估的系统性和全面性方向努力。

（四）坚持可操作的原则

可操作的原则要求评估一要便于具体操作，二要便于进行横向和纵向的比较。具体说，就是评估的标准要便于理解，评估的信息要便于统计，评估的开展要便于组织，评估的结果要便于分析。既要注意不能事无巨细地都纳入评估，指标设计过于繁杂、过程过于复杂、评估成本过高，超出现实操作能力；也要注意不能将指标设计得过于简单，难以反映客观实际。

四、文化行政绩效评估的步骤

绩效评估不但包括对文化行政组织绩效的判断，还包括对绩效结果的运用。绩效评估的步骤是反映绩效评估是否全面、系统的重要因素。如果缺少其中任何一个环节，绩效评估就不可能达到预期的目的。

（一）确定评估项目

不同层级的文化行政组织和不同的文化行政组织的职能不同，因而对其绩效的评估就要选定不同的评估项目。在选定评估项目时，要广泛收集被评估组织或个人的信息和资料。一般来说，划分和确定评估项目要考虑两个因素：一是绩效评估所需要使用的信息资料；二是绩效评估者根据其价值观选择和确定所评估的事项。绩效评估所使用的信息资料是文化行政组织的工作计划和方案、工作汇报、解决公众来信的记录、解决实际问题的数量、实际取得的工作结果与社会记录、会议记录、重大决策过程、成果鉴定结果等，要求这些信息资料能准确客观地反映政府机关的管理绩效、社会效果以及在管理过程中出现的问题。

（二）选择绩效评估指标或标准

绩效评估指标是测定文化行政机关为公众提供公共文化产品和文化服务状况的标准，具体反映机构、项目、程序或者功能是如何运作的。绩效指标不仅要反映工作任务的完成程度，而且要反映工作任务或目标完成的过程。换言之，选择的绩效指标不仅要清楚地表明文化行政机关完成了什么工作，而且还要表明文化行政机关是怎样完成这些工作的，完成这些工作是为了什么。其具体指标包括：① 投入指标，即为实现某一目标而消耗的人力、物力、财力和信息等。投入指标对于展示提供服务的总成本、提供服务的各种资源、服务的需求是非常重要的。② 产出指标，即提供的公共文化产品的数量和公共文化服务单位，产出指标反映为提供产品和服务所做的努力。③ 效果指标，即公共文化产品和公共文化服务提供之后所产生的效果，包括长期效果和短期效果，效果指标反映文化行政机关是否达到原定的目标。④ 质量指标，即反映公众期待的有效性。测定质量包括确定性、准确度、竞争性和敏捷性。它表明文化行政机关提供文化公共产品与服务的态度、使用的方法与手段以及管理能力等。质量测定主要包括两个方面：一是对合目的性的测定；二是对公众满意度的测定。所谓合目的性，是指文化行政机关的工作效果是否符合开展这项工作的目的，是通过对产出的质量和工作程序来衡量的。所谓公众满意度是指公众尤其是文化行政机关服务的对象对其工作效果的满意程度。⑤ 成本—效益指标，即提供的公共文化产品和服务的程度与所需资金、人力资源的成本之比，一般包括单位成本、个案处理的平均时间、反应速度等具体指标。

（三）建立多元评估主体

以往习惯于由上级文化行政机关对下级机关进行评估，随着公众导向性等管理理念的发展，原来的单一性评估主体正在逐步转变为多元评估主体。这些评估主体包括：① 文化行政机关自身。自我评估的好处在于有针对性。文化行政机关自己制定工作计划，对于工作计划所要完成的任务、所需要的资源、现在完成情况以及所遇到的困难，最为清楚。自我评估可以刺激其寻找更好的工作方法，更加清楚自己需要努力的方向。② 上级机关。从文化行政机关内管理的角度看，上级机关必须拥有一定的权威，才能保证工作的顺利进行，部门领导对下级评估即构成这一权威的组成部分。从权力与责任对等的角度看，上级机关在承担责任的同时应当拥有对等的权力。③ 公众。公民对行政机关的参与管理和监督权是宪法授予的，因此公众有权对文化行政机关的绩效进行评估。让公众参与绩效评估符合民主化和法治化的基本要求。④ 专家。对一些专业性较强的工作，普通公众难以分清好与坏，这时就需要专家介入评估。发挥专家在文化行政机关绩效评估中的作用对于建立科学的评估体系是十分必要的。

（四）确定评估结果的等级

在依据评估指标进行各项评估之后，将各个文化行政机关的绩效分为不同的等级，对各个等级应当给以对应的一定分值范围。虽然不同的机关的指标会有所不同，但是可以对这些指标进行评分后再抽象为几个主要方面的分数，从而使不太相同的文化行政机关的绩效具有一定程度的可比性。将分值与相对应等级的分值进行对应后，得出文化行政机关绩效的不同等级，并以此等级作为奖惩的依据。

（五）公开评估结果

公开评估结果是非常必要的。文化行政机关工作的结果与公众的社会文化生活密切相关。公众作为文化行政机关的最终承受者，文化行政机关的每一项决策，都会对其文化生活产生直接的影响。因此，只有将评估结果公布，接受公众的监督，才能真正对文化行政机关的工作产生推动作用。从文化行政机关本身来说，也需要这种公开。只有将各部门、各单位绩效评估公开，通过比较，文化行政机关才能从根本上认识到自身的不足，也才能弄清楚为何不足。

（六）总结和奖惩

评估后的总结是指在对绩效进行评估后，被评估者就评估结果中反映出来的问题进行分析、解释和说明，并提出改进和努力的方向。这实际上是对工作绩效的一次总结。在绩效评估制度中激励措施是不可缺少的。因为一种制度没有激励手段就会失去保持运作的后续力，而一种良好的激励手段能够给文化行政组织带来活力和动力。一种失败的激励手段不仅无法起到激励作用，反而会损害工作的积极性。同时，要实行奖励与惩罚手段并用的策略，起到奖勤罚懒、树立正气的作用，向先进学习。

五、文化行政绩效评估的方法

一般来说，常用的绩效评估方法主要有以下八种：

（1）实际记录法，即以记录文化行政机关的实际工作情况为评估手段，通常由评估主体发放统一形式的表格，并按一定时间限度记录一段时间内的工作情况，定期进行一次正式的评估。实际记录法的内容通常包括被评估者的工作进度、出勤情况、违纪情况等。

（2）目标评估法，即将文化行政机关目标的实现情况与预先设定的目标进行比较，将文化行政机关工作人员的个人目标实现情况与组织目标实现情况分解到个人的目标进行比较。通过这种评估测量出组织绩效目标的完成程度，明晰组织工作实践与目标的差距，向组织及其成员反馈工作信息。

（3）因素评估法，即对文化行政机关工作的主客观条件进行全面评估。通过调查分析和数据统计，分析哪些是文化行政组织与工作人员的主观因素、哪些是客观因素，在此基础上形成不同分值的标准体系，然后将被评估者纳入该体系中进行评估，得出评估结果。

（4）比较评估法，即将某个文化行政机关的绩效与工作性质、工作条件相似的其他文化行政机关的绩效进行比较，或者将某个文化行政机关的绩效与类似的其他组织的绩效进行比较评估。

（5）关键事件法，即抓住文化行政机关的关键事件来了解绩效成果，通常评估主体在一定时间内，根据所记录的事件与被评估者当面讨论工作绩效。

（6）自由报告法，即由文化行政机关的领导做工作陈述，总结取得的成绩，指出不足，分析失败原因，以此作为评估材料的来源。

（7）行为锚定评估法，即通过一种等级评价表，将绩效的行为进行等级性量化。这个方法综合了图表评分法和关键事件法的主要元素，形成规范的评分表格。

（8）360度评估法，即评估主体并不仅仅是被评估者的上级，还可以包括被评估者自身、其下属或者有协作关系的其他行政组织，共同来衡量被评估者的绩效。

六、文化行政绩效评估的作用

文化行政绩效评估是改善文化行政管理的一种有效工具，对准确评估文化行政机关的绩效，推进建立绩效、责任、透明的文化行政体制，加强文化行政机关与公众的沟通等方面都能起到积极的作用，具体表现在：

（1）准确评估文化行政绩效。绩效评估针对原来考评的不足，通过一系列制度安排和具体操作程序的设计，扩大了评估主体的范围，细化了评估的原则，加强了评估标准的全面性，是一种较为科学、公正的评估手段。

（2）推动建立责任、透明绩效的文化行政体制。构建绩效评估体系，整合服务宗旨、公众导向、健全程序、成本管理和公开透明的管理等因素，运用多种管理理念和方法，使文化行政在民主和法治的大框架下得以推进，最终建立责任、透明和绩效的文化行政体制。

（3）加强文化行政机关与公众的沟通。绩效管理为文化行政机关与公众的沟通提供了一个有效的渠道。文化行政机关要真正落实服务宗旨，必须与公众保持良好的沟通，而沟通必须经常化和制度化，绩效管理可以为这种沟通提供制度性的保证，从而为文化行政机关与公众的良性互动打开通道。

第三节 公共文化服务的绩效评估

公共文化服务是文化行政的重要职责和内容，对公共文化服务的绩效评估是文化行政绩效管理的重要方面；而构建公共文化服务评估体系是开展绩效评估的首要环节和核心任务，其科学性和有效性直接影响着绩效评估的效果。构建公共文化服务绩效评估体系的实质，是建立一个有关公共文化产品和服务信息的搜集与反映模型，进而根据这些信息进行绩效评估。

一、公共文化服务绩效评估的原则

（一）要遵循经济原则

在评估任何一个公共文化服务项目时，首先要考虑经济成本问题，即某一文化行政组织在既定的时间内，究竟花费了多少经费来提供公共产品和服务，是不是按照法定程序来分配和使用经费。文化行政组织是否能尽量少花钱、多办事，以最小的成本获得最大的收益，是公共文化服务绩效评估必须考虑的基本问题。

（二）要遵循效率原则

公共文化服务绩效评估中的效率，是指在既定的时间内，相应组织的预算投入究竟产生了什么样的结果。公共文化服务效率指标包括：服务水平、活动的执行、服务和产品的数量、每项服务的单位成本等。因此，效率既是投入与产出之间的比例关系，也是生产效率与配置效率的综合反映。前者可以看作公共文化产品和服务的平均成本；后者则主要是指公共文化资源配置的效率，即政府投入文化经费的分配是否符合公众需求的优先顺序等。效率是公共文化服务得以及时高效提供的必然条件。

（三）要遵循效果的原则

公共文化服务的效果是量化的或货币化的产品或服务，所关注的是公共文化服务实现"标的"的程度，如城市文化氛围与生态的改善情况、图书馆服务的市民满意度、文化政策目标的成就程度等。

（四）要遵循公平原则

公平问题是衡量公共文化服务绩效的重要指标。特别是随着政府角色由传统管制型向现代服务型的转型，公平对待不同阶层的公众权利要求（包括文化权利要求）已经成为公共管理与服务中的一个重要议题，也成为衡量公共文化服务绩效的一项重要内容。[①]

二、公共文化服务指数

一个地区在一定时间内公共文化服务的实际状况和未来可能的发展趋势，可以用公共文化服务指数来表示。这种指数作为一种能够反映公共文化服务多个项目或变量综合变动状况的相对数，能够测度某一地区某一时期内公共文化服务的水平与状态，从而为公共文化服务相关的各个层次的

① 毛少莹.公共文化服务绩效评估指标体系的构建［C］//中国公共文化服务发展报告（2007）.北京：社会科学文献出版社，2007.

决策者提供决策参考，为各种营利和非营利组织以及广大公众了解和参与公共文化服务提供必要的信息。公共文化服务指数至少包括三个方面：公共文化服务水平、公共文化服务能力和公共文化服务潜力。公共文化服务水平是显性指标，公共文化服务能力和公共文化服务潜力是解释性指标。公共文化服务水平是公共文化服务能力在现有条件下发挥作用的结果，而公共文化服务潜力表明公共文化服务能力未来可能提升的空间和途径。

（一）公共文化服务水平指数

公共文化服务水平指数从服务规模、服务质量、均等化程度和合意程度四个指标进行测量。服务规模是一个数量指标，是从具体数量方面测量一个地区公共文化服务的实际水平，即提供公共文化服务的规模多大，而服务种类和服务数量是衡量服务规模的两个具体指标。服务质量是一个质量指标，从质量方面测量一个地区公共文化服务的实际水平，即所提供的公共文化服务的质量如何，具体包括公共文化服务的及时性、便利性和可靠性三个具体指标。均等化程度是一个公平性指标，是从公共文化服务的分配方面测量一个地区公共文化服务的实际水平，即所提供的公共文化服务是否能够覆盖整个地区、惠及该地区内的所有人，具体包括城乡差别、基本保障和国民待遇三个具体指标。合意程度指标是从公共文化服务的预期目标方面测量公共文化服务的实际水平，即在多大程度上实现了预期目标，包括从公众满意度、公众文化素质状况、地区文化形象和文化实力等方面对公共文化服务的满意程度进行测量。

（二）公共文化服务能力指数

公共文化服务能力指数由动员资源、整合资源、运用资源和创新能力四个指标进行测量。服务能力是一个解释性指标，既要说明一个时期一个地区为什么只能够提供那种服务水平的公共文化服务的原因，又要解释这个地区公共文化服务能力是如何形成的，具体状况如何。动员资源的能力是一定时期内一个地区究竟能够动员多少经济社会资源投入公共文化服务，人、财、物和机构是4个具体的测量指标。整合资源能力是一定时期内一个地区能够在多大程度上将所动员的人、财、物和机构有效整合，以实现公共文化服务资源的合理配置和适用效率，具体包括政府采购的范围、规模和方式，非国有文化机构参与国有文化机构改革的限制，以及公私合作公共文化项目的数量多少。运用资源的能力是一定时期内一个地区所动员的公共文化服务资源的使用效率如何，具体包括资金效率、机构效率、人员效率和设施效率四个具体指标。创新能力是公共文化服务的一个重要能力，是一定时期内一个地区在公共文化服务方面的创新状况，具体包括研发投入、专业人才、品牌活动和创新方式四个指标。

（三）公共文化服务潜力指数

公共文化服务潜力也是一个解释性指数，包括动力因素、社会参与和可持续性三个指标。动力因素用以衡量一个地区公共文化服务发展具有哪些推动因素和多大的推动力量，需求动力、财政实力和政府意图是三个具体的测量指标。社会参与用以衡量社会公众和社会组织参与公共文化服务的热情和程度，具体指标包括公共文化政策和公共文化活动的公众参与度、非营利文化机构总支出和社会文化捐赠的公共文化资金数量、非国有公共文化服务机构的数量、非国有公共文化机构从业人员和公共文化志愿者的数量等。可持续性用以衡量一个地区现有的公共文化服务水平是否能够实现预期的平稳发展，测量该地区公共文化服务的内在素质要求，主要包括制度化、执行力、经济基础和人口素质四项指标。[①]

三、公共文化服务绩效评估模式

（一）确立公共服务绩效评估的基本维度

公共文化服务指数的建立为公共文化绩效评估确立了基准，但还不是绩效评估本身。绩效评估是一件复杂而烦琐的具体工作。首先，要根据评估的主体对评估的范围进行切块划分，而这种划分与评估主体的多元结构紧密关联。公共文化服务绩效评估既涉及责任主体如政府文化行政主管部门，也涉及实施主体即公共文化服务组织，如图书馆、博物馆等。而随着公共文化服务市场化程度的不断提高，绩效评估也会涉及社会非营利文化机构和一些文化企业。考虑到无论是评估主体还是评估对象都是多元化

---

①　贾旭东. 公共文化服务指数：思路、原理与指数体系［C］//中国公共文化服务发展报告（2007）. 北京：社会科学文献出版社，2007.

的，因此可以将公共文化服务绩效评估的基本维度确立为以下五个方面：

（1）发展规模。公共文化服务必须依赖一定的实施载体，并形成一定的规模才可以实现，如一定数量和规模的公共图书馆、书报刊网点、电台和电视台等。

（2）政府投入。政府作为公共文化服务的唯一责任主体，承担着制定公共文化发展战略规划，制定并执行公共文化政策，保证公共文化服务必需的经费投入等职责。政府投入经费以及经费的使用状况，是绩效评估的重要内容。

（3）运行机制。运行机制主要侧重于人员素质、工作质量、办事效率、政令贯彻、整体形象等方面。

（4）社会参与。公共文化服务有很强的开放性，服务内容的提供既需要政府部门也需要社会的参与，如大量民办非营利文艺社团的参与等。公共文化服务的社会化、市场化，客观上要求公共文化服务供给体制以及运行机制的转变。所以设置社会参与指标，可以更加准确地反映公共文化服务的运行机制情况。此外，公共文化服务本身是否符合公众的需要，从社会参与程度上也可以得到很好的体现，如公共图书馆藏书的借阅次数、高雅艺术演出或展览的观众人数等，都能对公共文化服务的有效性予以评估。

（5）公众满意度。公共文化服务水平的高低、体系是否完善，最直接、最客观的反映就是公众的满意度。调查满意度是绩效评估工作中常见的方式。

（二）确定评估基本指标

在公共文化服务绩效评估的基本维度确定后，需要进一步确定评估的基本指标。这些基本指标的确定具有很强的技术性，同时也是在更大程度上反映评估的价值取向。在确定这些指标时，一要注意目标的一致性，即公共文化服务体系的指标体系、被评估的对象（如文化行政机关、图书馆、博物馆等）的战略目标、绩效评价的目的三者应当是一致的。二要注意可测性，即公共文化服务绩效评估指标本身具有可测性和在评估过程中的现实可行性。量化的指标应该是可测的，非量化指标则应该用可操作的语言定义进行定性描述，以使所规定的内容可以运用现有的统计工具获得明确的结论。三要注意整体性，即指标体系内部的指标能够全面、系统地反映公共文化服务绩效评估的数量和质量要求，各项指标之间的含义、口径、范围、计算方法、计算时间和空间范围等方面要相互衔接，以全面系统、综合有效地衡量公共文化服务的整体绩效水平。四要注意可比性，即公共文化服务绩效评估指标体系中的指标要有独立性，同一层次上的指标之间必须相互独立，不能交叉重叠，否则就无法比较。五要注意可行性，即要根据不同的评估对象的特定职能和绩效目标来设定评价指标，同时要根据实际需要与可能来设定指标，使指标切实建立在可行的基础上。

在确定评估指标时，还要注意技术性指标。这些技术性指标包括：修正指标、标准分值和权重。实际设定指标常用的方法是，每个维度设 4～5 个指标；每个指标设不同等级，标准分值为 100 分；分值权重则要根据公认、公允的价值标准和选择取向来具体确定，由评估管理机构负责；评估专业人员必须精心设计每一指标的权重，同时进行周密计算。其中有三个关键性的概念需要切实把握：

（1）指标要素，即基本指标的含义，包括其中定性指标的评议标准，假设每个指标分为优秀、良好、中等、合格、不合格五个等级，那么这五个等级则需要确定评定的具体要素。

（2）修正指标，即对基本指标进行校正的重要辅助性指标，其作用在于，一是对基本指标中的不符合实际的情况进行校正，二是修正指数，使不同行政环境中的同类评估对象处于基本一致的评估起点上。

（3）权重，即不同的评估指标所起的作用大小不同，应根据评估指标对评价对象影响程度的大小，给每个指标进行权值设定。

由此可见，一个包括了基本维度、基本指标、修正指标、标准分值和加权计算等在内的复合体系才能构成公共文化服务绩效评估的指标体系。[①]

① 毛少莹.公共文化服务绩效评估指标体系的构建［C］//中国公共文化服务发展报告（2007）.北京：社会科学文献出版社，2007.

下　篇

第十二章

文化行政伦理

　　文化行政伦理是指文化行政管理人员的职业伦理，也是文化行政管理活动的道德规范。随着文化体制改革的深入，文化行政伦理问题逐渐引起人们的关注。文化行政伦理主要涉及文化行政管理人员的义务和责任、职业伦理现状与培育；文化行政组织伦理及其影响因素；文化行政管理和文化政策的伦理准则和价值选择。

第一节　概　　述

一、文化行政伦理的含义

　　一般认为，文化行政伦理是指文化行政主体（包括文化行政组织及其工作人员）之间以及文化行政主体与相对人之间的道德规范，或者说，是文化行政主体在依法管理公共文化事务中应遵循的伦理道德要求的总称。从本质上讲，文化行政管理活动也是一种职业行为。任何一种职业，都应该有其职业道德和职业规范。文化管理的职业道德就是文化行政主体在行使文化管理权力的过程中，通过内在的价值观念和善恶标准理性地调节个人与个人、个人与国家、个人与社会之间多种利益关系的职业行为规范。

　　为了加深对文化行政伦理概念的理解，有必要从文化行政伦理的范畴加以考察。所谓文化行政伦理范畴是反映和概括文化行政伦理主要本质、体现特定社会整体的文化行政伦理要求，并成为文化行政主体的普遍信念而对文化行政发挥重要影响的基本概念。从这个角度看，文化行政伦理涉及以下范畴：

（一）文化行政理想

文化行政理想作为特定的道德理想和伦理理想以及特定的政治理想和社会理想，是文化行政伦理的灵魂，在文化行政管理实践中表现出理想的力量。文化行政理想的基本内涵是，所有文化行政管理职能组织及其工作人员都要努力做好文化行政管理工作，全心全意为人民服务。

（二）文化行政态度

文化行政态度就是工作态度，是文化行政主体对社会、对公众履行各项文化行政义务的基础。文化行政态度具有政治学、经济学和伦理学的多重含义，不仅反映文化行政主体在文化行政管理活动中的地位和参与文化行政管理工作的方式，也反映其主观态度。文化行政态度包括最基本的职业三要素，即维持生活、发展个性和服务社会，其重点是要把服务社会放在首位。为此，需要倡导一种以忠于职守、认真负责、公平公正为基本内容的文化行政态度。

（三）文化行政义务

文化行政义务是行政责任。文化行政主体的责任是应该做到的，即文化行政主体应自觉履行的责任。

（四）文化行政技能

文化行政技能是履行文化行政义务的基本保证，也是文化行政理想与文化行政态度的具体表现。文化行政管理归根到底是代表公众掌握和行使文化管理权力的，因此，文化行政主体既是公众利益的代表者和维护者，又是公众意志的体现者和执行者。文化行政主体需要面向公众对繁杂的公共文化事务进行决策、指挥、组织和协调。基于这样的职业特点，文化行政技能不但在文化行政管理实践中具有重要的伦理价值，而且必然成为文化行政伦理体系中不可缺少的基本范畴。

（五）文化行政纪律

文化行政纪律是文化行政管理工作顺利开展的制度保证，也就是说，文化行政纪律是文化行为的规范，它要求文化行政管理机关及其工作人员遵守秩序命令、依法行政。这种纪律是文化行政管理机关及其工作人员在利益、信念、目标基本一致的基础上所形成的高度自觉的新型纪律。这种自觉的纪律是法制和道德的统一，因而成为文化行政伦理的重要方面。

（六）文化行政良心

文化行政良心是对文化行政义务的自觉意识。文化行政良心在文化行政管理中起着重要作用，它贯穿文化行政管理过程的各个阶段，左右着文化行政主体的各个方面，成为文化行政管理的重要精神支柱。文化行政良心不但成为文化行政管理人员行政规范的本质内容之一，而且是文化行政行为选择的基本动因之一。

（七）文化行政荣誉

文化行政荣誉是文化行政管理机关及其工作人员在模范地履行了自己的行政义务与行政责任后所获得的社会肯定性的评价以及自己内心中善的价值认同，是文化行政机关及其工作人员的行政义务和行政良心的价值尺度。从主观方面看，文化行政荣誉是文化行政良心中的自尊心、自爱心的表现，能使文化行政机关及其工作人员自觉地依法行政，以维护文化行政尊严和文化行政人格。

（八）文化行政作风

文化行政作风是指文化行政管理机关及其工作人员在长期的行政活动中所表现出来的一贯态度。从文化行政作风形成的角度看，它是以上七个方面相互作用所形成的结果；从文化行政作风价值的角度看，好的文化行政作风作为一种良好习惯，具有潜移默化的教育作用，文化行政作风具有很强的伦理价值。

二、文化行政伦理的特征

（一）正义性

文化行政伦理追求的终极目标是实现以公众为中心的文化管理以及民主决策和行政过程中的分权等，具体表现为对公众利益的维护和落实。这一特点表现为文化行政伦理的正义性，这种正义性既包括公平性，又包括公正性。文化行政管理要以公众利益作为行政的出发点和归宿点。对于公众利益的切实维护，一要促使文化的繁荣，使公共文化产品和公共文化服务在数量上告别匮乏和短缺的状况，同时在公共文化产品和公共文化服务的质量上确有保证，告别粗制滥造和低俗横流的状态；二要在公共文化产品和公共文化服务享有上，切实做到社会的各个阶层都能有权利享受同等的机会和同样的份额。

（二）廉洁性

贪污腐败会破坏文化行政的管理秩序与文化行政权力公正的原则，激化社会矛盾，毒化社会风气，导致公众对公共文化权力的不信任。文化行政管理领域是一个特殊的领域。由于其管理的是与文化艺术有关的涉及公众精神层面的事务，因而在公众看来，这是一个美好而神圣的领域。如果这个特殊的管理领域受到舞弊之风的玷污，就会从公众的内心深处动摇其精神寄托所依赖的根基。因此，文化行政伦理的一个基本的价值取向就是其廉洁性。

（三）效率性

文化行政管理效率是文化行政管理学中的一个核心概念。文化行政管理效率与文化行政伦理是不矛盾的，而是一个有机统一的整体。要寻求文化行政管理效率的途径，就必须重视文化行政伦理的功能与作用；而要使文化行政伦理充分发挥其提高文化行政管理效率的功能与作用，就需具体分析文化行政伦理的各个方面对文化行政管理效率的实际影响。文化行政伦理所包含的三个方面，即文化行政管理人员的道德素质、文化行政管理组织的道德属性和文化行政管理运行的道德控制，这些都与文化行政管理效率有直接的关系。如果一个文化行政管理工作人员没有对文化行政管理工作的道德责任感，不把尽心尽力做好本职工作作为自己应尽的道德责任，那么可能表现为玩忽职守、消极怠工等一系列消极的态度，从而导致其工作状况不能让公众满意。更进一步的话，如果一个文化行政管理人员不能廉洁奉公，那么其手中掌握的公共权力就可能变为以权谋私的工具和手段，国家对公共文化领域的投入就可能被转移到私人领域，从而损害公共文化产品和公共文化服务。

三、文化行政伦理的目标

由于不同国家的政治制度和文化制度不一样，经济发展处于不同的历史阶段，民族历史文化的渊源也不尽相同，这些都造成了文化行政伦理的不同。但是在表象差异的背后，也表现出某些共同的趋向，比如：各国都面临着反腐倡廉的问题，也都遇到如何提高文化行政管理效率的问题，也都需要解决如何改善公共文化服务水平的问题。因此，文化行政伦理在目标追求上表现为某些共性价值取向。具体表现为：

（一）追求公共服务

公共服务是现代文化行政管理的出发点，也是其目的和归属。西方公共行政理论中有一个基本的理念，就是权力只有在公共服务的功能被充分实现的前提下才是合法的。因此，公共服务应该成为文化行政管理的第一原则。在以公共服务为宗旨的文化行政管理理念中，文化行政管理权力的正当化和合法化的根本源泉不是法律条文，也不是国家权力机构或文化行政管理职能部门所下达的命令，而是社会公众的需要。文化行政管理只有在其提供的公共文化产品和公共文化服务能够满足公众的需要的时候才是有效的行政管理。以服务为理念的文化行政管理，就是要纠正和克服主权行政的旧观念。将文化行政管理权力界定为一项社会功能，就意味着文化行政管理行为的正当性和程序合法性的根本源泉是社会需求。由此，文化行政管理行为的合理性和合法性标准会产生一个飞跃，即从管理控制到管理民主，从而实现以公众需要不需要、满意不满意、高兴不高兴作为衡量标准，进而以责任与义务取代主权行政管理，并以此作为文化行政管理的基础。

（二）追求依法行政

文化行政伦理把依法行政作为重要的追求目标。这里依法行政的具体要求是：文化行政管理机关及其工作人员必须依据国家的法律制度而不是个人的主观意志或偏好进行文化行政管理；依法行政的着眼点是对文化行政管理权力的行使进行限制，实行有限行政；文化行政管理机关及其工作人员要把依法行政作为精神理念予以重视，并从精神实质上把握这一理念，而不是去千方百计地钻法律的空子。因此，依法行政主张文化行政管理必须遵守、维护和实施宪法以及各项法律，同时还要求文化行政管理工作人员充分发挥其能动性和主观创造性，遵守法律基本精神，真正把依法行政作为一种理念、一种信仰。

（三）追求公共利益

公共利益作为文化行政管理人员的一种精神信仰和追求，进而进入文化行政管理人员的主观责任意识，成为文化行政管理人员的实践理念，最终成为指导文化行政管理行为的内在精神动力。公共利益作为文化行政管理组织及其工作人员文化行政伦理追求的一个目标，能够指导文化行政管理人员培养道德能力，指导其养成正义感和责任感。作为一种指导性目标，公共利益实际上提供了一种优先规则，从而发挥着核心指导作用。公共利益是一种近乎信仰的精神力量，它是实在地、内在地存在着的，而不是虚无缥缈的海市蜃楼。

四、文化行政伦理的作用

文化行政伦理是文化行政管理的主导思想和灵魂。在今天，文化行政伦理所涉及的范围比以往任何时候都更加广泛，其内容也比以往任何时候都更加丰富，其重要地位和作用也将比以往任何时候都更加突出。从文化行政管理自身来看，其作用首先表现在文化行政伦理是文化行政管理的主导思想和灵魂。文化行政管理作为管理公共文化事务的系统或功能活动体，需要一个指导思想和灵魂，即一种精神力量和价值导向，需要一个定向器和定位器。文化行政管理机关及其工作人员用道德的力量来约束自己，是一种切实有效的自律行为。道德力量的约束，是解决勤政问题的有效之策，也是解决廉政问题的治本之策。其次，文化行政伦理对于文化体制改革、文化行政管理职能转变、公共文化政策制定、文化行政管理人员素质、文化行政管理机关的作风建设都将起到积极的引导作用，从价值导向上有效解决这些领域存在的问题。文化事业推进需要有好的文化行政管理，而好的文化行政管理必须有好的文化行政伦理。

第二节　文化行政管理组织伦理

一、文化行政管理组织伦理的含义

文化行政管理组织是文化行政行为的合法主体和文化行政管理功能的集体行使者，又是个体文化行政管理人员的生活组织和最直接的责任报告对象。文化行政管理组织是文化行政管理系统道德的基本单位，也是文化行政管理人员个体道德发展的主要环境，即它直接关系文化行政管理人员的道德认知、道德评价和道德习惯的养成。也就是说，如果没有良好的文化组织环境，是不可能产生任何优秀的文化行政管理人员的。

文化行政管理组织结构实际上是人际关系的制度化表现，其实质是一系列人伦关系、伦理习惯与价值观。因此，从一定意义上说，文化行政管理组织作为一种集体性的文化、一种精神现象，影响着个体文化行政管理人员的道德心理和行为；反过来也一样，即个体文化行政管理人员的伦理观念与行为也直接影响着文化行政管理组织的伦理环境的形成。

文化行政管理组织在文化行政伦理中，首先表现为一个认知系统，即生活在其中的组织成员总体性地内化这些系统，并且不知不觉地成为无意识地用组织观念思考问题的人。文化行政管理组织道德这种规范认知结构的影响力和渗透力，又因文化行政管理人员与文化行政管理组织的隶属关系和亲密关系显得无与伦比，使文化行政管理组织成为文化行政管理人员社会化、政治化的主要基地。

其次，文化行政管理组织文化对于组织集体和组织成员的伦理取向具有决定性的影响。组织文化是指组织成员所共享的基本思想和信念，它活动于组织成员的潜意识中，并以一种想当然的方式来界定组织成员的自我观念及其对环境的看法。组织文化对其成员的认知、情感和道德意志与行为都有着重要的影响。这种影响是双重性的，既可能是有益的，也可能是有害的。好的文化行政组织可以为文化行政人员提供一种良好的直接环境，促进其养成符合社会公德和公共利益的道德行为和道德习惯。

二、文化行政伦理的构建

（一）文化行政伦理构建的保障体系

文化行政伦理的构建是一个复杂的系统工程。一般认为，这种构建需要把重点放在组织环境培育与个体素质的培训上，而无论是营造环境还是职业培训，其重点都要放在法制性和规范性上面，使文化行政管理者保持合乎法律规定的正确行为和合乎道德的正当行为，并使之成为一种内在的素质，成为一种上下一致的良好习惯。从外部环境看，文化行政伦理的构建需要多方面的环境的营造，具体包括：

1. 建立支持系统

支持系统包括政治支持、舆论支持和机构支持。没有政治支持，文化行政伦理构建是不可想象的。具体来说，政治支持在我国体现为政党对文化行政建设的重视。政党的支持是文化行政伦理构建的前提，具体表现为，任何文化行政伦理构建的方针出台都离不开政党的参与，任何文化行政伦理具体措施的推进都离不开政党的支持。舆论支持也是非常重要的方面。舆论的正面导向和氛围营造都会对文化行政伦理构建的切实推进产生积极的影响。机构的成立是文化行政伦理构建的直接载体。

2. 建立保障系统

（1）建立责任保障系统。文化行政管理人员在面临伦理困境时其行为选择要从自身承担的责任与义务的角度进行。这个责任与义务包括对政党的政治责任、对组织的行政责任、对文化行政行为所承担的法律责任以及道义责任。政治责任是指文化行政行为必须符合、保护和促进公众利益和社会福祉。如果文化行政行为损害公众利益，就要承担政治责任。法律责任是指文化行政行为违反法律所规定的义务、违法行政，就必须承担相应的法律责任。道德责任是指文化行政要正确地做事，要做对公众利益有益的事，而不做对公众利益有害的事。没有约束的文化行政权力是危险的，因为没有约束的话，权力可能被滥用。如果责任追究不及时，就会增加公众对文化行政机关的不信任感，进而产生对立的情绪，因此文化行政机关及其工作人员必须积极地履行其职责，在文化行政管理的实践中承担起政治的、行政的、法律的、道义的相关责任。

（2）建立培训保障系统。文化行政管理人员的伦理知识需要在培训的过程中获得，对文化行政人员的日常培训要安排与伦理相关的内容，经常性的培训，能够使文化行政管理人员在内心建立起文化行政伦理的高地。文化行政管理人员首先应该成为一个具有良好职业伦理的人，在这个基础上才有可能成为一个合格的公务员。一个没有职业伦理的人，要想成为一个好的文化行政官员是不可想象的。

3. 建立监督系统

（1）公众的监督。要切实实现公众监督，必须解决思想认识问题，即人民群众是国家的主人，依据委托—代理理论，文化行政机关实质上是人民群众的代理人。通过建立公众监督机制，如公众举报制度、政务公开机制等，切实保障文化行政伦理在文化行政管理机关中的落实。

（2）立法和司法监督。文化行政伦理建设与文化法制建设应相互配合。文化行政伦理的立法监督的具体制度包括：宪法监督制度，听取和审议工作报告制度，受理申诉、控告、检查制度，询问和质询制度，调查制度，等等。文化行政伦理的司法制度包括人民法院的监督和人民检察院的监督。

（二）文化行政伦理构建的路径

文化行政伦理构建的路径可以从文化行政的文化建设、行政制度建设和立法三个方面来考察。

1. 文化建设

行政文化是一种与行政管理相关的文化，是行政管理体系中的成员在一定的社会文化背景下形成的对行政管理活动的态度、情感、价值取向和信仰。任何一个文化行政管理组织的结构、过程、程序以及文化行政主体的行为观念，都会直接或间接受到行政文化的影响。文化行政管理也有其特定的行政文化，具体包括行政管理观念、行政管理意识、行政管理思想、行政管理理想、行政管理道德、行政管理心理、行政管理原则、行政管理价值和行政管理传统等。文化行政管理的行政文化是一个多层次的、复杂的文化，它的形成受到多方面因素的影响，如历史条件、地理环境、政治制度、民族特性、文化心理、文化背景、传统习惯等。这种文化对文化行政行为、文化行政心理和文化行政制度都可以产生影响。构建新型的文化行政伦理的具体行政文化建设的路径是：以文化制度伦理建设为基础，使文化伦理建设与个体道德建设相互促进；制度变革应输入足够的公共性、服务性、法治性的伦理精神，文化创新应强调发展公民权利意识和自主自治的优先性；以公共意识和法治意识为核心，以公民权利意识、公务员责任意识为重点持久开展有针对性的学习和教育；以文化行政行为的公共性、法治性对社会产生示范和潜移默化的作用。

2. 行政制度建设

如果制度设计有缺陷，必然会带来伦理问题。文化行政伦理的构建需要制度的设计。制度实际上就是一种秩序，由规则构成。制度从纵向看，可以分为宪法秩序、规范性行为准则和制度安排三个层次。宪法秩序是指关于人类活动的基本原则，涉及社会政治、经济等诸多方面，它以宪法为核心，是制定社会各个领域相应行为规则的依据。规范性行为准则包括道德、习俗和意识形态等，主要是从文化层面约束人们的行为。制度安排就是要根据不断变化的文化行政的外部环境，不断调整制度设计，使之更加适应外部环境的变化。这种制度安排要以伦理价值为依据。文化行政管理文化的建设要求文化行政管理组织必须积极主动地塑造一个行政伦理的实践环境，并有计划地建立文化行政伦理规范。只有这样，文化行政管理决策层才可以顺利进行授权，而执行层人员也可以全身心地投入工作。

3. 立法

为了保障文化行政伦理构建的持久性和稳定性，应将相关成熟的文化行政伦理规范上升为法律规范。已经有不少国家制定了国家公务员伦理法，主要就政府雇员的公共服务价值观、公务员财产收入申报制度等做出严格的规定。我国可以先制定文化行政规章制度等，然后将其逐步上升到法律的层面。

第三节　文化行政管理人员个体伦理

一、文化行政管理人员的义务与责任

（一）概念

文化行政管理人员作为一个独特的职业群体，行使文化行政管理权力，履行法定职责，有着严格的从业要求，其职业能力、政治立场、文化信念、道德素养等直接或间接地影响着文化行政管理工作的质量。作为国家文化行政管理权力的实际行使者、国家文化行政管理事务的实际执行者和文化行政责任的实际承担者，其身份和地位是由法律明文规定的：

（1）文化行政管理人员由国家依照有关规定特别选用，一经选用即承担起文化行政管理人员的角色；

（2）文化行政管理人员必须依法实施文化行政行为，从事文化行政管理公务；

（3）文化行政管理人员对国家负有忠诚的义务。文化行政管理人员的角色一经确定，就与国家产生了特别的权利与义务关系，就必须以国家利益作为其一切文化行政行为的出发点，尽心竭力为国家服务；

（4）文化行政管理人员在执行公务时代表国家，因此，其职权范围以国家权力所管理的范围为限度；必须接受国家或其代表的指挥，对其职权范围内的工作，不论其数量和质量，均应妥善处置，对国家负无定量工作的义务。

文化行政管理人员具有双重角色。一个公民一旦经过法律程序进入文化行政管理部门之后，开始扮演新的角色，从而具有双重身份。一方面接受了国家的授权，担任了一定的文化行政管理公职，享有和履行国家规定的公职权利与义务；另一方面，无论担任何种职务，其原来的角色，即公民及其法律地位，并没有由于行政职务关系的形成而丧失。因此，与其双重身份相适应，文化行政管理人员也有双重行为，即作为公民的个人行为与作为文化行政管理人员的行政管理行为。个人行为是以文化行政管理人员自己的名义即公民从事的活动，它只代表行为的本人，行为的效果也只属于个人。而文化行政管理行为则不同，当个人以文化行政管理人员身份执行公务时，就有资格作为国家代表，以文化行政管理机关的名义从事活动。文化行政管理行为是国家意志的体现，因而具有强制性，而由此引起的结果其所属的文化行政管理机关负有连带责任。此外，文化行政管理人员在从事公务活动时，享有行政职权和行政优益权，可以按照单方面的意志构成与相对人的法律关系，在行政行为被依法撤销前，可被推定为有效，并被继续执行。

（二）文化行政管理人员职业的特殊性

文化行政管理人员是一个独特的职业群体，必须建立起特殊的职业道德，也就是文化行政道德，这有利于文化行政管理人员生成职业意识。根本目的是在这个特殊的群体中建立起对文化公共权力的公共性的信仰。

1. 文化行政管理人员职业的特殊性首先在于这种职业的公共性

文化行政管理人员掌握着公共权力，并在文化行政管理的职业活动中代行这一权力。而这种公共权力来自社会，又凌驾于社会之上，并且对社会文化生活有着支配的能力。公共权力与文化行政管理人员之间的职业联系，赋予了公共文化管理行政这一职业的特殊性，使文化行政管理人员与其他职业的从业者不同。文化行政管理人员与公共权力的这种联系为其提供了可能窃取、占有和不当使用这种权力的机会。就是说，公共权力是一种公共力量，其他任何一类的职业的从业者不可能像公共行政人员这样把自己的行为建立在公共力量上。

2. 文化行政管理人员职业的特殊性还在于这种职业的服务性

由于政府的合法性建立在公民与政府、公民之间的政治契约的基础上，政府的一切权力来自公民与政府之间的权力委托，政府的职责就是保护公民的公共利益，全心全意为人民服务。文化行政管理人员理应为公众服务，反映公众的意愿，为公众利益尽心工作。公共经济学把政府的管理过程视为公共产品的生产过程，政府存在的目的就是不断生产公共产品以满足公众消费的需求。因此，文化行政管理机关不仅要为公众提供公共服务，而且要提供尽可能好的服务，否则就难以获得公众的支持，从而失去存在的基础和意义。文化行政管理机关为公众提供的公共文化服务必须通过文化行政管理人员的工作来体现，文化行政管理人员职业的这种特殊性就体现在：文化行政管理人员作为公民和社会的服务者，必须正确对待手中的权力，这种权力不应该成为为自己或者为利益集团谋取私利的工具，而应该成为更好地满足公众需要、更好地服务于社会的手段。

3. 文化行政管理人员职业的特殊性在于这种职业的权威性

在文化行政管理机关担任公职、行使公共权力的文化行政管理人员，其专业就是行政管理，而行政管理活动在本质上反映和体现国家意志的要求。因此，处理文化事务的行政管理行为也必然具有政治性的特征，而且文化行政管理是以国家的名义进行的，并有国家强制力作为后盾，这就使文化行政管理具有权威性的特征。

4. 文化行政管理人员职业的特殊性也必然会反映在对这一职业有着特殊的从业要求上

这种要求体现为法律要求和道德要求两个方面。这两个方面紧密联系、相辅相成。一方面，要求文化行政管理人员在处理文化行政事务的时候，必须站在政府的立场上，从法律和政策角度来考虑和处理面临的问题；另一方面，文化行政管理人员还必须具备道德素养。比如，文化行政管理人员要做到大公无私，因为只有无私才能公正，才能廉洁，才能适应文化行政这个职业，否则文化行政管理人员的行为会有意无意地对文化事业构成损害。

（三）文化行政管理人员的义务与责任

任何文化行政管理人员都必须承担义务和责任。一般来说，行政人员的基本义务包括：① 忠于宪法的义务；② 遵守法律的义务；③ 对民族和国家的义务；④ 民主的义务；⑤ 遵守组织规则的义务；⑥ 忠于职守与信守专业精神的义务；⑦ 对家人和朋友的义务；⑧ 对自我（人格与尊严）的义务；⑨ 对公共利益或全民福利的义务。文化行政管理人员的责任主要有两项：一是对某人或某集体的责任，即说明责任；二是对某项任务、目标的达成，以及对下属人员的行为所承担的责任，即职务责任。所谓说明责任，就是文化行政人员应当就某一项或某一段时期内的工作向领导机关（立法机关、上级主管机关、公众等）汇报、报告，并对他们的询问、质询进行解释；而立法机关、上级主管机关、公众等有权对文化行政人员履行其职责的情况进行审查，并追究责任。说明责任包括两部分，即实绩与伦理。对实绩的汇报框架主要由成本效益、效率、便利性、生产率概念构成；而伦理的正当性则主要侧重于公正、平等、自由、人的尊严、隐私和民主等方面。责任的伦理与实绩两个方面缺一不可。

相对而言，职务责任更为客观，因为说明、报告、解释等只是促使文化行政人员履行其职务责任的一种手段。文化行政管理人员的责任可以从两个方面来考察：首先，文化行政管理人员必须向其所在的机关单位的领导负责。文化行政管理人员要定期汇报任务的执行情况或工作目标的达成情况，包括为实现这些任务目标所采取的行动方案、政府资源和行政手段，同时还必须对其下属的工作承担领导责任。其次，文化行政管理人员最终的责任是要理解、判明、权衡、实现公众的意愿、偏好和要求等。文化行政管理人员有义务向公众报告工作，接受公众的监督、询问和质询。促进公共利益和公共福利是文化行政管理人员的终极责任。①

二、文化行政管理人员的自律

（一）含义

文化行政管理人员的自律是指文化行政管理人员作为道德的主体，在认识其职业伦理和社会道德规范之后的一种自我立法、自我约束，是一种自愿、自觉、自决的活动。具体包含以下含义：

（1）文化行政管理人员的道德自律以其道德主体性为前提。伦理实践的实质是一种自主自由的选择活动。道德自律总是个体处于明确的理性意识而自觉自愿进行选择的行为。道德行为要求自觉，即要求遵循理性的指导实践行事，同时又要求自愿，即要出于意志的自由。没有个体的自由，就不可能有真正意义上的伦理责任。

（2）文化行政管理人员的道德自律是一种社会性实践活动。尽管文化行政管理人员的道德自律是一种极其自我化的活动，但是文化行政管理人员的这种自律并非是单个人的事情。这种自律是一种社会实践，是一种由个体实践而汇集起来的群体活动，其最终目的是群体道德修养的提高，从

---

① 竺乾威. 公共行政学［M］. 上海：复旦大学出版社，2008.

而创造出和谐的文化行政伦理秩序，以更好地实现为公共利益服务的目标。

（3）文化行政管理人员的自律在他律的推动下完善。文化行政管理人员的自律与他律之间是紧密联系的，其区分主要是看文化行政管理人员的道德主体性是否得以保存并发挥其主观能动性。主体性的表现主要是看文化行政管理人员是否具有自主自由的选择权利。当然这种自主自由是相对而言的，因为任何人都是社会中人和体制中人，文化行政管理人员更是如此。文化行政管理人员处于体制化的机关之中，权力运作关系是其常规性的活动，因此获得自主自由的程度取决于个体抵制各种诱惑和应对社会提出的各种问题及考验的能力。现实生活中，文化行政管理人员的自律可以分为三个层次，一是自律已经成为文化行政管理人员的日常生活与工作中的常态；二是自律在舆论监督和道德规范的约束之下形成；三是自律在法律约束和权威监督下产生。应该看到，自律成为一种自觉行为并不是适用于多数个体的，后两种情况倒是常见的现象，因此，舆论监督、道德规范、法律约束和权威监督这些他律行为对于多数个体形成自律是有实际效果的。

（二）道德自律的内容

文化行政管理人员基本的职业道德要求包括：

（1）诚信忠诚。要忠诚于国家，因为文化行政管理人员是国家文化职能的执行者，国家利益是至高利益；要忠诚于公共利益，因为人民是国家的真正主人，所有的国家公职人员都是人民的公仆。

（2）公正廉明。要严格执行个人财产申报制度，其变动情况要及时向组织反映；不得接受相关利益单位的馈赠，政府间的馈赠要交公；不得以任何形式涉足营私活动，不得在私营企业和"三资"企业中兼职；不得贪污受贿。公正就是要公道正派；不徇私情，公务员法要求所有公务员，包括文化行政管理人员要公道正派；在处理各个方面的利益关系时，要坚持公正平等的原则，不偏袒一方，也不损害和压制、打击任何一方，对任何人，无论亲疏远近，都要一视同仁，平等对待；在用人方面要举贤任能，要有求贤若渴之心，要有不避亲仇的荐贤之为，要不计个人得失，敢于推荐才能高于自己的人；不拉帮结派，不另立山头，不搞小团体，不搞歪门邪道和各种不正之风；要执法如山，刚正不阿，有错必纠，不畏权势，不允许有任何不受法律约束的特殊公民存在；要赏罚分明，赏不遗远，罚不阿近，不贪，不占，不奢。

（3）勤政为民。文化行政管理人员要勤于政务，忠于职守，尽职尽责，要在其位，谋其政；要坚守岗位，勤勤恳恳，任劳任怨，认真负责，开拓进取，不迷信权威，不墨守成规；要实事求是，尊重客观规律。

（4）注重效率。提高效率就是用最少的人、财、物、时间的投入取得最大的成果。要杜绝资源的浪费；要发挥积极性和创造性，建立有效的行政程序和工作制度，摒弃衙门作风和形式主义。

（三）道德自律的路径

1. 加强学习

文化行政管理人员道德自律必须通过自觉来实现，而自觉的取得，不是从烦杂的事务中来，也不是从频繁的应酬中来，而是要通过学习，经过思考而来。知识就是美德，但知识本身还不能成为道德。要把知识上升到道德层面，必须有自我认知的功夫。这种自我认知实际上是文化行政管理人员对自我存在的一种意识即自我意识，这种自我意识主要是一种批判性的自我审视与反思。文化行政管理人员通过学习，以此来审视自己行政生活道德性的各个方面。

所谓行政生活的道德性，就是文化行政管理人员的行为与规则及道德价值的相符程度。行政道德包含两个因素，即行政行为准则和主观化形式。文化行政管理人员的道德大致有两种类型：一是以准则为目的的道德，即对于那些羁束性、必须严格遵守的规则的遵从；二是以伦理为目的的道德，即主要是那些原则性的、需要行政管理人员发挥其主观能动性才能恰当地履行的规范。这两类道德几乎总是共存于文化行政管理生活的各个方面。不能混淆了这两类道德性标准，为自己不道德的行为开脱责任，而应该对此做出经常性的反省。

文化行政管理人员要使自己的行为建立在道德正当性的基础之上，还必须反思自己遵守道德要求的动机和理由，因为同样的道德问题，其动机往往并不一样。这对文化行政人员也是重要的，因为这些才是道德主体存在模式的真正特点，它是一种极其深刻的内在体验，直接影响着一个人的内在快感体验。所以，遵守道德要求的动机和理由也应该成为文化行政管理人员的自我反思的重要内容。

2. 加强修炼

加强学习是为了理念的升华，但理念的升华只是道德修养的基础，而不是道德修养的成果。要使这种道德理念上升为道德实际，必须通过自我修炼。自我修炼是文化行政管理人员伦理升华的重要途径。对文化行政管理人员而言，最重要的是三项修炼：

（1）道德意志力修炼。锻炼自己拒绝各种诱惑的意志力，其中奢侈腐化是最容易让人放弃道德约束的媒介。只有进行意志磨炼的人才能对这些物欲产生抗体，具有免疫能力。由于文化行政管理人员身处权力之中，较常人而言，更容易受到各种物欲的引诱。对于意志薄弱者而言，这是通往堕落之门的平台，中国古语中的所谓近水楼台先得月，讲的就是这个道理。

（2）自省能力的修炼。慎独的目的在于自省。自省不是纯粹的克制和节制，也不纯粹是根据行为规则来评价自己行为的对与错，它是深入人的内心深处的动机和态度。文化行政管理人员的道德修养不是做给别人看的，也不是出于一种功利性的伪善，而是根植于自省基础上的。自省讲究内心的一种平静、清醒和反思。它是在完全排除了他律的基础之上，个体道德自觉的一种升华。意志力的修炼如果没有自省能力的支撑，是难以维持长久的。自省犹如个体的道德自律的发动机，可以源源不断地提供个体的道德修炼的动力。

（3）自赏能力的修炼。道德修炼的过程是一个孤独的心路历程。文化行政管理人员在修炼的过程中常常会受到各种各样的干扰和羁绊。现实世界总是复杂的，它会经常把修炼者拉回到原来的位置，引诱修炼者放弃甚至堕落。因此，修炼者如果把这种道德自律看作为了获得组织好评或者免于受到惩罚，往往会成为道德修炼的失败者。说到底，道德修炼的结果是一种遵守规则、践行道义之后的愉悦和恬适，以及战胜自我的道德成就感。为此，在修炼的征程中，必须修炼自赏的能力。没有这种自赏能力的修炼，这条孤独之路是难以走下去的，既不可能战胜物欲，也不能战胜自我。这种自我欣赏而产生的快感可以抗击外在的依赖和奴役，从而与那些指向外在事物的享乐之间有着不可比拟的区别。应该说，克制、自律开始是让人感到不适、痛苦和难堪的，但是由此却能造就一种新我，这种新我能给人带来一种自我愉悦的经验。正是这种经验，可以产生一股强大的动力，促使文化行政管理人员进行自我塑造、自我实践。

第十三章

文化行政管理发展

文化行政管理总是在一定的历史条件下形成的，也一定是在特定的历史环境中运行的，它必定随着环境的改变、社会的转型、制度的变迁而发展。文化行政管理发展与整个社会的发展呈现出一种互动态势。文化行政管理发展的路径依赖是文化体制改革；文化体制改革是为了推动文化行政管理发展，改革与发展相伴而生。

第一节 概　　述

一、文化行政管理发展的含义

文化行政管理发展是指文化行政管理系统为了适应环境的变化，采用科学的方法，健全文化行政管理体系，改善文化行政管理活动和文化行政管理关系，提高文化行政管理效率，以便更好地适应社会文化发展的要求。文化行政管理发展是在社会发展过程中整个制度变迁的一个部分。因此，文化行政管理发展也是衡量社会进步的一个基本尺度。一方面文化行政管理发展受制于经济发展与政治发展；另一方面文化行政管理发展也能动地影响着经济发展和政治发展的某些进程。这是由文化行政管理发展的根本任务，即扩大文化行政管理能力、提高行政管理效率、促进社会经济发展所决定的。文化行政管理发展是与文化体制改革联系在一起的，因为即使社会的变化会对文化行政管理产生很大的影响和推动，但是没有主动的文化体制改革，文化制度变迁是难以进行的。

二、文化行政管理发展的原则

文化行政管理的发展与改革是随着政治、经济、文化和社会的变迁而产生的。按照社会发展的基本原理，上层建筑必须符合经济基础的需要，文化行政管理的发展是为了保证上层建筑更好地适应经济基础变化的需要。在实践中，文化行政管理的发展必须遵循以下原则：

（一）良性互动原则

文化行政管理不是孤立存在的，它离不开政治、经济、文化和社会等因素的影响，因而文化行政管理发展必须与政治、经济、文化和社会发展建立互为前提、互为基础的发展关系。在某种程度上说，文化行政管理发展是政治发展的一个不可或缺的组成部分，文化行政管理发展可以促进与推动政治发展、经济发展与社会发展；反之，政治、经济、文化、社会的发展也需要文化行政管理的发展，才能最终实现社会全面发展。

（二）渐进性原则

这一方面是指文化行政管理系统的各个部分相互依存、相互协调，获得一种和谐的发展方式，这是一种渐进的、良性的、健康的发展；另一方面是指文化行政管理发展必须跟上经济基础的变革，不能落后于或滞后于经济基础的变化，其变革要与经济基础的变化相配套、相协调，是一种反应灵敏的、行动迅捷的、积极主动的发展。

（三）制度化原则

文化行政管理发展需要一种连续的制度支持及制度化来保证。制度化原则要求文化行政管理体制运行制度化，要求把低组织化和非正规化的行为转变为正规化和有组织的行为。它要求在改革文化行政管理体制时，既要有短期打算又要有长期安排，不可朝令夕改，必须保持政策的稳定性和连续性。制度化原则所体现的渐进、规范、有序是文化行政管理发展的价值导向与制度的根本保证。

（四）适度化原则

文化行政管理发展是一项复杂的协调工程，既要有制度支持，还要注意发展的度。具体的部门、时间，发展的性质、发展的程度和速度等都要遵循系统性、整体性和相关性原则进行。一般而言，文化行政管理发展总是体现为具体的、现实的和部分的发展，而系统的整体发展则是靠各个部分发展以及这些发展之间的相互协调统一关系得来的。这就对每个部分的发展都提出了一个度的问题，要求其与整体相适应。部分发展的规模不可超过整体所能承受的度。适度发展原则也要求不可有某一部分过分不发展，否则它将成为其他部分和文化行政管理整体发展的障碍。按照这个原则，文化体制改革过程中不允许任何一个部门或单位游离于整体改革之外。

三、文化行政管理发展模式

文化行政管理发展是一个国家根据自己的发展状况而选择和实施的一种活动。各个国家的发展历史不同，因而不同的国家采用不同的文化行政管理发展模式。

（一）美英模式

这一文化行政管理发展模式源于属盎格鲁—撒克逊文化圈的国家对韦伯的科层制理论的质疑。这种模式的基本主张是借用私营部门的管理技术来重塑公共行政，大力推进政府管理职能的市场化，同时非常注重非营利组织在文化管理发展中的作用。其主要特征是：对文化间接管理，实行臂距原则；程序的简化和灵活性；节约资金以开展革新实践；分散化的决策与执行机构相分离，并建立自治执行局；灵活的领导风格与人事管理程序；伴随着决策权放宽而产生的公务员责任制。

（二）德法模式

这一模式除了德法两国之外，还存在于那些行政管理文化根植于科层制传统的国家，主要是受管理主义的影响。这一模式不打乱各个行政机构的运作，包括文化行政管理机构，而使其服从于更加严格的管理监控，以非连续性渐进主义作为改革的主导。这一模式的主要措施是，调整公共事业，压缩行政管理人员的开支，转变组织结构，加强文化行政管理的职能。

（三）意希模式

实行这一类文化行政管理发展模式的国家以意大利和希腊为代表。这些国家的公共管理机构处于两种情况：一是要脱离"前韦伯制"状态；二是公共管理机构还不完善。其特点是零星地引进一些管理主义的改革措施，有的则把完善韦伯制作为改革的实现目标。

（四）新兴工业化国家模式

这一种模式是指在文化行政管理发展进程中将本国的、本地区的文化传统与市场经济的特殊要求有机地结合起来，充分调动社会的积极性和创造性。这一模式的特点：① 政府始终有危机意识，并将自身的改革与生存紧密联系起来。② 政府同民间特别是私人企业保持合作的关系，并以此来发挥管理经济、文化和社会的职能。行政权力管理机关更多地强调其服务的职能，即利用其信息优势制定相关的产业政策，包括文化产业政策，指导和扶持私人企业的发展。③ 传统行政文化管理与现代文官制度有机结合，使得公务员始终保持较高的素质。

（五）后发国家模式

这一模式的特点：① 文化行政改革和发展是在政治、经济改革与发展之后展开的。② 行政改革与发展起点比较低，是以比较落后的社会经济条件为基础的。③ 行政改革是在外力推动下的结果，因而缺乏改革与发展的自发性，大多套用西方模式或者苏联模式，忽视了本国国情，结果适得其反，造成专制和官僚腐化，严重缺乏社会中介组织或中介组织发育不良。④ 动荡不安的社会局面造成了行政改革与发展的极大障碍，政府缺乏权威，机构涣散，效率低下。

第二节　文化行政管理改革的动力及途径

一、文化行政管理改革的内容

当今世界，科学技术日新月异，社会变化不断加快，无疑对政府的作用提出了新要求。无论是发达国家，还是发展中国家，行政改革包括文化行政改革都成为其政府革新的重要内容。文化行政管理的发展在相当程度上是与行政管理改革相伴相随的，行政管理改革是文化行政管理发展的动力与途径。行政管理改革一般指行政管理系统，包括文化行政管理系统在组织体系、运作功能等方面进行的变革，以使行政系统适应变化的环境。

（一）文化行政管理系统的功能创新

文化行政管理系统的功能创新表现为其管理职能的转变，由过去的划桨转变为掌舵。具体表现在：

1. 文化生产职能的创新

按照新制度学派的国家理论，政府也像企业一样，即从纳税人手中获得收入，然后生产社会产品。不过政府的特殊性表现在，其经营方式、所生产的产品以及消费者的付款方式都与一般企业不同。从经营方式来讲，政府具有高度的垄断性；从生产的产品来看，主要是满足公共消费，比如传输文化产品的网络、卫星通信等。这些公共文化产品大多具有强制消费的性质，每个公民，不管是否上网，是否愿意看电视，只要政府生产了这类产品，公民就得接受它。此外这类产品具有不可排他性，即任何一个公民在消费和使用这类产品的时候，不能排除他人的消费和使用；从消费者的付款方式来看，也大都具有强制性，这是因为消费和使用这些公共文化产品，通常总是在事先以缴纳税收的方式付费的，而税收则是带有强制性的。文化行政管理部门从事文化产品生产的特点告诉我们，政府在市场经济中生产私人消费品显然是无效率的，政府生产行为的垄断性和交换过程中的非自愿性将彻底毁坏市场，从而导致社会资源的低效甚至错误配置。为此，必须在政府和企业之间进行职能分工，由政府来生产私人企业所不愿生产或不能生产的公共文化产品，由企业来生产政府所不能生产的私人消费品，同时将市场中的竞争机制引入政府生产领域中。根据这一理论，政府首先要从充满竞争的微观生产领域中退出，从事公共文化产品的生产。政府生产公共产品的过程本质上是一个政府财政的过程，因此转换政府的生产职能，实际上就是要把政府从传统计划经济体制下的投资与经营主体转变为市场经济体制下的财政主体。就文化行政管理部门而言，其职能创新应该是从无所不包的管理职能定位转变为公共文化产品生产和公共文化服务提高的职能定位。

2. 文化管理调控职能的创新

市场经济是一种需要政府从宏观上对其加以调控的法治经济。只有适应发展所需要的政治体系与行政管理体系存在，才能保证市场经济的有效运行，防止市场经济的失灵。政府对市场经济进行宏观调控的职能：一是实现市场经济体系与社会政治、行政和文化体系的结合，创造市场经济得以运行的经济制度和政治、文化条件；二是生产市场经济正常运行的所必不可少的公共产品，包括公共文化产品，以求得社会经济和文化资源在公共产品与私人产品生产之间的均衡配置；三是纠正市场失灵的现象，保持市场经济的有效运转与国民经济（包括文化经济）的稳定增长。由于中国长期处于计划经济体制下，政府执行的并非是以上各项调控职能，而是抑制市场、限制私人企业发展的调控职能。因此，这种职能的创新主要表现在，从对微观经济主体（企业和个人）的直接行政控制，转变为对市场与整个国民经济活动进行宏观上的间接调控。就文化行政管理部门而言，其职能创新是从对文化经济的直接掌控转变到对文化市场和文化产业的宏观调控。

3. 把企业管理准则引入文化行政管理部门

首先，把掌舵与划桨分开。成功的组织管理特别是企业管理总是把高层管理与具体操作分开，如此才能使高层管理者集中精力进行决策和指导，否则决策者就会被具体的操作任务分散精力，从而使得其基本的决策无法顺利进行。这一企业管理准则运用到文化行政管理部门就是要文化行政管理部门把作为掌舵的决策和作为划桨的服务事务分开，以便使文化行政管理部门决策能力和服务效率都可以得到提高。其次，把竞争机制注入文化行政管理，迫使国有经营性文化组织对公众的需求做出反应，有助于提高这些组织的服务意识和服务效率。最后，节约文化行政管理支出。

（二）文化行政管理系统的结构改革

组织结构是指组织系统各个部门的构成方式。就文化行政管理组织系统而言，它是国家文化行政管理组织内部的权责关系、分工协作方式、职权职能划分、机构设置与岗位设置等的综合表现。结构改革涉及政府结构与规模的改革，是行政管理改革中最为复杂的改革。组织结构方面的改革是行政改革的一个主要内容，其基本形式就是机构改革和机构调整，包括组织重组、自上而下分权、私有化改革和规模适度化改革。

（1）组织重构主要是指在行政管理机关内部合理调整机构设置、划分职权和职能范围。组织重构的形式一般有三种情况：分设或增设内部机构；合并减少内部机构；原有的内部机构数目不变，改变其隶属关系或对某些职能加以调整。我国的文化行政管理组织也处于不断的重构过程中，总的发展路径是分分合合和合合分分，但由于其特殊性，在目前普遍为适应市场经济体制而进行的大部制构建的过程中，文化行政管理职能改革反而处于相对平静的状态。

（2）自上而下的分权，即合理调整权力结构，这里主要指中央政府和地方政府之间的权责关系的配置，是把中央政府的职能转移到地方政府以及非政府组织中去。分权的好处在于，可以提高行政管理效率、提高行政管理人员包括文化行政管理人员接触公众与获取信息的机会，从而可以更好地增强责任感。

（3）市场化改革。市场化就是将先前的公共职能与服务交由私营组织去运作。这是西方行政改革的一个重要趋势。在这一新型模式中，公共服务以出租合同的形式，由富有冒险精神和企业家创新精神的私营组织来提供。大力精简的公共机构成为一个授权者，而不是一个供给者，其职能浓缩为确定和监督合同。

（4）与市场化紧密相连的改革是压缩政府规模和规模适度化。这一改革始终处于经济现实和政治理想的冲突之中。近20年来，这一改革在西方进行得尤为激烈。文化行政管理机构也是在精简中膨胀，在膨胀中精简，仍然处于一种体系庞大、分工过细、职能交叉、成本过高的状态中。

（三）文化行政管理制度创新

一般而言，行政管理制度的创新是行政管理改革中最为核心的组成部分。它与政治制度、经济制度的改革相联系，是整个社会变革的组成部分，比单纯的行政管理系统功能和结构方面的改革具有更深远的社会影响。制度方面变革本身涵括了行政管理系统的功能和结构方面的变革，它把这两个方面的改革有机地结合在一起，通过变革旧的制度方式推动这两个方面的改革，并以建立新制度的方式保持和巩固改革成果。

1. 政府决策体系的创新

有效管理的政府都具有一些普遍性的特点，即中央拥有制定经济、文化的宏观与战略决策的强大能力；政府各机构之间存在进行授权、约束和决策辩论等机制；政府同外部的利益相关者存在相互沟通的制度化联系渠道，这表现为政府决策的透明度和可信度，并鼓励信息反馈。然而，在相当多的发展中国家，政府的决策体制恰恰缺少这些特点，造成政府行政决策能力薄弱并缺乏有效的行政管理监督机构。这就要求变革行政管理价值观，即实现从价值理念向工具理念的转变，在这个转变的基础上克服自身的缺陷，提高行政管理能力；同时进行决策体制的创新，即要求行政管理系统能对变化的环境作出迅速反应，并使行政管理系统不出现大的失误。

2. 完善政府公务员制度

公务员是政府事务包括文化管理事务的直接承担者，他们在相当程度上决定着政府活动的状况，完善公务员的管理是我国公务员制度面临的一个基本问题。尽管我国行政管理系统已经完成了从干部到公务员身份的转换，但由于种种原因，在相当程度上还是保留了与新体制相左的运作方式和手段。此外，新体制本身还有许多方面需要加以完善，这是在转型期的中国行政管理发展的制度改革和创新的一个重要课题。

3. 制度创新还涉及其他方方面面的内容

这是由改革过程中持续的制度供给不足而引发的。与结构、功能方面的变革不同，制度方面的改革必须以立法的形式进行。旧体制的改变、调整与废除，新体制的建立，必须有严格的法律规定和法律程序作保障。在行政管理制度的创新与改革过程中，执政党、国家立法机关等外力作用和影响显得更为突出。虽然政府系统既是制度的供给者与创新者，又是制度的执行者，但是政府在行政制度的改革与创新方面仍然受到比进行结构改革和功能改革更多的限制与制约。制度创新的目标是提高效率、扩大民主、增进公平。对权力和利益关系进行调整，为行政管理发展创造有利的外部环境，须调整行政组织内部的结构关系，建立健全行政组织与运行的规则体系。① 以上这些问题既是整个行政管理体系面临的问题，当然也是文化行政管理体系所面临的问题。

---

① 竺乾威. 公共行政学［M］. 上海：复旦大学出版社，2008.

二、文化体制改革的制约与推动因素

文化行政管理发展的路径依赖是文化体制改革。文化行政管理发展在改革与发展的历程中既有动力又有阻力。也就是说，无论是西方发达国家还是发展中国家，其文化行政管理发展都有其客观的动力系统。

（一）文化体制改革阻力

从阻力方面来看，任何行政管理改革在某种程度上都是一种利益分配和再分配的过程，文化体制改革也不例外，因而都会受到来自各方面的阻力的影响。这一阻力可以从文化行政管理系统外部制约和内部制约两个方面加以考察：

1. 外部制约因素

从发展中国家看，一是市场经济发展不完善的制约。一般而言，要建立适应市场经济的政府体制，必须正确处理政府与社会、政府与市场、政府与企业的关系，合理界定政府的职能范围。要实现这样的目标，重要的前提是市场在资源配置中的决定性作用的发挥以及市场机制的完善。然而在发展中国家，这种市场的决定性作用还不够，行政权力在资源配置中还发挥着重要作用，在某些方面政府通过严格的市场准入制度，包括文化市场准入制度，来限制私人资本的进入，以保护某些国有企业的发展。因此制约了政府行政能力包括文化行政的发展速度。二是改革配套程度的制约。行政管理组织是整个上层建筑体制中的一个分系统，文化行政管理是这个分系统里的一个小系统，但这个小系统和分系统又是经济基础与上层建筑的结合部。它的变革必须与政治制度和经济制度的改革相配套、相适应，否则任何一个方面改革的滞后都会影响整个社会文化改革与发展的进程，其直接的表现必然是各种矛盾在不同系统之间或系统的不同层级之间上下左右移动。

2. 内部制约因素

政府及其公务员是这一制约和阻力的主要来源。行政管理改革的一个悖论是，政府既是行政改革的设计者、组织者、实施者和推动者，又是被改革的对象和客体。这就形成了改革的主体与客体的两位一体。因而行政管理改革在很大程度上是一种基于外部压力的改革，当改革涉及政府及其一些成员的既得利益的时候，行政改革包括文化体制改革的内在阻力就会产生并得以强化。具体表现在：

（1）既存制度方面的制约。既存制度往往有很大的惯性。一方面这种巨大的惯性能使一种行政体系生存下去，并保持稳定的生命力；而另一方面，它又是一种巨大的保守力量。它的稳定性使得行政管理系统在接受动力刺激时保持着一种半隔离的状态，而不是直接承受发展力量的冲击。因此，行政管理系统在体制上自然就具有一种阻挠行政管理发展的惰性力量，表现为传统体制、传统程序、传统习惯、传统观念给行政体系带来的各种内耗、推诿、纠缠、扯皮、文山会海、政出多门、机构重叠以及各种繁文缛节等。

（2）行政管理工作人员的制约。行政管理人员是国家行政权力的载体，而利益又是权力的伴生物。某些行政管理人员因自身的既得利益，容易滋生经济人的行为，并且行政管理人员属于社会中权力和利益的既得者，任何危及他们既得利益的发展，都会遭到抵制和反抗。具体表现在：作为行政管理发展的对立面，直接对抗和阻挠行政管理发展；为维护既得利益固有关系而反对发展，表现为因循守旧、不思进取、墨守成规等；不懂得发展的意义和目标，认识模糊、态度暧昧；怀疑行政管理改革者的责任心和能力，对发展持怀疑态度。

（3）行政管理价值的制约。行政管理价值作为行政管理系统和行政行为存在的理想状态的稳定信念，是整个行政管理系统的灵魂。行政管理价值体现着对行政行为的认同，决定了行政管理功能及其内在构造。然后在行政管理发展过程中，由于行政管理价值的偏向和意识观念的落后所带来的损害，往往不可避免。尽管这种损害并不是主观上蓄意要阻拦行政管理发展，而是由于凭主观意志办事，不顾发展的客观规律，或超过现实环境所能给予的条件和可能承受的压力盲目地提倡行政管理发展，但是这种损害是客观存在的，因而阻碍了正常的行政发展。

（二）文化体制改革推动因素

从动力方面来看，这种力量来源于改革行政管理系统现状的需求。所以行政管理改革的动力是指决策者和行政管理领导采取措施，实现行政发展管理的力量。它是一种客观需要或潜在的利益。就像自然界中任何事物都存在着新陈代谢一样，行政管理系统也存在着新旧更替、不断发展的过程。在行政管理系统和行政管理环境之间始终保持着一种动态平衡，这种平衡的维系力量也使行政管理发展与外部环境之间相互适应。在不同的国家，行政管理改革与发展的动力因素因其国情的不同而有所差别，但也有其共性。

1. 文化行政管理发展的外部动力

外部动力来自行政管理系统与环境的互动，环境中的政治、经济和文化因素往往是推动文化体制改革的力量。政治因素同行政有着最为密切的关系，因而政治发展对行政管理发展的影响也最为直接。政治制度的变革与发展必然导致行政制度的相应变化。经济因素也是和行政管理联系紧密的因素。经济制度的变化必然导致行政管理制度的变革。经济政策的变化会对行政管理体系提出不同的要求，一定的经济状况需要有与之相适应的行政管理制度。经济的发展也必然伴随着行政管理的发展。文化因素也是一个重要的影响因素。任何一个行政管理体系的结构形式、运转程序、决策过程以及行政管理人员的行为、价值观念和态度等，都直接和间接地受到文化的影响和制约。

2. 文化行政管理发展的内部动力

内部动力主要来自行政管理体系本身的自主发展规律，即行政管理体系本身的一种自然生长的趋势。

首先，是新技术的推动。对行政管理发展起到直接推动作用的是信息技术。信息技术在行政管理系统的广泛运用，显示出它的辉煌前景。行政信息技术的普遍运用，一方面减少了人的手工劳动，必然会使机构和人员减少，因而降低了行政的成本；另一方面带来了一系列新的行政管理模式和组织方式，从而极大地提高了行政管理效率，并影响了决策者和执行者之间的关系，增加了行政管理的经济效能。

其次，是行政管理系统内部改革者的推动。行政管理系统内部一些有使命感和责任感的人，往往是行政管理改革和发展的中坚力量，对行政管理改革和行政管理发展起着推动作用。他们虽在利益集团之中，但是对行政管理变革有一种自觉，正是这种变革的自觉促使他们负起对国家和民众的责任来推动改革。在自上而下的改革和发展中，这些人的作用特别难能可贵。

最后，是行政管理系统工作人员的利益要求。每一个行政管理人员都是具有各自利益需要的经济人，因而也具有各种利益的需求。这种利益需求既有较低层次的生理需求，也有较高层次的升迁、荣誉、自我实现的需要。这就要求行政管理人员以努力工作来获得自身利益需求的满足，因而行政管理人员在行政管理改革和发展中具有两重性，即既可能受既得利益的束缚，成为改革的阻力，也可能为了自我实现的需要，而成为改革的内在驱动力之一。

只有当改革的动力超过其阻力的时候，发展才有可能产生。毋庸置疑，在推动行政发展的诸多因素中，经济因素是表现最为强劲的动力。改革通常都能在经济领域中找到它的动因，而政治支持是最直接的原因，对改革的形成、确定和实施是不可或缺的。领导行政管理改革的机构必须依靠执政党或执政集团，并获得其参与和支持，才能推动行政改革的进一步发展。[1]

第三节　中国文化行政管理的发展[2]

一、计划文化体制的形成与特点

笔者将我国改革开放前的传统文化体制称为计划文化体制。

中国计划文化体制建立是革命逻辑的必然结果，也是外因与内因结合的结果：外部因素生成人们设计中国文化体制的导向性机制；内部因素则构成可供嫁接的内源性基础。从外部因素而言，中华人民共和国成立初期所确立的文化管理模式在许多方面体现为对苏联在意识形态领域管理模式的借鉴和移植。该模式具有以下基本特点：一是高度集中管理。十月革命

---

① 竺乾威. 公共行政学 [M]. 上海：复旦大学出版社，2008.

② 本节更多内容请参考本书第三章第三节"中国文化行政管理环境的形成"和第四章第一节"文化行政管理体制"。

之初，出于对敌斗争的迫切需要，列宁于革命后第三天签署了《出版法令》，实行严格的新闻报刊管制；随后又颁布了《关于实行广告的国家垄断法令》。1919 年 3 月俄共（布）八大通过的《关于组织问题》的决议规定，出版、宣传等工作，实行最"严格的纪律"和集中制，意识形态领域的集中管理原则以政策法令的形式得以确立。二是党政兼管。十月革命前后，俄共（布）出于加强对意识形态的领导和管理，从一开始就沿着党、政两个系统建立领导管理机构。1917 年 3 月，俄共（布）中央设立了出版局；1920 年 8 月成立了中央宣传部，作为意识形态领域内的最高领导机关；在政府系统，1917 年 11 月在人民委员会下设出版局，1918 年 7 月成立了教育人民委员部，作为领导全国文化教育的最高国家行政机关。三是任命制。如教育人民委员由全俄中央执行委员会遴选任命。1919 年 3 月联共（布）八大通过的《关于党和苏维埃报刊的决议》规定，党任命党和苏维埃报刊的编辑，党委给编辑部下达一般的政策上的指示，并监督执行。四是设立直属文化机构。1918 年 9 月，俄共（布）中央执委会决定将彼得格勒电讯社、出版局和各省及驻国外新闻机构合并，成立统一的中央新闻机构——俄罗斯电讯社（塔斯社的前身）。1919 年 5 月，在教育人民委员会下建立了国家出版社。五是"管""办"一体。文化行政部门既代表政府行使公共文化管理职能，又代表政府行使国有资产出资人的职能。它既是社会文化的管理者，又是国家相关文化产权的代理人。

从内部因素而言，计划文化体制是战时文化体制的延续。中华人民共和国成立初期文化体制框架的形成，也受到中国共产党人在长期的战争中所积淀的体制传统的深刻影响，是战时各根据地文艺体制的惯性和延续。中国共产党从 1921～1949 年近 30 年的尖锐复杂的军事斗争环境中形成了一套"体制传统"，即政治保证、集中控制、统一领导、统一指挥、迅速行动，这种"体制传统"对包括文化体制在内的国家体制的形成具有深刻的影响。毛泽东、周恩来、林伯渠等革命先辈在发起成立延安鲁迅艺术学院时，就认为，艺术——戏剧、音乐、美术、文学是宣传、鼓动与组织群众最有力的武器。

20 世纪 50 年代上半期，是中国计划经济体制形成时期。在此期间，中国结束了长期的战乱，实现了民族独立，建立了强大廉洁的政府，开始了大规模的社会主义建设。但是，这个时期，由于朝鲜战争的爆发，中国的国家安全受到威胁，而国内落后的工业和众多的人口，使得建立独立工业体系和提高积累率成为促进经济发展的两个重要因素。在这种背景下，强大的政府自然要选择政府主导型的发展模式，而这种要求与中国共产党的社会主义目标相结合，就使中国走上了单一公有制和计划经济道路。① 1953 年中共中央批转由中央宣传部编写、经毛泽东修改的《为动员一切力量把我国建设成为一个伟大的社会主义国家而斗争——关于党在过渡时期总路线的学习和宣传提纲》，明确指出党在过渡时期总路线的实质就是"使生产资料社会主义的所有制成为我们国家和社会唯一的经济基础"②。毛泽东说："总路线也可以说就是解决所有制问题。"③ 所有制选择确定后，选择计划体制就是顺理成章的事了。因为公有制的实现，必须有能够代表人民利益的政府去落实。因此，计划经济体制实际上就是政府主导经济文化和社会发展的一种特别模式。其特点如刘少奇所表述的："在全国计划之外，不能再有其他计划。全国是一本账，一盘棋。不应该有不列入计划的经济活动。不列入计划就会发生无政府状态。不能一部分是计划经济，一部分是无计划经济。"④ 可见，计划经济体制就是一个由政府全盘主导的社会发展体制。

中华人民共和国成立初期，随着各根据地的艺术团体被改造成为国家艺术院团，　批军队文艺干部转业成为党委思想领导机关和国家文化行政系统的基本干部。许多省一级的剧团如山东省京剧团、江苏省京剧团、宁夏京剧团、广西京剧团等都是由军队的剧团成建制地转入地方而形成的。它们所习惯的军事管理方式被自然而然地带到了文化行业系统；同时，随着大批留苏人员回国，同样源于战时体制的苏联文化体制在此找到了同质性的生存环境，中国的文化体制最终形成和确立。

苏联经验证明，依据这种理念设计出来的文化体制，是保证党对意识形态进行领导和实施管理的极好载体。但随着经济和社会的发展，这种在

① 武力. 中国计划经济的重新审视与评价 [J]. 当代中国史研究，2003（4）：37-45.
② 朱乔森，李玲玉. 中国共产党历史经验研究 [M]. 北京：中共中央党校出版社，1997.
③ 杨树标，梁敬明，杨菁. 当代中国史事略述 [M]. 杭州：浙江人民出版社，2003.
④ 逄先知，金冲及. 毛泽东传 [M]. 北京：中央文献出版社，2003.

战争时期十分有效的体制也将进行调整。

计划文化体制是计划经济体制的有机组成部分，依赖于计划经济体制而存在：① 它依赖于计划经济体制所提供的基本制度规则。中华人民共和国成立以后所确立的计划经济体制作为社会基础结构的制度化表达，规定了文化行业系统的基本"游戏规则"。计划经济体制规定了文化行业部门体制结构的基本框架，包括产权制度、生产分类管理制度、户籍制度、社会保障制度、人事制度和财务制度。这些基本制度从纵向和横向上规定了文化系统和文化单位的内容、属性和功能，从而使文化行业系统在整个社会大系统中具备了独有的"身份执照"。② 它依赖于计划经济体制所提供的经费支持。在计划经济体制下，文化体制是整个庞大计划体系中的一个基础环节，承担社会资源配置的基础功能。由国家所掌握的资源通过文化行政系统源源不断地流向基层文化单位，以维持文化行业的正常运转。文化系统基本形成一个相对封闭的组织系统。这种相对封闭的文化体制保证了党和政府对意识形态的绝对权威，但同时也造成了文化系统对国家财政的强烈依赖。据文化部计划财务司的统计，从"一五"到 2001 年，国家对文化事业投入共计 610.62 亿元，占同期财政总支出的 0.438%。在上述系统中，资源由财政向文化系统单向流动。这种单向流动决定了文化单位对政府财政的高度依赖。转型期国家财政能力弱化，文化系统的窘困立现。[①]

传统文化体制实质就是计划文化体制。它是与政治体制和计划经济体制相匹配的一整套文化管理制度和运行机制的总和，是与计划经济体制相对应的计划管理体制，其特点是：政府就像一个超级文化大公司，控制一切资源，并依靠政治权威和强制力手段，通过文化行政机构和文化事业、企业单位的组织体系，对文化生产和消费进行统一管理（即"四个统一"，统一计划、统一组织、统一生产和统一流通）。按照这个管理体系，在文化体制中，主体是政府、事业和企业单位、人民群众。政府负责文化生产的计划和组织；文化事业和企业单位（计划体制下纯粹的文化企业单位数量不多）负责文化产品生产和流通；人民群众是文化消费者。

---

① 傅才武，宋丹娜. 我国文化体制的缘起、演进和改革对策 [J]. 江汉大学学报（社会科学版），2004 (2)：83 - 89.

为什么这么一个设计缜密的体制后来会出现问题呢？有研究者认为，无论是经济体制改革，还是文化体制改革，都是现实所逼。"在匆忙进行的社会主义改造的基础上建立起的苏联式的集中计划体制，非但没有进一步激发人民大众的创造热情，相反形成了毛泽东主席所说的寻寻觅觅、冷冷清清、凄凄惨惨戚戚，缺乏生机与活力的局面。于是改革就提上了日程"。① 文化体制的弊端具体表现为，从政府方面来看，按照经济学家诺斯的两种成本理论，政府由于没有市场交易成本而必然造成组织成本过高，这使得政府陷于一种高成本消耗的被动状态；② 从生产者的文化事业、企业单位来看，它们严重缺乏积极性，文化生产力受到极大的限制；从消费者方面看，文化产品严重缺乏，不能满足文化消费需求。既然这种体制的运行困难重重，改革似乎是顺理成章的事了。其实不然，在没有反思整个计划经济体制的前提下，这种对一般现象的反思是不可能引发文化体制改革的。

事实上，计划文化体制的要害问题只有一个，就是过度迷信和依赖政府的作用，从而否定市场的价值。计划文化体制中的政府是一个万能的政府，它既是公有制的代表者，又是计划经济体制的组织者。一方面所有制结构的单一化和文化事业活动的非市场化，禁止了私人以及其他社会团体兴办文化事业单位；另一方面政府成为一切文化活动的唯一主体，直接配置文化社会资源，直接组织和管理文化生产和分配活动，直接控制整个社会文化活动的运行。所有的文化生产活动都是通过政府—文化事业单位这种运行模式得以实现的，完全把文化市场排斥在这一模式之外。

二、文化体制改革的动因

文化体制改革的动因来源于两个方面：一是文化市场的兴起，二是文化体制变革自觉意识的形成。

---

① 吴敬琏. 中国经济 60 年 [J]. 四川改革，2010 (2)：15 - 17.
② 道格拉斯·诺斯著. 制度、制度变迁与经济绩效 [M]. 杭行，译. 上海：上海人民出版社，2009.

（一）文化市场的兴起

为什么完全排斥文化市场的计划文化体制必然要改革呢？在1992年邓小平进行关于计划和市场谈话之前，市场问题一直是中国最为敏感的理论问题。但是，在理论问题没有澄清之前，现实中并非就没有市场的存在。事实上，在经济体制改革前，存在着一种所谓的潜在市场。这种潜在市场首先表现为有一定的消费者的市场需求，其次表现为有一定的生产者的商品供给。市场的基础是交换需求和等价交换。在物品供应紧缺的年代，恰恰是商品交易最迫切的时候。其实，计划经济体制内的各个行业都有发展市场的内在需求，国营企业需要，集体企业也需要。但是，这些行业和部门的生产和销售都由政府统包，也就是说，它们不需要考虑原料的来源和产品的营销，只要负责把产品生产出来就可以了，而投入和产出是否合理，有没有经济效益则不是他们的事情。计划经济体制下的企业只需要对产品的社会效益（产品质量）负责，而不需要对产品的经济效益负责。这样，企业成为市场主体的那种欲望和可能性就被彻底地遏制了。在计划经济体制下，这些企业逐步分化，形成复杂的利益偏好，一方面逐步被兜底（这是一种极端的情况，即使企业生产的产品全部积压，政府也会保证工人的工资和企业正常运转的费用）所利诱，形成懒汉主义；而另一方面则继续对市场保持着冲动和期盼，在改革来临的时候捷足先登。因此，在由政府兜底的这些行业和部门中，市场是生长不出来的。

市场只能从政府难以兜底的地方生长。有一种假设，如果政府对全国的各行各业都进行兜底的话，那么也许能够阻止市场的产生，但这需要一个基本前提，即政府每天都能够发现金矿和银矿，这样就可以坐在金山和银山上，把普天之下的好事都做了。但是要做成这件事就像要找一把梯子到天国里去一样，政府是不可能进行全部兜底的。由于中国特殊的国情（落后农业大国），政府首先没有办法对农业、农村和广大的农民进行兜底。实际上，政府不但没有对他们兜底，反而采取了"剪刀差"的政策，通过对农副产品进行压价，进行资金积累，作为加速工业化的投入。这样脆弱的农业就像在钢丝上行走一样，一旦遇到天灾人祸，农业就会减收，农村问题就会严峻。1960年，中国开始了政策调整的尝试。这些调整政策后来被概括为"三自一包、四大自由"。无论是"自留地、自由市场、自负盈亏、包产到户",还是"自由租地、自由贷款、自由雇工、自由贸易"实际上都与市场有关,这个政策的实质就是通过市场的办法来解决农村出现的危机,用市场的办法帮助政府渡过难关。这是新中国成立后政府第一次市场取向的政策调整,也是改革开放前行政权力对市场的唯一一次妥协和让步。

由于将"包产到户"上升到了"是搞社会主义,还是搞资本主义"的层面,[①] 这场市场化取向的政策调整随即戛然而止。

政策调整虽然停止,但是市场的张力依然存在。只要有潜在的需求和供给存在,市场就会生存下去。在此后岁月里,尽管合理的需求和供给一直存在着,却不能进行合法的交易,这种交易在各种严厉的政府管制措施下被阻隔了。

改革开放之前行政管制和潜在市场之间一直进行着激烈的博弈。一方面在严厉的行政管制下,市场始终潜在"地下";另一方面潜在市场保持着顽强求生能力,使行政管制付出高昂的成本。文化潜在市场也同样存在着。比如,在演艺业就存在某些"地下书场"。由于存在着强烈的听书需求,一些说书人寻找秘密场所使交易得以实现。但是真正能够撼动计划经济体制的并非文化潜在市场。在物品紧缺年代,人们追求的是温饱;在消费年代,人们追求的才是娱乐。因此,偶尔的娱乐是那个时代的精神"奢侈品",而并非人们日常生活必需品。人们可以不要娱乐,但不能没有吃穿;人们可以不要好吃好穿,但不能没有基本的温饱。一旦基本温饱不能保证的时候,他们会脱离对制度的依赖,转而自谋生路,走到体制的对立面。小岗村十九户农民秘密协议分田到户,是一种脱离体制向市场求生的本能需求。尽管他们不清楚市场是什么,有何意义,但是他们知道分田后可以多打粮食吃饱肚子,并以此通过交换作为扩大再生产的本金。实际上那个时候全国许多农民都有这种本能的求生意识,如一些农村采取的"包工到组""小包工"等各种各样灵活的办法,都是试图变革体制的尝试。

在一些农业条件相对好一些的地方,人们尝试着另一种形式的变

---

① 黄孟复. 中国民营经济史 [M]. 北京:中华工商联合出版社,2010.

革。1961 年的政策调整是沿着不断缩小"社有"经济规模，从"社有制"退往"队有制"的方向发展的。1962 年 2 月中央正式决定农村实行以生产队为基础的三级集体所有制。为了发展和壮大集体经济，中央允许兴办社队企业（后来发展成为乡镇企业）。社队企业最初存在的理由是其生产的产品只能用来满足当地农民的日常生产和生活需要，比如油坊、铁匠铺和综合加工厂等，这些是政府计划供给力不能及的领域。后来随着社队企业经营的范围逐步拓宽，社队企业作为计划体制的补充，逐渐对计划经济体制进行"侵蚀"。由于需要原材料和产品销售，社队企业需要有自己的市场空间。随着农业生产落后地区的"包产到户"的迫切需求和农业生产状况稍好一些地区社队企业的发展，就形成了一个与政府计划体制相对的新生的权力体系，尽管弱小，但在撼动着计划体制这个大厦。正是因为农村这块土地上所生长出来的体制外的潜在市场，从而动摇了计划经济体制的根基，撬动了计划经济体制的改革，进而带动了计划文化体制的改革。

尽管潜在市场对计划经济体制变革始终保持着一种张力，但是改革并非顺理成章。改革的进行最终取决于政府体制变革自觉意识的形成。由于体制惯性的力量，改革是一件非常艰难的事情。事实上党内形成两种不同的观点和政策：一种是继续维持现行的路线方针政策，用行政管制的办法控制农村潜在市场的出头；一种是坚持实践是检验真理的唯一标准，对农村出现的变革要求采取务实的态度。1979 年 11 月邓小平有一个重要的谈话，他在会见美国来宾时说："说市场经济只存在于资本主义社会，只有资本主义的市场经济，这肯定是不正确的。社会主义为什么不可以搞市场经济，这个不能说是资本主义。"① 1980 年党内就农村改革达成某种共识，即允许各地农民根据自己的意愿自行选择人民公社或者包产到户。很快，人民公社体制退出了历史舞台。

农村改革是现行一切改革的源头。人民公社制度是整个计划经济体制中的一根重要的支柱，这个支柱的瓦解，引发了整个计划经济体制的变革。改革的基本立足点是，长期以来的"潜在市场"与政府管制的博弈，

---

① 邓小平文选（第 2 卷）[M]. 北京：人民出版社，1994.

最终使行政管制陷于疲态，执政党开始对计划经济体制进行反思，从而形成了体制变革的自觉意识。改革从农村发展到城市，从农业发展到工商业和文化事业。经济体制改革实质上就是通过改革行政管理制度向市场让渡权力，从而释放市场的能量，让经济得以快速成长。由于经济体制改革取得成功，体制变革的需求从经济领域发展到文化和社会领域。文化体制的变革是整个计划经济体制变革的一个部分，是整个改革链条上的一个重要环节，是经济体制变革的需求在文化领域的延伸。但文化体制变革的自觉意识要晚于经济体制变革自觉意识的形成。从现有资料研究来看，党的十一届三中全会后，关于文化问题还是局限于文化政策的调整，而非体制变革的诉求。在被誉为"文艺春天到来"的第四次文代会上，邓小平说："随着经济建设的高潮的到来，不可避免地将要出现一个文化建设的高潮。"这个讲话的重点是论述文化与政治的关系。其后他进一步论证了这种关系："我们坚持双百方针和三不主义，不继续提文艺从属于政治这样的口号，因为这样的口号容易成为对文艺横加干涉的理论根据，长期的实践证明它对文艺的发展利少害多。但是，这当然不是说文艺可以脱离政治。文艺是不可能脱离政治的。任何进步的、革命的文艺工作者都不能不考虑作品的社会影响，不能不考虑人民的利益、国家的利益、党的利益。"[①] 从这两次讲话来看，对文化的关注点主要是对极左的文艺政策的调整，并未涉及文化体制变革。

（二）文化体制变革自觉意识的形成

文化体制变革的自觉意识始于文化市场的形成和发展。经济体制在进行改革的同时也带来了文化市场的生长。经济体制改革最初表现为一种松绑式改革，也就是撤除对经济活动的一些行政藩篱，让市场从中生长出来。一旦行政藩篱被撤除，潜在市场就会变成真实市场。在撤除行政藩篱、放松管制的时候，潜在文化市场也借机得以生长起来。例如，1979年上海电视台播出了中国电视史上的第一条商业广告，1979年广州出现了首家音乐茶座等，其后文化市场迅速发展，形成了计划文化体制之外的权利体系。但是，文化市场的发展是经济体制改革所带来的附属产品，并没有

---

①　邓小平文选（第2卷）[M]．北京：人民出版社，1994．

取得合法的身份，也就是说，政府对文化领域出现的这个新生事物并没有明确的说法。1985 年邓小平开始表态："思想文化教育卫生部门，都要以社会效益为一切活动的唯一准则，它们所属的企业也要以社会效益为最高准则。"① 这表明市场经济条件下的文化艺术生产还有一个经济效益问题，可以运用市场法则和竞争机制来调整文化产品的供需矛盾，增强文化自身发展能力，满足人民精神生活多方面的需要。

这个讲话对文化体制改革极为重要，表明文化除与政治关联、具有政治属性外，还可以与经济关联，具有经济属性。1987 年文化部与有关单位就文化市场首次召开研讨会，会议认为："直到近十年，改革、开放和商品经济的发展，才促使人们重视这样一个事实，精神产品的生产和消费，同样不能不尊重市场机制的作用。"② 承认文化经济属性的意义在于把文化纳入了经济发展的范畴之内，预示着文化体制改革将会遵循经济体制改革的路径。以娱乐市场为例，有研究者写道：从 1979 年开始，"营业性歌舞厅迅速风行起来，国家对这一现象迟迟没有表态，文化娱乐市场在'非法'的环境中自然发育。一直到 1987 年 2 月，文化部、公安部、国家工商总局联合下发了《关于改革舞会管理的通知》，营业性歌舞厅开始有了合法地位"。③ 至此，政府完成了从放松行政管制到正式承认文化市场的过程，表明文化经济化这个方向将会坚定不移地走下去，而由此引发的文化体制变革将是整个文化经济化过程中的一个环节，这就为文化体制改革确定了一个明确的逻辑起点。

根据有关研究，1987 年前已经形成了一定规模的文化市场，包括图书报刊市场、电影市场、音像制品市场、表演艺术市场、流散文物市场、文化旅游市场、工艺美术市场和群众文化市场。④ 以广州市为例，自 1979 年东方宾馆首办音乐茶座以来，"各种文化娱乐场所如雨后春笋般涌现"，到 1987 年"已有 56 间音乐茶座，118 间舞厅，634 间桌球室，150 间电子游戏室，216 个录像放映点分布在全市各个角落"。⑤ 另外，根据当时抽样

---

① 邓小平文选（第 3 卷）[M]. 北京：人民出版社，1993.
② 文化市场理论研讨综述 [J]. 瞭望，1988（38）：21 - 23.
③ 黄斌. 文化发展转型与国家的作用 [D]. 暨南大学，2001.
④ 车国成. 试论我国文化市场的特点 [J]. 商业经济研究，1987（6）：13 - 16.
⑤ 刘卓安. 广州文化市场日趋活跃 [J]. 瞭望，1987（38）：42 - 43.

调查的分析，1985 年，我国城市居民家庭直接或间接用于文化消费的人均
支出（包括文化娱乐费和购买书报杂志、文娱用品的费用）已占生活消费
支出的 8.8%，比 1981 年增长了 95%。在上海，职工每天用于文化消费的
闲暇时间已占全部业余时间的 45%；农民家庭人均文化消费支出，1985 年
较之 1978 年，也增加了 187%。文化市场空前繁荣，文化消费已经成为我
国人民生活中的一个重要的消费领域。①

　　面对如火如荼的体制外文化市场的兴起和发展，计划文化体制遇到了
巨大的冲击和挑战。中国文化体制改革选择了一条独特的路径：一方面凡
是政府管理成本过高而难以管控的文化市场，采取听任发展、加强监管的
办法进行管理，凡是政府能够继续通过行政许可等手段控制的文化市场，
采取市场准入、严格审批的办法进行管制；另一方面政府把改革目光放到
了体制内的文化事业单位的身上，即通过赋予原体制中承担公共文化产品
职能的文化事业单位以文化商品生产和经营的市场职能，让其优先发展、
成长和壮大，而最终成为文化市场主体。前期文化体制改革的进程实际上
是一个不断强化文化事业单位市场职能的过程。1978 年财政部批准《人民
日报》等新闻单位实行事业单位企业化管理；1985 年中共中央办公厅、国
务院办公厅在批转文化部《关于艺术表演团体的改革意见》中提出以文补
文、多业助文的政策；1987 年文化部、财政部、国家工商局联合颁布的
《文化事业单位开展有偿服务和经营活动的暂行办法》和 1988 年国务院在
批转文化部《关于加快和深化艺术表演团体体制改革的意见》中，提出的
文化事业单位实行"双轨制"的具体意见；1991 年国务院《批转文化部
〈关于文化事业若干经济政策意见报告〉的通知》、1992 年中共中央下发的
《关于加强和改进宣传思想工作，更好地为经济建设和改革开放服务的意
见》、1994 年国务院批准财政部和国家税务总局《关于继续对宣传文化单
位实行财税优惠政策的规定》和 1996 年国务院下发的《关于进一步完善文
化经济政策的若干规定》等，都是对文化事业单位市场化取向改革的保障
性政策措施。

　　随着文化事业单位市场职能的加强，新的矛盾又出现了。那些有经

---

① 李建中. 论社会主义的文化产业 [J]. 人文杂志，1988 (3)：38-44.

营能力的事业单位出现了事业与产业双轨混合运行的状况，并且获得了双重身份（事业法人与企业法人）和双重职能（公共职能与市场职能）。在这种制度安排下，在同一个事业单位内，公共文化产品与文化商品混淆，公益性与经营性活动交叉，公共职能与市场职能重叠，这就造成了多重发展目标相互冲突，运行体制和机制日趋混乱的状况。至此，改革开始真正触及文化体制层面。文化事业单位已经成为文化市场主体，但只不过是一个市场职能错位的主体，因此必须通过文化体制改革重塑这个市场主体。文化体制改革实质上就是要厘清政府与市场的职能边界，并以此重构文化宏观管理体制和微观运行机制。既然重塑市场主体处于整个文化体制改革的中心环节，那么文化事业单位双重职能的改革就必然成为文化体制改革的焦点。因为这个改革既关系政府文化职能重新定位，也关系文化事业单位公共职能和市场职能的分离，从而使其公益性部分回归公共文化的职能，经营性部分真正成为市场主体等一系列体制改革中的核心问题。

因此，全面启动文化体制改革的逻辑起点，应该是始于对文化事业单位双重职能分离在理论上的构建。2000年10月党的十五届五中全会通过的《中共中央关于制定国民经济和社会发展第十个五年计划的建议》在理论上取得了重要突破，文件中有三个重要理论概念的表述第一次出现。首先，明确提出了文化体制改革的目标就是要建立科学合理、灵活高效的管理体制和文化产品生产经营机制；其次，明确将文化事业作为一个独立的概念，即文化事业是与公益性相关联的；最后，明确提出了与文化事业相对应的文化产业概念。而此后党的十六大与十六届三中全会关于文化体制改革论述与上述一脉相承，并使文化体制改革政策得以逐步完善，即：十六大进一步论述了文化事业和文化产业的区分，提出了支持文化事业和文化产业发展的不同政策措施；十六届三中全会通过的《关于完善社会主义市场经济体制若干问题的决定》则明确提出了"公益性文化事业"和"经营性文化产业"，并提出了分类指导的改革政策。至此，关于文化体制改革的理念和政策已经形成，2003年改革的总体试点方案出台，改革进入了实施阶段。

三、文化体制改革的路径依赖

（一）冲击—反应—改革模式

40多年来的文化体制改革是在文化市场、文化产业的不断推动下进行的。仔细研究文化体制改革的路径就会发现，文化市场成长与文化体制改革之间存在着一种互动关系。这种互动关系从体制变革的角度来看，表现为一种冲击—反应模式。也就是说，一方面，随着文化市场的不断成长，文化市场必然对计划文化体制产生冲击，需要体制作出变革以适应市场发展的需求；另一方面，计划文化体制在文化市场成长的时候，它的弊端也不断显现出来，必须作出变革才能适应市场发展的需要。任何改革不会是先知先觉的，也不会是凭空而来的，它必然是在现实经济基础发生了变化，从而对上层建筑产生变革需求的情况下展开的。文化体制改革也不例外。尽管人们在改革开放前对计划文化体制的弊端已有一定的认识，但由于缺少市场力量的推动，这种认识难以上升到改革理念的高度，体制改革不可能被提到议事日程上。体制改革的产生是基于执政党对市场冲击的一种文化自觉，即对计划文化体制作出反思，从而产生变革体制以适应市场发展需求的自觉。

多年来的文化体制改革实际上是对两次冲击的反应。第一次冲击是文化市场的出现和形成，所作出的反应是放松管制；第二次是文化产业的出现和发展，所作出的反应是文化产业和文化事业的分离。如果说第一次反应是对文化市场冲击的一种本能的应对的话，那么第二次反应则是对文化市场冲击的一种积极主动的顺应。第二次反应表现为文化体制改革的目标、任务、步骤已经十分清晰和明确。第二次反应是第一次反应的继续和发展。两次反应所形成的改革路径，即文化体制改革和公共文化服务体系建设为文化行政的转型确立了两个基点。文化体制转型的愿景目标就是形成科学有效的宏观文化管理体制和富有效率的文化生产和服务的微观运行机制。而文化体制改革的实质，从微观层面看，是要建立与社会主义市场经济体制相适应的文化市场主体，建立富有效率的文化生产和服务的微观运行机制；从宏观层面看，主要解决政府不做什么的问题。而公共文化服务体系建立的实质，从微观层面看，是明确文化市场主体做不了或者不能做什么；从宏观层面看，解决政府应该做什么的问题，建立科学有效的宏观文化管理体制。①

按照这种冲击—反应—改革的模式，似乎改革成为一种顺理成章的事情了，文化行政的转型也可以顺利进行了。其实不然，任何一种改革都是复杂和艰巨的。我们看到，新兴的文化市场是在庞大的计划文化体制内形成和发展起来的，计划文化体制惯性的力量依然很强大，文化市场的发展仍然受到计划文化体制的包围和掌控。在文化市场与计划文化体制之间一直存在着一种激烈的博弈关系。改革开放之前行政管制和潜在市场之间的博弈就一直存在着。一方面在严厉的行政管制下，潜在市场始终处于地下；另一方面潜在市场保持着顽强求生的能力，使行政管制付出高昂的成本。2000 年之前的文化体制改革，对市场权利的让渡是有限的，即放松管制并不是完全放开，而是有限的放松。放松管制的空间集中于舞厅、演艺、流行音乐、录像等"草根型"文化市场和一些不涉及意识形态问题的流通、发行领域。由于对这些市场的管制需要付出高昂的成本，因而与其继续高成本地管制，不如放松管制让其发展。2000 年之后的文化体制改革则是着重解决体制内的问题，主要通过将文化产业和文化事业分开来解决体制内的文化事业单位双重身份和双重职能的重叠问题。

（二）中国文化体制改革的复杂性

（1）中国文化体制改革的复杂性表现在，一方面文化市场的发展是历史的必然，必须顺应市场发展对体制层面进行改革；另一方面这种体制层面的改革是在既有体制的基础上进行的，必须考虑到既有体制对变革的承载能力。由于计划文化体制是一个由文化行政机构、文化事业单位、文化企业单位等组成的一个庞大而严密的组织体系，因此这个组织体系任何一个部位的变革都会影响到整体，就像拆除一个老旧的大厦一样，必须先进行人员撤离和物资的转移，然后再进行拆除。事实上，文化体制改革遵循了这个拆房的基本原理。两次冲击—反应—改革，都是在遵循体制内优先

① 凌金铸. 文化行政转型的两个支点：基于动力和路径的视角［J］. 中国文化产业评论，2010（11）：239 - 249.

原则的基础上进行的。第一次改革在对体制外放松管制的同时，出台了一系列支持体制内的文化事业单位企业化运行的政策和措施。第二次改革的目标则更加明确，就是体制内文化事业单位的"转企改制"。一些研究者把2005年出台的《关于非公有资本进入文化产业的若干决定》作为改革目标由体制内转向体制外的标志。其实这份文件的象征意义大于实际意义，这是因为：第一，改革开放以来已有大量非公有资本进入文化产业领域，这份文件与其说是对非公有资本进入的开放，倒不如说是对既有事实的确认；第二，先前在加入世界贸易组织的谈判中已经制定了允诺的外资进入文化产业领域的相关政策，2005年过渡期结束后，既然外资可以享受这些政策，那么内资也同样可以享受；第三，这份文件既用了"允许"，也用了"禁止"，也就是说，允许和禁止的领域都有明确的规定，文化产业的核心领域仍然在禁止的范围内。①

（2）文化体制改革的复杂性还表现在政府本身。政府在文化体制改革中扮演了一个举足轻重而又非常复杂的角色。其之所以举足轻重，是因为改革是自上而下进行的，没有政府主导和推进，改革难以进行；其之所以非常复杂，是因为政府承载的过于沉重，它既要承载现在，又要承载过去；承载现在就是政府对市场冲击作出积极的反应，从市场汲取改革的动力，推进市场化导向的改革，这是一个改革承担者的角色；承载过去就是政府不可能让计划文化体制通过急剧方式顷刻间瓦解，而必须采取稳妥的政策使计划文化体制平稳转型，以减少社会震荡，这是一个计划文化体制守护者的角色。

（三）中国文化体制改革的艰巨性

（1）中国文化体制改革不仅表现出复杂性，还表现出艰巨性。尽管改革遵循的体制内优先原则有其合理性，但按照这种路径进行的改革出现了两种意想不到的状况。一种情况是不少文化事业单位不愿意进行"转企改制"。由于这些文化事业单位能够充分享受事业和企业"双轨制"带来的优越性——既可以享受事业单位的公共资源，又可以享受企业单位的市场

---

① 凌金铸. 文化体制改革的拐点及意义 [J]. 上海交通大学学报（哲学社会科学版），2010（6）：65 - 70.

资源，它们对改事业单位为企业单位有相当大的抵触。这样就造成了转制的文化事业单位与政府之间一场新的博弈。这些单位在"转企改制"过程中通过对政府的不断要价，作为推进改革的条件，从而导致出现了第二种状况，即政府必须继续推进体制内优先的策略，通过严格市场准入的办法，来保证这些单位在市场中的优先发展权。这种改革路径的直接后果是，这些单位在转制完成之时将会变成为数不多的少数几个市场主体，成为某个行业的市场垄断者，从而完全排斥竞争繁荣的市场。

（2）文化体制改革的艰巨性也表现在政府身上。政府双重职能的存在有时会导致职能的重叠。由于我国政府是在计划经济体制基础上建立的，从职能上看是一个无所不包的万能政府，它既是一个政治实体，又是一个经济实体，这种职能上的双重性，是政企不分、政经不分在体制上的根源。一方面政府是公共利益的维护者，另一反面它又是经济利益的代表者，这两种角色在实际生活中不断发生冲突，使政府处于一个矛盾、尴尬的境地，而政府转换职能成了文化体制改革的焦点。政府职能转变不但直接影响国有文化企业现代企业制度的建立，也直接影响民营文化企业市场主体地位的确立，同时直接影响文化行业协会等非政府部门的建立和作用的发挥。

由于体制惯性决定了改革的复杂性和艰巨性，因而在文化体制改革路径的选择上就不可能不考虑体制惯性的力量，由此产生了改革的另外一条路径依赖，即：中国文化体制改革必然按照经济体制改革的路径予以选择，在文化市场和文化体制惯性这两种力量的冲突与妥协下迂回发展，其路径依赖也将遵循市场和体制惯性两种力量博弈平衡的原则。

第四节　文化行政管理转型

（一）文化行政管理转型的含义

文化行政管理转型是经济社会转型、国家文化行政管理发展的一种独特的话语表述。

在不同的历史时期，不同政治制度和不同经济制度的国家，有不同的文化行政管理。一般来说，文化在不同的体制下、在不同的时期，常常被赋予不同的存在状态。一种是作为政治的文化，这种文化与意识形态紧紧地联系在一起，被完全赋予政治意义；一种是作为经济的文化，这种文化与经济紧密地结合在一起，具有经济的价值和功能，被赋予更多的经济意义；一种是作为文化的文化，这种情况下，文化更多地是作为精神形态存在，而不是被赋予更多的政治或经济（商业）的意义。

不同的国家，不同的历史时期，文化分别处于不同的形态。或者作为第一种状态存在，或者作为第一种和第二种形态存在，或者三种状态同时存在着。

既然文化行政管理是文化行政管理体制和文化行政管理机制（即文化行政管理方式与方法）的总称，即作为宏观的文化行政管理体制和作为微观的文化行政运行机制的总和，那么，所谓文化行政管理转型，是指那些由计划经济体制向市场经济体制转型的国家，其文化的存在状态从第一种状态向第二种状态转变的过程中，文化行政管理体制和运行机制的转型。

（二）我国的文化行政管理正处在一个历史性的转型过程中

随着中国经济体制改革的深入，特别是确立了社会主义市场经济的改革取向后，我国传统文化行政管理赖以生存的土壤和基础逐渐发生了变化。

第一，中国社会基础结构变迁使文化体制赖以生存的社会基础制度环境发生质的变化。在计划经济体制下，文化系统依赖基本的社会制度体系提供身份保障，维持着文化系统与社会大系统的基本权利义务关系，如户籍制度、福利制度、身份制度等，为其提供"体制内"的合法性权利。但随着计划经济体制向市场经济体制的全面转轨，文化系统、文化单位赖以存在的基础制度环境发生了质的改变，原来确定不疑的"合法性"逐渐变得模糊起来，原来习以为常的惯例现在可能变得不合法，这使一些文化单位（如文化企业）面临体制内的"身份危机"。

第二，市场经济理论的确立使文化体制赖以存在的核心价值观发生了根本性的变化。计划经济体制下文化单位公有制的背后，隐含的是社会主义国家对所有文化单位公益性价值的认定。"文化事业社会公益性"是传统体制下文化单位赖以存在的核心价值理念。但随着计划经济体制向市场经济体制转型，市场经济体制要求文化行业按照行业特点、任务性质、市场营利或非营利等因素，重新划分为竞争性领域和非竞争性领域、公益性文化和经营性文化、大众流行文化和高雅文化等，并以此来确立文化组织与国家的关系及在社会中的位置。

第三，市场经济体制的确立使文化体制必须从封闭到开放，从主要面向系统管理到主要面向社会管理。文化资源在全社会的重组、整合和交融，必然使得原来在计划经济体制下确立的封闭式管理方式、行业系统管理方式，以及以行政管理为特点的行业垄断和权威受到严峻挑战。[①]

文化行政管理转型势在必行。

文化市场的出现和发展推动着文化行政管理的转型。随着经济体制改革的深入，以及文化功能日趋多样化和丰富，文化的产业属性逐步显现出来，以营业性舞会和音乐茶座为发端的文化市场日益活跃。文化市场成了检验文化行政转型的试金石。在计划经济体制下，没有也不需要文化市场，即使有也不合法和不被承认。面对文化市场的出现和发展，文化行政表现出了与过去僵化的机制所不同的灵活性。1987 年，文化部、公安部、国家工商行政管理局发布了《关于改进舞会管理的通知》，正式认可营业性舞会等文化娱乐经营性活动，第一次明确了举办营业性舞厅的合法性质，文化经营活动正式成为我国社会主义文化事业的合法组成部分。[②] 1988 年，文化部、国家工商行政管理局发布《关于加强文化市场管理工作的通知》，正式提出文化市场的概念，同时明确了文化市场的管理范围、任务、原则和方针，这标志着我国文化市场的地位正式得到承认。1989 年，国务院批准在文化部设置文化市场管理局，文化行政职能得到历史性拓展，全国文化市场管理体系开始建立。

如果说 20 世纪 80 年代文化市场的出现和发展为文化行政管理的转型提供了支点的话，那么 90 年代以后文化产业的丰富实践则为文化行政管理的转型注入了新的动力。1992 年邓小平视察南方的重要谈话和党的十四大的召开，标志着中国的改革开放和现代化建设进入了一个新的历史时期。

---

① 傅才武，宋丹娜. 我国文化体制的缘起、演进和改革对策［J］. 江汉大学学报（社会科学版），2004（2）：83 - 89.

② 张晓明，胡惠林，章建刚. 迎接中国文化产业的新时代［C］//2001—2002 年文化蓝皮书. 北京：社会科学文献出版社，2003.

建立社会主义市场经济体制目标的确立，为文化产业发展增添了活力，也为文化行政的转型带来了机遇。2000 年，《中共中央关于制定国民经济和社会发展第十个五年计划的建议》中首次明确提出文化产业的概念，标志着我国对于文化产业的承认和对其地位的认可，具有重要的意义，特别是对于文化行政转型具有决定性的作用。以前对于文化的意义、地位和作用的认识是单一的，文化只和"事业""工作"联系在一起，文化属于意识形态，是喉舌、是阵地、是教育手段、是娱乐形式。而文化产业概念的提出，则反映了在市场经济条件下，文化除了以上属性外，还有产业属性的一面。从 20 世纪 80 年代文化市场概念的提出和承认，到现在文化产业概念的提出和承认，反映了对于文化自身发展规律认识的深化过程。这是建立社会主义市场经济对文化发展的必然要求。① 文化产业概念的提出和地位的承认，丰富了文化体制改革的内容，为文化行政管理的转型明确了方向。

党的十六大后，文化行政管理转型的步伐明显加快。明确将文化分成文化事业和文化产业，强调要积极发展文化事业和文化产业；确定了整个文化体制改革的方向和目标，即：根据社会主义精神文明建设的特点和规律，适应社会主义市场经济发展的要求，推进文化体制改革；文化体制改革要同调整结构和促进发展结合起来，要理顺政府和文化企事业单位的关系，加强文化法治建设，加强宏观管理，深化文化企事业单位的内部改革，逐步建立有利于调动文化工作者积极性，推动文化创新，多出精品、多出人才的文化管理体制和运行机制，并提出了要抓紧制定文化体制改革的总体方案。这是中央根据社会主义市场经济发展的需要，对文化行政管理转型提出的明确思路。

2004 年，党的十六届四中全会通过的《中共中央关于加强党的执政能力建设的决定》，提出了深化文化体制改革、解放和发展文化生产力的重要命题，第一次把文化体制的改革与解放和发展文化生产力联系在了一起，反映了对文化体制改革的认识更加深入，揭示了要解放和发展文化生

---

① 韩永进. 我国文化体制改革历程的回顾与启示［C］//2005 年文化蓝皮书. 北京：社会科学文献出版社，2006.

产力，必须进行文化体制改革，必须进行文化行政的转型。该决定指出，根据社会主义精神文明建设的特点和规律，适应社会主义市场经济的要求，进一步革除制约文化发展的体制性障碍；坚持把社会效益放在首位，实现社会效益和经济效益的统一，把文化发展的着力点放在满足人民群众精神文化需求和促进人的全面发展上；强调文化体制改革要以体制机制创新为重点，增强微观活力，健全文化市场体系，依法加强管理，促进文化事业全面繁荣和文化产业快速发展，增强我国文化的总体实力；具体要求加强文化发展战略研究，再次提出要抓紧制定文化发展纲要和文化体制改革总体方案。

从文化市场到文化产业再到文化生产力，这一系列的提法，集中反映了中国的文化产业正在成长、在发展、在壮大，正在对中国的经济发展和文化发展产生越来越重要的影响；而文化产业要发展得更好、发展得更快，就必须进行文化体制改革，就必须实现文化行政的转型。

（三）文化体制改革直接推动文化行政管理转型

如果说文化产业的发展是文化行政管理转型的直接动因的话，那么文化体制改革则是推动文化行政管理转型的直接手段。文化行政管理转型从一开始就是在文化体制改革的推动下进行的。改革开放之初，原有文化体制的弊端日益暴露出来，越来越不适应经济体制改革的需要，越来越不适应文化事业发展的要求，主要表现在：在行政设置上，与旧文化行政管理体制相对应，全国按照行政层级，层层建立专业文艺团体，机械重复设置，造成大量人财物的严重浪费；在结构上，实行单一公有制，全国文艺团体、单位统统由国家包起来；在分配上，存在严重平均主义和大锅饭现象，有无作品、作品水平的高低与收入没有联系；在人事制度上，没有正常的人员竞争和流动机制，机构臃肿，冗员过多，文艺团体行政化和机关化现象严重，文化工作者的积极性很难发挥；等等。因此，不通过文化体制改革推动文化行政管理的转型，发展和繁荣文化事业就是一句空话。

文化体制改革首先从艺术表演团体的体制和经营机制开始。1980年全国文化局长会议明确提出，艺术表演团体的体制和管理制度方面的问题很多，严重地影响了表演艺术的发展和提高，要坚决地、有步骤地改革文化事业体制和经营管理制度。1983年《政府工作报告》指出，文艺体制需要有领导、有步骤地进行改革。在具体改革实践上，一是设计、调整艺术部门和艺术团体的行政布局。1985年中共中央办公厅和国务院办公厅批转了文化部的《关于艺术表演团体的改革意见》，要求改革全国专业艺术表演团体数量过多、布局不合理的状况，在大中城市，精简专业艺术表演团体，合并或撤销重复设置的院团，对市县专业文艺团体设置进行调整。二是借鉴经济体制改革中创新机制的做法，在文化单位推行以承包经营责任制为主要内容的改革，以解决统得过死和吃大锅饭等体制性的弊端；同时实行以文补文、多业助文等改革措施，以解决文化单位出现的经济困境。三是实行双轨制改革，调整文化行政的职能，该管的管好，不该管的放下去。在1988年国务院批转文化部的《关于加快和深化艺术表演团体体制改革的意见》和1989年中共中央通过的《关于进一步繁荣文艺的若干意见》中，提出了实行双轨制的具体改革意见，即一方面为国家扶持的少数全民所有制院团体，另一方面为多种所有制的艺术团体。国家主办的全民所有制艺术表演团体坚持少而精，主要是代表国家和民族艺术水平的，或带有实验性的，或具有特殊的历史保留价值的，或是少数民族地区的；其他的艺术表演团体实行多种所有制形式，主要由社会各种力量主办。这三个方面的改革表明，文化行政管理无论在行政管理设置、行政管理职能上，还是经营机制上都开始启动转型。

党的十四大后，文化体制改革的步伐加快，文化行政管理的转型也在加快。一是改革文化行政管理方法。文化行政管理部门自身改革明显加快，以适应不断发展的形势的需要，重点是转变行政管理职能，提高行政管理效率，加强和改进对文化事业的宏观行政管理。二是改革文化行政管理的重点，拓展文化行政管理的职能。改变过去那种重点在政治上的做法，文化行政管理的重点之一放到了文化市场的培育上；着力点放在规范市场行为，完善运行机制，促进文化市场繁荣健康、活跃有序地发展上，并取得了明显成效，即初步建立起包括文艺演出市场、电影电视市场、音像市场、文化娱乐市场、文化旅游市场在内的文化市场体系。三是改革文化行政的模式。由过去单一的行政手段管理模式，逐步向法治管理模式演进。全国人大会常委会、国务院和中央文化管理部门相继出台有关文化的法律、法规、规章和政策性文件，涵盖了舞台艺术、新闻出版、广播影视、互联网、文化经济等诸多领域,《著作权法》《广播电视管理条例》《电影管理条例》《出版管理条例》《音像制品管理条例》《印刷管理条例》等在文化行政管理活动中发挥了指导和保障的作用。四是加大了改革文化单位管理与经营机制的力度,重点是建立健全激励竞争机制,努力增强生机和活力。例如在新闻单位,以提高新闻宣传质量为中心,调整了组织结构,改变过去编辑部内部分工参照政府工作部门对口设置办法,改革干部人事管理制度、工资奖金分配制度,改进宣传报道,建立新的激励机制、竞争机制和约束机制。这些改革措施使新闻报道的信息量增加,时效性增强,新闻内容的权威性、指导性和可读性明显提高,报刊的发行量逐年上升,广播电视节目的收听收视率逐步提高。艺术演出院团主要进行了演出补贴改革和考评聘任制改革。五是改革文化行政管理部门的设置,尝试进行文化行政管理部门的整合。文化集团的组建带动了文化行政管理部门的整合。

党的十六大后,文化体制改革的目的、意义、主要任务和实施重点更加明确。文化体制改革先试点,然后在面上全面推开。文化行政的转型不断推进。文化体制改革试点工作于2003年启动,在中央直接领导下积极探索,大胆试验,顺利推进。北京、上海、重庆、广东、浙江、深圳、沈阳、西安、丽江9个省市和35个宣传文化单位参加改革试点。这些单位既有公益性事业单位、文化企业,也有文化行政管理部门。试点单位根据社会主义精神文明建设的特点和规律,适应社会主义市场经济发展,以发展为主题,以体制机制创新为重点,以增强活力、壮大实力、提高竞争力,繁荣社会主义文化,满足人民群众日益增长的精神文化需求为目的,努力探索建立有利于加强和改善党的领导,充分发挥社会主义市场经济体制的作用,充分发挥国有文化企事业单位的主体主导作用,充分调动社会各方面的力量,充分调动广大文化工作者的积极性、创造性,多出精品、多出人才的文化管理体制和运行机制。试点工作取得了一定的成果,为制定全国文化体制改革总体方案、推动文化体制改革积累了经验,提供了路径。2006年1月,中共中央、国务院出台了《关于深化文化体制改革的若干意见》,表明全面进行文化体制改革的条件已经具备,文化行政管理转型进入关键性的阶段。

（四）新型文化行政管理特征

从标志着旧的文化体制裂变的国内第一家音乐茶座的出现，到标志着全国性文化体制改革全面实施的《关于深化文化体制改革的若干意见》的出台，文化行政转型走过了许多风雨之路。文化行政与计划经济体制下的文化行政管理已经不能同日而语，文化行政管理成长的环境发生了很大的变化。

从政治方面看，党的执政能力建设被提到议事日程，文化管理方式发生变化，对文化领域的宏观调控能力得以增强。文化体制改革试点单位在改革实践中，注意通过制度安排、机制设计和能力建设，确保党对意识形态工作的方针政策得到落实，确保党发展社会主义先进文化的价值追求得到实现。根据这些单位总结的改革经验，把党的领导体现在政府行政文化部门的社会管理和公共服务中；体现在对文化领域国有资产的监督管理中；体现在把握精神产品生产创作导向的体制机制中；体现在新闻媒体和重要国有宣传文化企事业单位市场主体的塑造中；体现在文化法规的制订和文化市场的综合执法中；体现在社会文化组织、文化行业组织、群众文化组织的健康发展中。把党在文化领域的宏观控制力系统地、充分地体现于日常管理和各项业务工作中，使党对文化领域的宏观控制力在实践层面落地生根。[①]

从经济基础看，文化行政管理赖以存在的所有制结构正在发生变化，已经从单一所有制结构逐步发展为多元所有制结构。社会文化、民营文化有所发展，逐步由国办文化单一发展格局向以国办文化为主体、民营文化和混合所有制文化共同发展的格局转变。2004年山东淄博民营企业山东世纪天鸿书业有限公司，首次同时获得出版物国内总发行权和全国性连锁经营权许可。这标志着民营书业开始享受与国有新华书店完全平等的政策空间和竞争平台，从而打破了我国出版物发行领域国有企业的最后一块垄断阵地。作为全国文化体制改革综合试点城市的深圳市，在文化事业投融资领域还进行了一系列大胆改革，演出市场、图书发行、音像连锁、文化设

---

① 上海市文化体制改革试点工作情况报告 ［R］. 上海市文化体制改革试点工作领导小组办公室，2006.

施建设等一律对国企、民营企业和外资开放，使企业办文化成为深圳发展文化产业的一大优势。

政治上的变化和所有制上的突破对文化行政管理的转型产生了重大影响，文化行政管理正在发生深刻的转型，新型文化行政管理的一些特征已经显露出来。

1. 从宏观体制上看

首先，文化行政管理部门的职能渐进转变，逐步由传统体制下的政事不分、管办不分的行政职能结构向市场体制下政企分开、政事分开、管办分离的行政职能结构转型。20 世纪 90 年代以后，随着文化行政管理部门逐步从管直属单位人、财、物的微观管理领域转向管政策、管法规、管规划的宏观管理领域，全国文化企事业单位在艺术生产、业务经营和内部管理等方面拥有了越来越多的自主权。随着文化主管部门与直属单位新型关系的逐步确立，一些文化企事业单位逐渐成为自主经营、自负盈亏、自我发展、自我约束的市场主体。通过文化体制改革，各地按照建立党委领导、政府管理、行业自律、企事业单位依法运营的体制要求，积极推进政府职能转变，实行政企分开、政事分开、管办分离，理顺政府与文化企事业单位的关系。试点地区的新闻出版系统已全部实现局、社分离，上海、重庆、浙江、广东、深圳、沈阳、丽江等广电系统完成局、台分开，初步实现了由"办"向"管"的转变，由微观管理向宏观管理的转变，由主要管理直属单位向管理全社会的转变。政府部门职责更加明确，越位、缺位的问题得到有效解决，政策调节、市场监管、社会管理和公共服务能力明显提高。上海、广东、深圳等地采取下放、取消、合并、转移等措施，实行政务公开，改进审批方式，简化办事程序，提高行政效率。[①]

其次，国有文化资产管理体制从政资不分向建立健全的管理体制、实现政资分开的模式转型。上海、北京等地积极探索政资分开的国有文化资产管理的新模式。上海市在文化体制改革试点工作领导小组之下成立文化

[①] 文化体制改革试点工作情况报告 [R]. 中央文化体制改革试点工作领导小组办公室，2006.

领域国有资产监督管理工作小组，同时在市委宣传部内设了上海宣传系统国有资产监督管理工作办公室，完成了宣传系统国有资产监管关系的调整。按照"遵循统一规则，实施单列操作"的思路，将国有资产监督管理的一般规则同宣传文化领域工作的特殊性有机结合，并就加强和完善国有资产监管工作、国有股权转让变更、国有资产评估管理、国资运营机构投资监督管理、国资运营机构领导人员和国资产权代表经营业绩评价考核、防范证券期货投资风险等问题，制定了一系列规范性文件，推进了文化领域国资监管的制度化建设。2005 年 5 月，上海市委宣传部国资办与各直属国资营运机构和使用管理机构签订国资授权经营或国资授权使用管理责任书，明确职责、营运或使用管理的范围、价值量以及目标任务，确定经营或管理责任绩效考核的依据和办法，建立了国资监管责任体系。国资监管部门在上海文化领域国有资产的资源整合中，在上海新华发行集团等重点改制项目的实施中，发挥了协调统筹作用。①

再次，文化管理的手段正从单一的行政手段模式逐步向行政和法治手段并用的模式转型。文化行政管理的法治化进程不仅表现在加快文化立法上，而且还表现在文化执法上。文化体制改革的地区不断推进文化市场综合行政执法改革，调整合并有关行政执法队伍，组建统一的文化市场综合执法机构，文化市场管理中长期存在的职能交叉、多头执法等问题得到初步解决，执法力量加强，监管力度加大，市场秩序明显好转。一些地方实行地市和区县一级文化、广播电视、新闻出版三局合并，成立文化广电新闻出版局。北京市成立了北京市文化市场行政执法总队，作为市政府直属副局级行政机构，以政府授权方式负责全市文化市场综合执法的统筹协调和组织调度工作，负责集中行使原市文化局、市广电局、市新闻出版局（市版权局）、市文物局（文物市场管理部分）的行政处罚职能以及相关的行政强制、监督检查职能，同时承担北京市文化市场管理工作领导小组办公室和市"扫黄打非"工作领导小组办公室职能。② 上海市在原文化

---

① 上海市文化体制改革试点工作情况报告 [R]. 上海市文化体制改革试点工作领导小组办公室，2006.

② 北京市文化体制改革试点工作情况报告 [R]. 北京市文化体制改革试点工作领导小组办公室，2006.

稽查总队的基础上，成立了上海市文化市场行政执法总队，进一步明确其法律地位和执法授权，同时对政府规章《上海市文化领域相对集中行政处罚权办法》进行调整和修改，各区县文化市场行政执法大队相继组建完成。①

最后，文化行政管理组织从单一型的文化行政管理机关向混合型的文化行政管理机关、文化社会组织、文化中介组织转型。上海、北京、浙江等地注重发挥文化社会组织和文化中介组织的作用，改变文化行政管理机关包办一切的做法。上海市将上海文化发展基金会改造为面向全社会、专事资助公益性文化事业的公共平台，按照公平、公正、公开的原则，建立了科学、合理的项目申报、资格认定、专家评审、资助及监督机制，已经成为政府发展社会公益性文化事业的新平台；还改造上海精文投资公司，按照社会化运作的方式，使其成为以促进文化产业发展为主的政府性投资公司。在确定公司战略发展方向的同时，着力打造科学的文化投资决策机制。通过建立风险评估论证机制、专家委员会咨询机制、项目申报审批程序机制和过程监控机制，规范文化投资项目的选择、决策和监督管理，提高文化产业投资效益；同时，积极组建文化行业协会，按照"行业自愿组建为主，政府推动为辅"的原则，积极推进文化行业协会的建设，已先后成立了上海市印刷行业协会、上海市文化娱乐行业协会、上海市音像制品分销行业协会。②

2. 从微观机制上看

新型文化管理使文化企事业单位的竞争力得以增强，文化行政正在从僵死不灵的体制机制向灵活的、富有活力的体制机制转型。

经营性文化单位以培育和重塑新型市场主体为重点，着力推进体制创新和机制转换，焕发出了生机和活力。中国对外演出中心和中国对外艺术展览中心、中国出版集团、上海世纪出版集团、辽宁出版集团、四川发行集团、浙江发行集团、江苏新华书店集团、长春电影集团、珠江电影集团

---

① 上海市文化体制改革试点工作情况报告［R］. 上海市文化体制改革试点工作领导小组办公室，2006.

② 文化体制改革试点工作情况报告［R］. 中央文化体制改革试点工作领导小组办公室，2006.

等一批国有大型文化事业单位整体转制为企业。北京儿童艺术剧院、北京歌舞剧院、丽江民族歌舞团等直接转为股份制公司。国家重点加强了对 13 家大型文化企业的辅导，加快具备条件企业的上市步伐。北青传媒股份有限公司在香港成功上市，上海东方明珠股份有限公司积极稳妥解决股权分置问题。山东大众报业集团、河南日报报业集团、新华日报报业集团、深圳报业集团、上海文广新闻传媒集团、浙江广电集团等新闻单位充分发挥主报、主台、主业的龙头作用，推动机制转变，基本实现了宣传业务与经营业务两分开。①

东方歌舞团、重庆红岩联线等通过合并重组，整合资源，建立了全新的运行机制。从 2001 年起，作为国家文化体制改革试点之一的东方歌舞团，打破了国有艺术表演团体在长期计划经济体制下形成的行政型旧模式，逐步建立起符合社会主义市场经济体制的小管理、大经营的新格局，包括人才培育、艺术研发、项目规划、资本运作、产品创排、舞美工程、演出推广、票务营销、影视制作等一整套完善强大的艺术产业链已成雏形。同时，该剧团努力探索体现双向选择、竞争择优、按需聘任、进出有序的用人制度；体现按劳分配和优劳优酬，允许按生产要素参与分红的分配制度；体现国家出资为主、单位出资为辅、个人出资参与的养老、医疗、失业等社会保障制度；体现产品优势、品牌优势、价格优势、资源优势以及相关成本核算的市场营销制度等一整套企业化的新型内部运行机制。国家图书馆、上海中国画院、北京朝阳区文化馆等公益性文化事业单位引入竞争和激励机制，深化内部改革，采用全员聘用、岗位工资、业绩考核、项目负责等办法，增强了活力，提高了服务质量。②

十九大报告明确指出"要深化文化体制改革，完善文化管理体制，加快构建把社会效益放在首位、社会效益和经济效益相统一的机制"，为文化行政转型明确了方向。当前，我国文化行政管理转型处在一个关键阶段。转型所显现的一些特征，既是对以往 40 多年来转型的一个总结，更是

---

① 文化体制改革试点工作情况报告［R］. 中央文化体制改革试点工作领导小组办公室，2006.

② 文化体制改革试点工作情况报告［R］. 中央文化体制改革试点工作领导小组办公室，2006.

对未来转型路径的一个昭示。转型是否能够顺利、成功，取决于转型的路径是否正确。文化行政管理转型的根本目的就是要解放文化生产力，改革束缚文化发展的体制和机制性的障碍。按照这个根本目标来选择路径，不断创新文化行政的体制和机制，文化行政管理的转型必将成功，新型文化行政管理体制和机制必将得以构建。

参 考 文 献
References

［1］马克思恩格斯选集（第1—4卷）［M］. 北京：人民出版社，1995.
［2］列宁选集（第1—4卷）［M］. 北京：人民出版社，1984.
［3］毛泽东选集（第1—4卷）［M］. 北京：人民出版社，1991.
［4］毛泽东文集（第1—8卷）［M］. 北京：人民出版社，1996.
［5］毛泽东年谱（1893—1949）（上、中、下卷）［M］. 北京：人民出版社、中央文献出版社，1993.
［6］建国以来毛泽东文稿（第1—13册）［M］. 北京：中央文献出版社，1987—1996.
［7］毛泽东文艺论集［M］. 北京：中央文献出版社，2002.
［8］刘少奇选集（上、下卷）［M］. 北京：人民出版社，1985.
［9］周恩来选集（上、下卷）［M］. 北京：人民出版社，1997.
［10］周恩来年谱（上、中、下卷）［M］. 北京：中央文献出版社，1998.
［11］邓小平文选（第1—3卷）［M］. 北京：人民出版社，1993.
［12］邓小平思想年谱（1975—1997）［M］. 北京：中央文献出版社，1998.
［13］中共中央文件选集（1921—1925 第1册）［M］. 北京：中共中央党校出版社，1989.
［14］中共中央文件选集（1941—1942 第13册）［M］. 北京：中共中央党校出版社，1991.
［15］包国宪，鲍静. 政府绩效评价与行政管理体制改革［M］. 北京：中国社会科学出版社，2008.
［16］曹爱军，杨平. 公共文化服务的理论与实践［M］. 北京：科学出版社，2011.
［17］崔保国. 2010年中国传媒产业发展报告［M］. 北京：社会科学文献出版社，2010.
［18］陈共. 财政学［M］. 北京：中国人民大学出版社，2002.
［19］陈立旭. 都市文化与都市精神——中外城市文化比较［M］. 南京：东南大学出版社，2002.
［20］陈振明. 公共管理学［M］. 北京：中国人民大学出版社，2003.
［21］陈瑶. 公共文化服务：制度与模式［M］. 杭州：浙江大学出版社，2012.
［22］董世明，漆国生. 行政管理学［M］. 长沙：湖南人民出版社，2003.
［23］邓生庆. 公共行政学［M］. 成都：四川人民出版社，2000.

[24] 邓国胜. 群众评议政府绩效：理论、方法与实践［M］. 北京：北京大学出版社，2006.

[25] 范柏乃. 政府绩效管理［M］. 上海：复旦大学出版社，2012.

[26] 逢先知，金冲及. 毛泽东传（1949—1976）［M］. 北京：中央文献出版社，2003.

[27] 郭济. 中国公共行政学［M］. 北京：中国人民大学出版社，2003.

[28] 胡鞍钢. 中国政治经济史论（1949—1976）［M］. 北京：清华大学出版社，2007.

[29] 黄斌. 文化发展转型与国家的作用［D］. 广州：暨南大学，2001.

[30] 黄达强，刘怡昌. 行政学［M］. 北京：中国人民大学出版社，1988.

[31] 胡惠林. 文化产业发展的中国道路——我国文化产业发展理论与实践研究［M］. 上海：上海人民出版社，2004.

[32] 胡惠林. 文化产业发展与中国新文化变革（1998—2008）［M］. 上海：上海人民出版社，2009.

[33] 胡惠林. 中国文化产业评论（第 11 卷）［M］. 上海：上海人民出版社，2010.

[34] 胡惠林. 中国文化产业评论（第 12 卷）［M］. 上海：上海人民出版社，2010.

[35] 胡锦光. 行政法与行政诉讼法［M］. 北京：高等教育出版社，2007.

[36] 胡建淼. 行政法学［M］. 上海：复旦大学出版社，2003.

[37] 黄孟复. 中国民营经济史［M］. 北京：中华工商联合出版社，2010.

[38] 胡庆康. 现代公共财政学［M］. 上海：复旦大学出版社，2001.

[39] 韩永进. 新的文化自觉［M］. 北京：文化艺术出版社，2008.

[40] 蒋洪. 财政学［M］. 上海：上海财经大学出版社，2000.

[41] 江蓝生，谢绳武. 2001—2002 年中国文化产业发展报告［M］. 北京：社会科学文献出版社，2002.

[42] 姜明安. 行政法与行政诉讼法［M］. 北京：北京大学出版社，2011.

[43] 金元浦. 文化研究：理论与实践［M］. 郑州：河南大学出版社，2004.

[44] 蒯大申，饶先来. 新中国文化管理体制研究［M］. 上海：上海人民出版社，2010.

[45] 娄成武. 行政管理学［M］. 沈阳：东北大学出版社，2002.

[46] 楼劲，刘光华. 中国古代文官制度［M］. 北京：中华书局，2009.

[47] 李方，李福玉. 行政学管理基础（上、下册）［M］. 北京：高等教育出版社，1989.

[48] 李俊清. 现代文官制度在中国的创构［M］. 北京：生活·读书·新知三联书店，2007.

[49] 李建华，左高山. 行政伦理学［M］. 北京：北京大学出版社，2010.

[50] 李景源，陈威. 中国公共文化服务发展报告（2009）［M］. 北京：社会科学文献出版社，2009.

[51] 罗豪才. 行政法学［M］. 北京：北京大学出版社，2001.

[52] 刘玲玲. 中国公共财政［M］. 北京：经济科学出版社，1999.

[53] 林拓，李惠斌，薛晓源. 世界文化产业前沿报告（2003—2004）［M］. 北京：社会科学文献出版社，2004.

[54] 马怀德. 行政法与行政诉讼法［M］. 北京：中国政法大学出版社，2012.

[55] 马龙闪. 苏联文化体制沿革史［M］. 北京：中国社会科学出版社，1996.

[56] 毛少莹. 公共文化服务概论［M］. 北京：北京师范大学出版社，2014.

[57] 倪星. 中国地方政府绩效评估创新研究［M］. 北京：人民出版社，2013.

[58] 祁述裕. 中国文化产业国际竞争力报告［M］. 北京：社会科学文献出版社，2004.

[59] 上海高校都市研究院. 2011 年全国 31 个省市自治区公共文化服务指数蓝皮书
　　［M］. 北京：商务印书馆，2012.

[60] 孙萍. 文化管理学［M］. 北京：中国人民大学出版社，2006.

[61] 孙荣，徐红. 行政学原理［M］. 上海：复旦大学出版社，2003.

[62] 唐兴霖. 公共行政学：历史与思想［M］. 广州：中山大学出版社，2000.

[63] 唐代望. 现代行政管理学教程［M］. 长沙：湖南科学技术出版社，1988.

[64] 王甫银. 公务员管理［M］. 北京：中国人民大学出版社，2008.

[65] 王沪宁，竺乾威. 行政学导论［M］. 上海：上海三联书店，1988.

[66] 王列生，郭全中，肖庆. 国家公共文化服务体系论［M］. 北京：文化艺术出版社，
　　2009.

[67] 信春鹰. 中国的法律制度及其改革［M］. 北京：法律出版社，1999.

[68] 项怀诚. 中国财政管理［M］. 北京：中国财政经济出版社，2001.

[69] 谢秋朝. 公共财政学（上、下册）［M］. 北京：中国国际广播出版社，2002.

[70] 夏书章. 行政管理学［M］. 广州：中山大学出版社，1998.

[71] 叶朗. 中国文化产业年度发展报告（2004）［M］. 长沙：湖南人民出版社，2004.

[72] 于群，李国新. 文化蓝皮书：中国公共文化服务发展报告（2012）［M］. 北京：社会
　　科学文献出版社，2012.

[73] 余玉花，杨芳. 公共行政伦理学［M］. 上海：上海交通大学出版社，2007.

[74] 应松年，袁曙宏. 走向法治政府——依法行政理论研究与实证调查［M］. 北京：法
　　律出版社，2001.

[75] 应松年. 行政法学新论［M］. 北京：中国方正出版社，2000.

[76] 杨树标，梁敬明，杨菁. 当代中国史事略述［M］. 杭州：浙江人民出版社，2003.

[77] 杨寅，王辉. 公共行政学［M］. 北京：北京大学出版社，2009.

[78] 张国庆. 公共行政学［M］. 北京：北京大学出版社，2007.

[79] 张康之，李传军. 公共行政学［M］. 北京：北京大学出版社，2008.

[80] 张康之. 公共行政中的哲学与伦理［M］. 北京：中国人民大学出版社，2004

[81] 章建刚. 中国公共文化服务发展报考（2007）［M］. 北京：社会科学文献出版社，
　　2007.

[82] 赵黎青. 非政府组织与可持续发展［M］. 北京：经济科学出版社，1998.

[83] 朱乔森，李玲玉. 中国共产党历史经验研究［M］. 北京：中共中央党校出版社，
　　1997.

[84] 竺乾威. 公共行政学［M］. 上海：复旦大学出版社，2008.

[85] 周三多，陈传明，鲁明泓. 管理学——原理和方法［M］. 上海：复旦大学出版社，
　　1999.

[86] 张泰峰，［美］Eric Reader. 公共部门绩效管理［M］. 郑州：郑州大学出版社，2004.

[87] 张晓明，胡惠林，章建刚. 2004 年：中国文化产业发展报告［M］. 北京：社会科学
　　文献出版社，2004.

[88] 赵国俊，陈幽泓. 机关管理的原理与方法［M］. 北京：中国人民大学出版社，2005.

［89］赵玉忠. 文化产业法学通论［M］. 昆明：云南大学出版社，2009.

［90］卓越. 政府绩效管理概论［M］. 北京：清华大学出版社，2007.

［91］［澳］欧文・E. 休斯. 公共管理导论［M］. 张成福，马子博，等，译. 北京：中国人民大学出版社，2001.

［92］［美］道格拉斯・C. 诺斯. 制度、制度变迁与经济绩效［M］. 杭行，译. 上海：上海人民出版社，2019.

［93］［美］戴维・H. 罗森布鲁姆，罗伯特・S. 克拉夫丘克，德博拉・戈德曼・罗森布鲁姆. 公共行政学：管理、政治和法律的途径［M］. 张成福，等，译校. 北京：中国人民大学出版社，2002.

［94］［美］罗伯特・丹哈特. 公共组织理论［M］. 项龙，刘俊生，译. 北京：华夏出版社，2002.

［95］［美］尼古拉斯・亨利. 公共行政学［M］. 项龙，译. 北京：华夏出版社，2002.

［96］［美］R. J. 斯蒂尔曼. 公共行政学（上册）［M］. 李方，潘世强，等，译校. 北京：中国社会科学出版社，1988.

［97］［美］詹姆斯・E. 安德森. 公共决策［M］. 唐亮，译. 北京：华夏出版社，1990.

［98］［英］托马斯・霍布斯. 利维坦［M］. 黎思复，黎延弼，译. 北京：商务印书馆，1985.

［99］A. A. Zvorykin. *Cultural Policy in the Union of Soviet Socialist Republics*. Paris：Imprimerie Blanchard，1970.

［100］Joyce Zemans and Archie Kleingartner. *Comparing Cultural Policy*. London：AltaMira Press，1999.

［101］Kim Eling. *The Politics of Cultural Policy in France*. LTD：Macmillan Press，1999.

［102］Stephen Benedict. *Public Money and the Muse*. New York：W. W Norton & Company，1991.

［103］Toby Miller and George Yudice. *Cultural Policy*. London：SAGE Publications，2002.

［104］The American Assembly. *The Arts and Public Policy in the United States*. New York：Columbia University Press，1983.